# Was der Gastwirt wissen muss

## Rechtliche Grundlagen und praktische Tipps für das Gastronomiegewerbe

Frank Döblitz
Thomas Zydeck

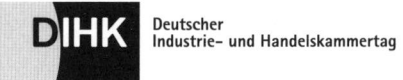

Deutscher
Industrie- und Handelskammertag

| | |
|---|---|
| **Copyright** | Alle Rechte liegen beim Herausgeber. Ein Nachdruck – auch auszugsweise – ist nur mit ausdrücklicher schriftlicher Genehmigung des Herausgebers gestattet. |
| **Herausgeber** | ©DIHK - Deutscher Industrie- und Handelskammertag e. V. Postanschrift: 11052 Berlin Besucheranschrift: Breite Straße 29 \| 10178 Berlin-Mitte Telefon 030-20308-0 \| Telefax 030-20308-1000 Internet: www.dihk.de |
| **Verlag** | DIHK Verlag bestellservice@verlag.dihk.de \| Telefax 02225-8893595 Werner-von-Siemens-Straße 13 \| 53340 Meckenheim Internet: www.dihk-verlag.de |
| **ISBN** | 978-3-943043-98-3 |
| **Redaktion** | Frank Döblitz / Thomas Zydeck |
| **Stand** | April 2017 |
| **Herstellung** | büro für gestaltung, Armin Knoll \| Berlin |
| **Titelbild** | Thinkstock |
| **Druck** | DCM \| Druck Center Meckenheim |

# Inhalt

# 1. Einführung

Wer eine Gaststätte betreiben will, sollte Experte in allen Bereichen sein, die ihn lebensmittelrechtlich und gaststättenrechtlich betreffen. Dabei muss der Gastwirt den Überblick über eine Vielzahl von nationalen, aber zunehmend auch europäischen Vorschriften behalten. Das Schlagwort der Zeit ist die „Eigenverantwortung", und das beschreibt auch den Weg der Gastronomen.

So sind bereits am 1. Januar 2006 die EU-Verordnungen Nr. 852, 853 und 854 / 2004 (das so genannte Hygienepaket) über Lebensmittelhygiene in Kraft getreten. Danach muss derjenige, der Lebensmittel behandelt oder in Verkehr bringt, ein so genanntes „Eigenkontrollsystem nach HACCP-Grundsätzen" umsetzen. Das ist ein Konzept, das physikalische, chemische und biologische Gefahren, die auf ein Lebensmittel einwirken können, ausschaltet, und wenn dies nicht geht, die Gefahr zumindest auf ein Mindestmaß reduziert. Wichtig ist, dass der Gastwirt die Umsetzung des Konzeptes schriftlich durch angemessene Dokumentation nachweisen kann. Außerdem muss jeder Gastwirt für seine Mitarbeiter Schulungen nach § 4 der Lebensmittelhygiene-Verordnung durchführen. Diese ist geknüpft an einige wichtige Punkte im Umgang mit Lebensmitteln und befasst sich mit dem Umgang des Eigenkontrollsystems sowie mit dem aktuellen Rechtssystem. Keine Sorge, mit einer koordinierten Herangehensweise ist dies nicht schwer.

Mittlerweile sind zudem sämtliche Rechtsverordnungen zur Umsetzung des bisherigen EG-Lebensmittelhygienerechts aufgehoben. Beispiele hierfür sind die Milch-, die Fleischhygiene-, die Geflügelfleischhygiene-, die Fischhygiene- und die Hackfleisch- sowie die Eier- und Eiprodukte-Verordnung. Gültig sind nur noch die EG-Verordnungen sowie die dazu erlassenen Begleit- und Durchführungsvorschriften.

Der Gastronom wird stets darauf achten müssen, ob sich für ihn relevante Gesetze ändern. Insofern wird es nach wie vor wichtig bleiben, sich über seine Pflichten und auch Rechte genau zu informieren. Die zuständige Lebensmittelüberwachung übernimmt diese Aufgabe. Es kann für Sie auch in Sachen des Verantwortungsbewusstseins nur gut sein, sich bei Menschen zu erkundigen, die nach aktuellem Recht, genau wie Sie, Experten auf Ihrem Gebiet sein sollen. Auch die Lebensmittelüberwachung kann Sie bei Ihren Prozessen unterstützen und auch informieren.

Vor allem müssen Gastwirte die wichtigsten Vorschriften des Lebensmittel- und Futtermittelgesetzbuches kennen, das den Schutz des Verbrauchers vor Gesundheitsschäden und vor Täuschung und Irreführung bezweckt.
Hinzuweisen ist in diesem Zusammenhang insbesondere auf die **Verordnung über**

Anforderungen an die Hygiene beim Herstellen, Behandeln und Inverkehrbringen von bestimmten Lebensmitteln tierischen Ursprungs (Tier-LMHV). Sie dient der Umsetzung und Durchführung der Rechtsakte der Europäischen Gemeinschaften auf dem Gebiet der Lebensmittelhygiene und enthält detaillierte Angaben über den Umgang mit einer Vielzahl von Produkten wie Fisch und Muscheln, Eiern und Milch, Fleisch von Geflügel, Hasentieren oder Wild sowie Hackfleisch. Sie macht konkrete Vorgaben für die Hygiene beim Erstellen, Behandeln und Inverkehrbringen dieser Produkte. Außerdem enthält sie Straftaten- und Ordnungswidrigkeittatbestände. Ein Verstoß gegen die Verordnung kann mit bis zu drei Jahren Freiheitsstrafe bestraft werden. Die komplette Verordnung finden Sie unter **www.gesetze-im-internet.de/tier-lmhv/index.html**

Ebenfalls wichtig ist die **Verordnung über Anforderungen an die Hygiene beim Herstellen, Behandeln und Inverkehrbringen von Lebensmitteln (LMHV).** Sie stellt allgemeine Hygiene- und Schulungsanforderungen auf und befasst sich insbesondere mit der Abgabe kleiner Mengen bestimmter Primärerzeugnisse (z. B. frischer Fisch, erlegtes Wild oder Eier) sowie der Herstellung traditioneller Lebensmittel (z. B. Milcherzeugnisse, im Naturreifeverfahren hergestellte Rohwürste, Süßwaren und Fruchtaufstriche). Sie ist auf der Homepage des Bundesministeriums für Ernährung, Landwirtschaft und Verbraucherschutz (BMELV) veröffentlicht (www.bmelv.de).

Als weitere Begleitvorschrift ist die **Allgemeine Verwaltungsvorschrift Lebensmittelhygiene (AVV Lebensmittelhygiene)** zu nennen. Sie soll eine einheitliche Vorschriftenanwendung und Überwachung gewährleisten. Hinsichtlich weiterer Einzelheiten sei auf die Homepage des BMELV verwiesen.

Sie wird ergänzt durch eine Reihe von Nebengesetzen und entsprechenden Verordnungen des Bundes und der Länder. Schließlich runden Ausführungsbestimmungen und Ministerialerlasse das umfangreiche Rechtsgebiet ab. Dies bedeutet eine Vielzahl an Vorschriften, die der Unternehmer einhalten muss. Aufgrund der vergangenen Lebensmittelskandale (z. B. BSE/EHEC) wird auch der europäische Gesetzgeber immer aktiver im Bereich des Lebensmittelrechts. Dies bedeutet für den Gewerbetreibenden, dass er neben dem nationalen Recht auch eine umfangreiche europäische Gesetzgebung berücksichtigen muss.

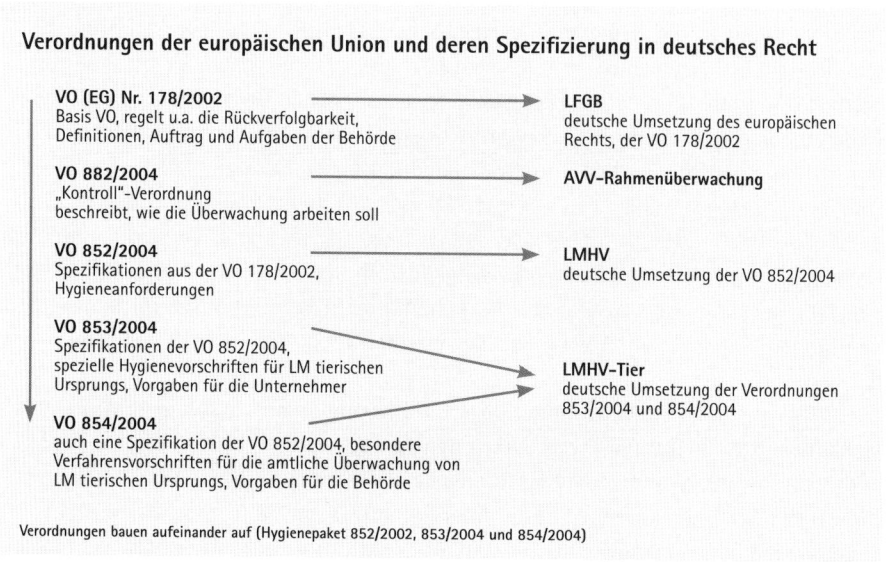

**Verordnungen der europäischen Union und deren Spezifizierung in deutsches Recht**

**VO (EG) Nr. 178/2002**
Basis VO, regelt u.a. die Rückverfolgbarkeit,
Definitionen, Auftrag und Aufgaben der Behörde
→ **LFGB**
deutsche Umsetzung des europäischen
Rechts, der VO 178/2002

**VO 882/2004**
„Kontroll"-Verordnung
beschreibt, wie die Überwachung arbeiten soll
→ **AVV-Rahmenüberwachung**

**VO 852/2004**
Spezifikationen aus der VO 178/2002,
Hygieneanforderungen
→ **LMHV**
deutsche Umsetzung der VO 852/2004

**VO 853/2004**
Spezifikationen der VO 852/2004,
spezielle Hygienevorschriften für LM tierischen
Ursprungs, Vorgaben für die Unternehmer
→ **LMHV-Tier**
deutsche Umsetzung der Verordnungen
853/2004 und 854/2004

**VO 854/2004**
auch eine Spezifikation der VO 852/2004, besondere
Verfahrensvorschriften für die amtliche Überwachung von
LM tierischen Ursprungs, Vorgaben für die Behörde

Verordnungen bauen aufeinander auf (Hygienepaket 852/2002, 853/2004 und 854/2004)

Die oben abgebildete Grafik zeigt die wichtigsten Rechtsvorschriften (vereinfacht), die auf einen Lebensmittelbetrieb einwirken. Die Pfeile zeigen, dass all diese Vorschriften aufeinander aufbauen, in welche Richtung man sie auch betrachtet. Links auf der europäischen Basis, rechts in der deutschen Erweiterung. Die VO(EG) Nr. 882/2004 sowie die AVV Lebensmittelhygiene sind eher an die Lebensmittelüberwachung gerichtet und beschreiben die Vorgaben, wie vernünftig überwacht werden soll. Es ist bestimmt nicht zum Schaden des Lebensmittelunternehmers, sich auch dort ein wenig auszukennen. Egal ob man sich nach unten oder nach rechts bewegt, alles baut hier aufeinander auf und ist in sich verzahnt.

Um hierüber einen ersten Überblick zu geben und dem Unternehmer aufzuzeigen, wie er sich letztlich selbst eigenverantwortlich ausführlich weiterinformieren kann, soll diese Ausarbeitung dienen. Dabei ist der Unternehmer in der Pflicht, sich in der Folge stets auf dem neuesten Kenntnisstand zu halten und alle neuen Vorschriften einzuhalten. Nur so kann verhindert werden, dass eine Geldbuße verhängt oder sogar ein Untersagungsverfahren initiiert wird.
Neben den lebensmittelrechtlichen Inhalten darf der Unternehmer auch die kaufmännischen Überlegungen nicht aus dem Auge verlieren. Immerhin wechseln im Bundesdurchschnitt jährlich etwa 20 % aller Gastronomiebetriebe ihren Inhaber. Diese Entwicklung dauert seit Jahren an. Dies ist auch der mangelhaften Vorstellung von der Rentabilität eines Gaststättenbetriebes geschuldet.

In dem vorliegenden Buch verwertet die IHK-Organisation die umfangreiche Erfahrung, welche sie bei den durch sie durchgeführten Unterrichtungen gesammelt hat. Die Merksätze verdanken ihre Existenz seit ihrer Entstehung auch den Anregungen und der Unterstützung durch die Ministerien und Verwaltungen des Bundes und der Länder, den Unterrichtern und Mitarbeitern der IHKs und natürlich auch den Unternehmerinnen und Unternehmern. Darüber hinaus wird dieses Buch durch Expertenbeiträge aus der Praxis ergänzt, die den zukünftigen Unternehmern wertvolle Tipps geben können.

Dieses Buch ist auf dem Stand von Januar 2017. Es ist nach bestem Wissen und Gewissen erstellt worden. Dennoch kann eine Haftung für die Richtigkeit der Inhalte nicht übernommen werden.

IHKs und Fachverbände geben auf Wunsch gerne weiterführende Auskünfte.

Die in diesem Buch genannten Gesetze und Verordnungen sind abrufbar unter **bundesrecht.juris.de.**

Europäische Vorschriften sind unter Eingabe der Nummer und des Jahres des Rechtsaktes (Richtlinie oder Verordnung) zu finden unter:
**www.eur-lex.europa.eu/homepage.html?locale=de**

Berlin, im April 2017    Frank Döblitz und Thomas Zydek

Hinweis: In den vielen Jahren konnten wir feststellen, dass es letztendlich immer die gleichen Gründe sind, warum Gastronomiebetriebe die ersten Jahre nicht überstehen.

### 1. Fehlende oder unzureichende Kalkulation

Bitte bedenken Sie, dass die Kalkulation eines Gerichtes nicht nur aus dem Einkauf der Produkte und dem Verkaufspreis besteht. Personalkosten, Versicherungen, Gewerbesteuer, Miete oder Pacht, Energiekosten, MwSt. usw. spielen eine große Rolle.

**Tipp:** Bei der Dehoga gibt es digitale Programme als Vorlage für eine gute Kalkulation.

### 2. Betriebsabgaben

Viele freuen sich über den Kassenstand am Monatsende. Leider ist das jedoch nicht der Betrag, der Ihnen zur Verfügung steht. Das Finanzamt wird ihren Anteil rückwirkend einfordern, beispielsweise die Gewerbesteuer.

**Tipp:** Gehen Sie schon im Vorfeld zu einem Steuerberater Ihres Vertrauens, um eine vernünftige Betriebs-Buchhaltung gewährleisten zu können.

## 3. Qualität und Konzept

Es gibt nahezu für jede Qualität und jeden Preis einen Markt. Problematisch wird es jedoch, wenn Preis und Qualität nicht zueinander passen. Je genauer Ihr Konzept und die Kalkulation sind, desto bessere Chancen haben Sie, die ersten Jahre zu überstehen.

## 4. Gravierende Hygienemängel

Beim Umgang mit Lebensmitteln im Gewerbebereich unterliegen Sie wie oben beschrieben einigen Anforderungen. Das Buch soll Ihnen dabei helfen, Ihren Betrieb rechtskonform aufzustellen.

**Tipp:** Der DIHK hat hierzu einen Leitfaden „Basiswissen Lebensmittelhygiene in der Gastronomie" inkl. Checklisten entwickelt.

## 5. Fehlendes Fachwissen

Nicht ohne Grund gibt es im Ausbildungsbereich beim Herstellen und Verarbeiten von Lebensmitteln eine Ausbildungszeit. Es wird an Ihnen liegen, sich in den jeweiligen Bereich Ihrer verwendeten Lebensmittel aus- oder weiterzubilden. Hilfestellung hierzu erhalten Sie bei der örtlichen IHK, DIHK, Dehoga oder bei Ausbildungszentren in der Gastronomie.

## 6. Pacht- und Mietverträge

Wir können nur jedem empfehlen, sich von einem Fachanwalt (z. B. von Dehoga oder IHK) im Vorfeld beraten zu lassen. Diese Investition zahlt sich sicher aus. Wenn Sie z. B. in Ihrem Miet- oder Pachtvertrag eine Klausel haben, dass die Örtlichkeit konzessionsfähig vermietet wird, würde das bedeuten, dass im Falle eines Falles bauliche Maßnahmen nicht von Ihnen getragen werden müssen.

# 1.1 Schutz des Gastes vor Gefahren für die Gesundheit

Das Lebensmittelrecht umfasst alle Rechtsvorschriften, die den Schutz des Verbrauchers vor möglichen Gesundheitsschädigungen und vor Täuschung über die Beschaffenheit, Qualität und Menge von Lebensmitteln sowie über andere wertbestimmende Umstände bezwecken.

Lebensmittel sind Stoffe oder Erzeugnisse, die dazu bestimmt sind, in unverändertem, zubereitetem oder verarbeitetem Zustand von Menschen verzehrt zu werden. Ausgenommen sind Stoffe, die überwiegend dazu bestimmt sind, zu anderen Zwecken als zur Ernährung oder zum Genuss verzehrt zu werden; z. B. sind Arzneimittel keine Lebensmittel. Ihre Umhüllungen, Überzüge oder sonstige Umschließungen, die dazu bestimmt sind, mitverzehrt zu werden oder bei denen der Mitverzehr vorauszusehen ist, sind den Lebensmitteln gleichgestellt.

Die menschliche Gesundheit darf weder durch Lebensmittel noch durch bestimmte gesetzlich festgelegte Bedarfsgegenstände, die mit Lebensmitteln oder mit dem menschlichen Körper äußerlich in Berührung kommen, geschädigt werden. Solche Bedarfsgegenstände sind u. a. Ess-, Trink- und Kochgeschirr, Küchengeräte, Verpackungsmaterial und Beförderungsmittel für Lebensmittel, Reinigungsmittel für Besteck und Geschirr, Mittel und Gegenstände zur Geruchsverbesserung oder zur Insektenvertilgung z. B. in Gasträumen, Küchen und Wohnräumen. Neben Regelungen in dem Lebens- und Futtermittelgesetzbuch sind auch spezialgesetzliche Regelungen wichtig. So beinhaltet beispielsweise die Bedarfsgegenständeverordnung spezielle Vorschriften, unter anderem für Keramik-Bedarfsgegenstände. Hier werden z. B. Grenzwerte für die Abgabe von Blei- und Cadmiumanteilen in Abhängigkeit von der Form und dem Verwendungszweck des Bedarfsgegenstands festgesetzt. Bei Keramikgegenständen, deren Zweckbestimmung bei dem Herstellen, Behandeln, Inverkehrbringen oder dem Verzehr von Lebensmitteln nicht offenkundig ist, muss entweder die Angabe „Für Lebensmittel" oder ein anderer geeigneter Hinweis auf den Verwendungszweck erfolgen; auch ein EG-Symbol kann aufgebracht sein.

Besondere Vorschriften bestehen auch für Lebensmittelbedarfsgegenstände aus Kunststoff. Grundsätzlich ist verboten:

- Lebensmittel für andere derart herzustellen oder zu behandeln, dass der Verzehr die Gesundheit schädigen kann;
- Stoffe, deren Verzehr die Gesundheit schädigen können, als Lebensmittel in den Verkehr zu bringen;
- so genannte fremde Stoffe (Zusatzstoffe) unmittelbar oder mittelbar Lebensmitteln zuzusetzen. Nur ausdrücklich zugelassene Zusatzstoffe dürfen Lebensmitteln zugesetzt werden (wie z. B. Sorbinsäure zur Konservierung).

Wenn Gastwirte ihren Gästen Gemüse und Obst aus dem eigenen Garten servieren, müssen sie nach der Behandlung mit Schädlingsbekämpfungsmitteln die Wartezeit einhalten, die auf den Verpackungen aufgedruckt ist. Bei der Schädlingsbekämpfung in Küchen muss dafür gesorgt werden, dass z. B. Insektenspray nicht auf Lebensmittel gelangt. Die zulässige Höchstmenge an Pflanzenschutzmitteln sowie anderen Schädlingsbekämpfungsmitteln in oder auf Lebensmitteln regelt die Rückstands-Höchstmengenverordnung. In dieser sind zulässige Höchstmengen von Mitteln aufgelistet, die z. B. zur besseren Konservierung von frischem Obst verwendet werden.

Berührungspunkte gibt es für den Gastwirt auch durch die Schadstoff-Höchstmengenverordnung, obwohl diese Rechtsvorschriften hauptsächlich an die Primärproduzenten gerichtet sind. Die Verordnung verbietet das gewerbsmäßige Inverkehrbringen von Lebensmitteln tierischer Herkunft (z. B. für bestimmte Fleischarten, tierische Speisefette außer Milchfett, Eiern, Eiprodukten oder auch Süßwasser- und Seefischen), die die dort angegebenen Höchstmengen an Schadstoffen überschreiten.

Für Fische, Fischteile und Fischerzeugnisse gelten zusätzlich noch besondere Höchstgehalte hinsichtlich Histamin (ein Eiweißzersetzungsprodukt), bei Muscheln Höchstgehalte an Algentoxinen. Liegt der Histamingehalt über 200 Milligramm pro Kilogramm Fisch oder Fischanteil (beachte: unterschiedliche Grenzwerte je nach Fischart) oder bei mehr als 800 Mikrogramm wasserlöslicher Algentoxine pro Kilogramm lebender Muscheln oder daraus hergestellten Fischerzeugnissen, besteht ein **Verkehrsverbot.**

Es gibt Fischarten, die Giftstoffe enthalten, die beim Menschen lebensbedrohliche Erkrankungen hervorrufen können, z. B. Fugu-Fisch, Kugelfisch, Molide oder Igelfisch. Sie dürfen als Lebensmittel in der Gaststätte überhaupt nicht verwendet werden.

Bei Tieren, die unter das Artenschutzgesetz fallen, wie z. B. Schildkröten oder der Wal, verbietet sich die Verwendung ohnehin.

Alle genannten Vorschriften kann man in die Formel, „physikalische, chemische und biologische Gefahren am besten ausschließen" oder, wenn dies nicht geht, „diese auf ein akzeptables Maß zu reduzieren", zusammenfassen. Diese Formel, mit kleinen Erweiterungen, wird Sie in diesem Buch überwiegend begleiten.

**Rechtsgrundlagen:**

*Lebensmittel- und Futtermittelgesetzbuch, Mykotoxin-Höchstmengenverordnung, Bedarfsgegenstände-Verordnung, Schadstoff-Höchstmengenverordnung, Tier-LMHV, LMHV, Rückstands-Höchstmengenverordnung*

## 1.2 Schutz des Gastes vor Täuschung und Irreführung

Das Lebensmittel- und Futtermittelgesetzbuch dient unter anderem dem Schutz des Gastes vor Täuschung und Irreführung. Lebensmittel können nicht nur verdorben und damit gesundheitsschädlich sein; ihre Abgaben können auch eine Irreführung und Täuschung darstellen. Zum Beispiel Lebensmittel, die eigentlich nicht zum Verzehr geeignet sind und dennoch gewerbsmäßig in den Verkehr gebracht werden (beispielsweise Lebensmittel, in denen sich Fremdkörper wie Mäuse, Kröten, Maden oder Heftpflaster befunden haben; Lebensmittel aus aufgewölbten Konservendosen oder Verpackungen; verfaulte oder verschimmelte Lebensmittel). Außerdem dürfen jene Lebensmittel gewerbsmäßig nicht in den Verkehr gebracht werden, deren Beschaffenheit von der Verkehrsauffassung abweicht und die dadurch in ihrem Wert, insbesondere in ihrem Nähr- und Genusswert oder in ihrer Brauchbarkeit nicht unerheblich gemindert sind (z. B. überlagerte Markenbutter mit Kante, überreifer Käse, überreifes oder unreifes Obst). Nachgemachte, in ihrem Wert nicht unerheblich geminderte oder geschönte Lebensmittel dürfen nur bei ausreichender Kenntlichmachung gewerbsmäßig in den Verkehr gebracht werden. Zur Täuschung geeignete Bezeichnungen, Angaben, Aufmachungen, Darstellungen oder sonstige Aussagen über die Herkunft der Lebensmittel, ihre Menge, ihr Gewicht, über den Zeitpunkt der Herstellung oder Abpackung, über ihre Haltbarkeit oder über sonstige für den Wert wichtige Umstände sind vom Gesetz untersagt. Auf den Speise- und Getränkekarten muss der Gastwirt angeben, welche Speisen und Getränke er anbietet und zu welchen Preisen. Bei Getränken ist auch die Menge zu nennen, z. B.:

- Export-Bier A          0,33 Liter
- XY-Mineralwasser      0,5 Liter
- B-Fruchtsaft          0,25 Liter
- 1 Flasche 1975er S-Lay 0,7 Liter

Der Gastwirt trägt die Verantwortung dafür, dass dem Gast keine Lebensmittel unter irreführender Bezeichnung serviert werden. Wenn er diese Pflicht verletzt, ist er neben seinen Angestellten für Warenunterschiebungen verantwortlich. Von Warenunterschiebungen spricht man dann, wenn anstelle der bestellten Ware einer bestimmten Marke oder Qualität eine Ware anderer Qualität oder anderer Marke geliefert wird, ohne dass der Kunde sich damit ausdrücklich einverstanden erklärt hat.

Der Austausch von Marken beim Servieren von Getränken ist rechtswidrig – ganz gleichgültig, ob, ob er vorsätzlich oder fahrlässig geschieht. Hat der Gast ein Getränk einer bestimmten Marke bestellt, darf ihm nur das bestellte Markengetränk serviert werden. Wenn ein Getränk einer bestimmten Marke nicht vorrätig ist, darf ein anderes, auch ein gleichwertiges Getränk, nur dann serviert werden, wenn der Gast sich damit ausdrücklich einverstanden erklärt hat. Wird bei Wein, Likörwein, Schaumwein, weinhaltigen Getränken und Branntwein aus Wein die Marke vorsätzlich oder fahrlässig verwechselt, verstößt der Gastwirt oder Kellner auch gegen das im Weingesetz ausgesprochene Verbot von Täuschung.

Mit Blick auf Lebensmittel handelt es sich um eine Täuschung, wenn z. B.

- der Fleischanteil von erhitzten panierten Koteletts unter 65 % liegt,
- bei rohem Schaschlik der Anteil von grob entsehntem Rind und/oder grob entfettetem Schweinefleisch unter 30 % liegt,
- bei Frikadellen der Stärkeanteil in der Trockenmasse 25 % übersteigt, also zu einem Pfund Fleisch mehr als zwei Brötchen gemischt worden sind,
- ein Lebensmittel als „spezial" bezeichnet wird, obwohl es nur durchschnittliche Qualität aufweist. Auch Beiworte wie „echt" oder „original" bei geografischen Angaben weisen auf Herkunft des Erzeugnisses aus dieser Region hin, z. B. „Echte Hamburger Aalsuppe" oder „Original Ungarische Gulaschsuppe". Hervorhebende Hinweise wie Delikatess-, Extra-, Meisterklasse o. ä. verlangen erhebliche Geschmacksverbesserung durch Erhöhung wesentlicher Bestandteile.

Art und Qualität von Lebensmitteln sollten auf den Speise- und Getränkekarten so bezeichnet werden, wie sie auf der Beschriftung der Verpackung oder sonstigen Angaben des Herstellers erkennbar sind. Die Bezeichnung eines Produkts gibt nämlich häufig einen Hinweis auf seine Qualität. So besteht Fruchtsaft zu 100 % aus Frucht, während Fruchtnektar aus Fruchtsaft und/oder Fruchtmark, Wasser und – je nach Fruchtart – aus bis zu 20 % Zucker besteht. Bei bestimmten Früchten können Nektare auch ohne Zusatz von Zucker hergestellt werden. Bei sonstigen fruchthaltigen Erfrischungsgetränken wie Fruchtsaftgetränken liegt der Fruchtsaftanteil unter dem der Fruchtnektare.

Rechtsgrundlagen:
*Lebensmittel- und Futtermittelgesetzbuch, Weingesetz, Gaststättengesetz, Markengesetz, Gesetz gegen unlauteren Wettbewerb, Strafgesetzbuch, Fruchtsaftverordnung, Verordnung über Fruchtnektar und Fruchtsirup, Preisangabenverordnung, Das Deutsche Lebensmittelbuch*

# 2. Hygiene

## 2.1 Was ist eigentlich mit „guter Hygienepraxis" gemeint?

Die „gute Hygienepraxis" sichert die Produktion. Sie verringert die Wahrscheinlichkeit des Auftretens von Fehlern, dient der Kontaminationsvermeidung und ermöglicht dadurch erst prozessbezogene HACCP-Konzepte oder auch ein Eigenkontrollsystem. Leider liegt hier oft der Teufel im Detail, unter Umständen mit fatalen Folgen. Putzlappen gehören meistens zu dieser Kategorie. Hat ein Gastronom kein fest eingeteiltes, farbiges Lappensystem, kann es schnell zu einem großen Hygienemangel kommen. Zudem besteht die Gefahr der Kreuzkontamination gerade in Bezug auf die Allergen-Verordnung LMIV 1169. Daher wird empfohlen, Einweglappen oder farbige, antibakterielle Mikrofasertücher zu verwenden, die dann aber auch bei 60 °C waschbar sind. Diese Maßnahmen sollen dem Schutz der Lebensmittel vor Verderb oder vor Kontamination dienen. Hierzu zählen Dinge, die nur teilweise in Gesetzen verankert sind, wie zum Beispiel das Tragen einer Kopfbedeckung, gute persönliche Hygiene, das Tragen von Handschuhen, eine gute Wareneingangskontrolle, Temperaturüberwachung etc.. Wie Sie mit diesen Elementen umgehen, können Sie in den folgenden Punkten lesen:

### 2.1.1 Die Verordnung (EG) Nr. 852/2004: die „Basishygiene-Verordnung"

Das sogenannte Hygienepaket der Europäischen Union (EU) löst das bisherige deutsche Hygienerecht komplett ab. Dieses EU-Hygienerecht wurde notwendig, weil bislang zahlreiche eigenständige, spezifische und detaillierte Rechtsvorschriften unübersichtlich und widersprüchlich waren und im Übermaß geregelt haben.
Heute ist dass das Gemeinschaftsrecht zusammengefasst und gilt in allen Mitgliedstaaten der EU gleichermaßen. Es soll übersichtlicher, einfacher, schlüssiger sein und bezieht die Primärproduktion mit ein. Dieses jetzt gültige Hygienerecht fasst 17 vorher existente Richtlinien zusammen.

### Das europäische Hygienepaket:

1. Verordnung (EG) Nr. 852/2004 des Europäischen Parlaments und des Rates vom 29. April 2004 über Lebensmittelhygiene („H1")
2. Verordnung (EG) Nr. 853/2004 des Europäischen Parlaments und des Rates vom 29. April 2004 mit spezifischen Hygienevorschriften für Lebensmittel tierischen Ursprungs („H2")
3. Verordnung (EG) Nr. 854/2004 des Europäischen Parlaments und des Rates vom 29. April 2004 über besondere Verfahrensvorschriften für die amtliche Überwachung von zum menschlichen Verzehr bestimmten Erzeugnissen tierischen Ursprungs („H3")

4. Verordnung (EG) Nr. 882/2004 des Europäischen Parlaments und des Rates vom 29. April 2004 über amtliche Kontrollen zur Überprüfung der Einhaltung des Lebensmittel- und Futtermittelrechts sowie der Bestimmungen über Tiergesundheit und Tierschutz

Für den Lebensmittelunternehmer im Gaststättengewerbe ist die VO (EG) Nr. 178/2002 und die VO (EG) Nr. 852/2004 die wichtigste Hygienevorschrift. Alle vorher in verschiedensten Produktverordnungen geregelten Hygienevorschriften gehen in ihr auf. Sie wird auch als Basis-Hygieneverordnung bezeichnet, da alle anderen Hygienepakete (H2, H3 ...) auf ihr aufbauen.

## Die Verordnung (EG) Nr. 852/2004

Diese Verordnung soll die Grundlage für ein hohes Schutzniveau für die Gesundheit des Menschen und die Verbraucherinteressen bei Lebensmitteln unter besonderer Berücksichtigung der Vielfalt des Nahrungsmittelangebotes, einschließlich traditioneller Erzeugnisse, herstellen. Diese Verordnung gilt für alle Produktions-, Verarbeitungs- und Vertriebsstufen von Lebensmitteln und Futtermitteln. Sie gilt nicht für die Primärproduktion für den privaten, häuslichen Gebrauch oder für die häusliche Verarbeitung.

Im Sinne dieser Verordnung sind „Lebensmittel" alle Stoffe oder Erzeugnisse, die dazu bestimmt sind oder von denen nach vernünftigem Ermessen erwartet werden kann, dass sie in verarbeitetem, teilweise verarbeitetem oder unverarbeitetem Zustand vom Menschen aufgenommen werden. Der Begriff „aufnehmen" bezieht sich ausschließlich auf den „Verzehr" von Lebensmitteln. Zu „Lebensmitteln" zählen auch Getränke, Kaugummi sowie alle Stoffe – einschließlich Wasser –, die dem Lebensmittel bei seiner Herstellung, Ver- oder Bearbeitung absichtlich zugesetzt werden.

Die Verordnung (EG) Nr. 852/2004 enthält die Hygienevorschriften, die für Gaststätten bzw. Restaurants, für Bistros, Großküchen etc. gelten. Darüber hinaus gilt diese Verordnung auch für alle anderen Bereiche, beispielsweise für mobile Verkaufsstände, in welchen Lebensmittel gewerbsmäßig hergestellt, behandelt oder in den Verkehr gebracht werden. Die Verordnung enthält in der Anlage konkrete Anforderungen an die Betriebsstätten und damit an die Räumlichkeiten, in denen sich der Betrieb befindet und in denen Lebensmittel hergestellt werden. U. a. werden Vorgaben für die Beschaffenheit von Fußböden, Oberflächen von Regalen, Schränken, Fenstern, sanitären Anlagen, Umkleideräumen, Gegenständen und Ausrüstungen, Temperaturanforderungen, Anforderungen beim Umgang mit Lebensmitteln und Anforderungen an das Personal gestellt. In Artikel 5 der Verordnung sind zudem die Vorschriften zu den betrieblichen Eigenkontrollen unter Einbeziehung der Grundsätze des HACCP-Konzeptes enthalten, die in einem eigenen Kapitel behandelt werden. Es besteht Dokumentationspflicht. Grundsatz: Auf allen Produktions-, Verarbeitungs-, und Vertriebsstufen muss die Sicherheit der Lebensmittel gewährleistet sein. Sie dürfen die Gesundheit des Menschen nicht schädigen.

Neben der Verordnung (EG) Nr. 852/2004 sind insbesondere die „Verordnung über die Anforderungen an die Hygiene beim Erstellen, Behandeln und Inverkehrbringen von bestimmten Lebensmitteln tierischen Ursprungs" (Tier-LMHV) und die „Verordnung über Anforderungen an die Hygiene beim Erstellen, Behandeln und Inverkehrbringen von Lebensmitteln" (LMHV) von Bedeutung.

Sie enthalten detaillierte Angaben über den Umgang mit einer Vielzahl von Produkten und machen konkrete Angaben über die Hygiene beim Erstellen, Behandeln und Inverkehrbringen dieser Produkte. Darüber hinaus finden sich dort allgemeine Hygiene- und Schulungsanforderungen.

Daneben bestehen auch noch so genannte Leitlinien für eine gute Lebensmittelhygienepraxis, die für den Gastwirt zwar nicht verpflichtend sind, aber hilfreich sein können, da diese eine gewisse Flexibilität im Umgang mit den einzelnen Elementen darstellen.

### 2.1.2 Schulungspflicht

In der VO(EG) Nr. 852/2004 ist im Kapitel XII zur Schulungspflicht Folgendes geregelt: Lebensmittelunternehmer haben zu gewährleisten, dass:

1. Betriebsangestellte, die mit Lebensmitteln umgehen, entsprechend ihrer Tätigkeit überwacht und in Fragen der Lebensmittelhygiene unterwiesen und/oder geschult werden.

Dies ist eine recht allgemeine Darstellung der Schulungsverpflichtung.

Wie aber im Schema „Bild wichtigste Rechtsvorschriften" dargestellt, bauen die Gesetze aufeinander auf. Dafür ist die Schulungsverpflichtung ein gutes Beispiel. Es wird nicht einfacher, es wird immer konkreter.

Denn das Gegenüber von der VO (EG) Nr. 852/2004 ist die Lebensmittelhygieneverordnung (LMVH), und dort heißt es in § 4:

### § 4 Schulung

(1) Leicht verderbliche Lebensmittel dürfen nur von Personen hergestellt, behandelt oder in den Verkehr gebracht werden, die auf Grund einer Schulung nach Anhang II Kapitel XII der Verordnung (EG) Nr. 852/2004 über ihrer jeweiligen Tätigkeit entsprechende Fachkenntnisse auf den in Anlage 1 genannten Sachgebieten verfügen. Die Fachkenntnisse nach Satz 1 sind auf Verlangen der zuständigen Behörde nachzuweisen. Satz 1 gilt nicht, soweit ausschließlich verpackte Lebensmittel gewogen, gestempelt, bedruckt oder in den Verkehr gebracht werden. Satz 1 gilt nicht für die Primärproduktion und die Abgabe kleiner

Mengen von Primärerzeugnissen nach § 5.

Die Fachkenntnisse in der Anlage 1 werden in der Regel nicht in einer IHK-Gaststättenunterrichtung vermittelt. Deshalb ist eine weitere Schulung nach § 4 der LMHV nötig.

(2) Bei Personen, die eine wissenschaftliche Ausbildung oder eine Berufsausbildung abgeschlossen haben, in der Kenntnisse und Fertigkeiten auf dem Gebiet des Verkehrs mit Lebensmitteln einschließlich der Lebenmsittelhygiene vermittelt werden, wird vermutet, dass sie für eine der jeweiligen Ausbildung entsprechende Tätigkeit

1. nach Anhang II Kapitel XII Nr. 1 der Verordnung (EG) Nr. 852/2004 in Fragen der Lebensmittelhygiene geschult sind und
2. über nach Absatz 1 erforderliche Fachkenntnisse verfügen.

**Welche gesetzlich verbindlichen Schulungsverpflichtungen für werdende oder bereits tätige Lebensmittelunternehmer gibt es?**

1. Die Gaststättenunterrichtung für nicht im Lebensmittelbereich wissenschaftlich oder handwerklich ausgebildete Personen. Die Bundesländer Bremen, Brandenburg und Thüringen verzichten auf dieses Verfahren.

2. Eine verpflichtende Erstschulung nach § 43 Abs. 1 des Infektionsschutzgesetzes. Diese wird durchgeführt durch ein Gesundheitsamt oder von einem durch das Gesundheitsamt beauftragten Arzt, mit einer 2-jährigen Wiederholungsschulungsverpflichtung. (Anmerkung: Sie hat zwar Schnittmengen mit Themen oder Schulungen zur Lebensmittelhygiene, aber hat den Menschen als Krankheitsüberträger im Fokus). Wer diese Wiederholungsschulung durchführt, ist nicht definiert. Es ist ratsam, die Unterlagen der Erstschulung aufzubewahren und sie bei Bedarf in einer Folgeschulung wieder einzusetzen.

3. Die Schulung nach der VO (EG) Nr. 852/2004 Kapitel XII wurde in Deutschland durch die folgende Schulungsverpflichtung erweitert: Die Schulung nach § 4 der Lebensmittelhygiene-Verordnung (LMHV). Fachlich ausgebildetes Personal oder im Lebensmittelbereich wissenschaftlich ausgebildetes Personal ist von einer Schulungspflicht ausgenommen. Ein Folgeschulungsintervall ist nicht definiert.

**Was sind leicht verderbliche oder empfindliche Lebensmittel?**
Wenn Sie schon eine Erstbelehrung nach § 43 Infektionsschutzgesetz (IfsG) haben, wird Ihnen der § 42 IfsG bekannt vorkommen. Dieser Paragraph beschreibt empfindliche/ leicht verderbliche Lebensmittel:
- Fleisch, Geflügelfleisch und Erzeugnisse daraus
- Milch und Erzeugnisse auf Milchbasis
- Fische, Krebse oder Weichtiere und Erzeugnisse daraus
- Ei und Eiprodukte
- Säuglings- und Kleinkindernahrung
- Speiseeis und Speiseeishalberzeugnisse
- Backwaren mit nicht durchgebackener oder erhitzter Füllung oder Auflage
- Feinkost-, Rohkost- und Kartoffelsalate, Marinaden, Mayonnaisen, andere emulgierte Soßen, Nahrungshefen

Hier wird deutlich, dass die eher allgemeine Schulungsverpflichtung durch die LMHV näher bestimmt wird. Es bedeutet also, dass Menschen, die keine gastronomische, lebensmitteltechnische oder wissenschaftliche Berufsausbildung haben, die diese Themen in der Ausbildung behandelt, nach § 4 LMHV im Verbund mit der Anlage 1 der LMHV geschult werden müssen. Es sei denn, es wird nur mit verpackten Lebensmitteln umgegangen oder es werden kleinere Mengen von Primärerzeugnissen verkauft (z. B. vom Bauernhofladen). Auch die Hersteller von Primärerzeugnissen (der Bauer) benötigen diese Schulung nicht. Als Gastronom fallen sie voll in die Schulungsverpflichtung, wenn Sie keine entsprechende Ausbildung haben. Die Themen, die in der Anlage 1 der LMHV vorgegeben sind, sollten an den Produktionsumfang des Betriebes angepasst sein. Zum Beispiel muss ein Betreiber eines Backshops, der belegte Brötchen abgibt und dazu Produkte aus Fertigpackungen verwendet, sich nicht unbedingt mit der Lagerung und spezifischen Bewertung von Innereien auseinandersetzen.


**1. Eigenschaften und Zusammensetzung des jeweiligen Lebensmittels**
Um lebensmittelhygienische Vorschriften in Sachen Gesundheits- und Täuschungsschutz vernünftig umsetzen zu können, müssen die Mitarbeiter Experten auf diesem Gebiet sein. Sie sollen sich mit den Produkten, die im Betrieb verarbeitet werden, auskennen, um all jene Maßnahmen sicher umsetzen zu können, die aus den verschiedensten Produkten resultieren (Kühlvorschriften, Abdecken von Lebensmitteln, schnelle Verarbeitung etc.).

## 2. Hygienische Anforderungen an die Herstellung und Verarbeitung des jeweiligen Lebensmittels

Hier werden die Schritte, die die Prozesshygiene betreffen, geschult. Zum Beispiel, dass man zuerst erdbehaftete Lebensmittel verarbeitet und dann einen gründlichen Reinigungsprozess durchführt, bevor man Fleischprodukte zerlegt oder zubereitet. Auch die Belehrungspflicht nach § 43 des Infektionsschutzgesetzes spielt hier eine Rolle.

## 3. Lebensmittelrecht

Hier werden die Grundlagen des aktuellen Rechtssystems vermittelt.

## 4. Warenkontrolle, Haltbarkeitsprüfung und Kennzeichnung

Unter diesen Punkt fällt zum Beispiel die Wareneingangskontrolle. Sie ist ein vorgeschriebener Punkt bei der Umsetzung des Eigenkontrollsystems nach HACCP-Grundsätzen. Unterschiede von Mindesthaltbarkeitsdaten und Verbrauchsdaten sollten beleuchtet werden sowie das „First-In, First-Out" -Prinzip bei der Lagerung.

## 5. Betriebliche Eigenkontrollen und Rückverfolgbarkeit

Dieses Thema wird ausführlich in Punkt 2.2 dieses Buches behandelt. Die Rückverfolgbarkeit ist dann wichtig, wenn ein Produkt aus irgendeinem Grund zurückgerufen wird. Dann sollten Sie gezielt wissen, ob Sie in Besitz dieses Produktes sind. Lieferscheine, Rechnungen etc. bilden hier oft die Grundlage.

## 6. Havarieplan und Krisenmanagement

Sobald Fehler passieren, muss man umgehend und angemessen reagieren. Und zwar möglichst bevor jemand krank oder getäuscht wird.

## 7. Hygienische Behandlung des jeweiligen Lebensmittels

Betriebshygiene, Personalhygiene, Reinigungsmaßnahmen, Schädlingsbekämpfung, Wartung und Instandhaltung, Transportbedingungen, Abfallentsorgung sind hier Themen.

## 8. Anforderungen an Kühlung und Lagerung des jeweiligen Lebensmittels

Dazu gehören beispielsweise das richtige Abdecken von Lebensmitteln, das Verbot der Lagerung von Lebensmitteln auf dem Fußboden oder die Mindesthöhe des tiefsten Regals von 25 cm zur Ermöglichung einer leichten Reinigung.

## 9. Vermeidung einer nachteiligen Beeinflussung des jeweiligen Lebensmittels beim Umgang mit Lebensmittelabfällen, ungenießbaren Nebenerzeugnissen und anderen Abfällen

Hier werden beispielsweise Themen wie die Lagerung und Entsorgung von Lebensmittelabfällen, tierischen Nebenprodukten, Umweltschutz und das Verbot der Verfütterung von Lebensmittelabfällen behandelt.

## 10. Reinigung und Desinfektion

Hier geht es beispielsweise um die Umsetzung und Gestaltung eines Reinigungsplans, das Lesen und Umsetzen von Dosierungsanleitungen, geeignete Reinigungsmittel und die Frage, ob immer desinfiziert werden muss.

Es sei daran erinnert, dass diese Schulung an den Produktionsumfang des Betriebes angepasst sein soll. Daher sind die Erklärungen unter den Punkten von 1-10 nur Beispiele und decken nicht den gesamten Schulungsumfang ab.

Setzt man diese Themen nicht um, ist es keine Lebensmittelhygiene-Schulung gemäß § 4. Deshalb sollte man darauf achten, dass die Hygiene-Schulung, die man besucht, unbedingt diese Themen umfasst. Das Naheliegende wäre natürlich, nach einer „§ 4-LM-HV-Schulung" zu suchen. Denn dort sind diese Themen verpflichtend verankert.

Folgende Schulung ist ebenfalls vorgeschrieben: Außerdem wird eine Wiederholung der § 43 IfsG Schulung im Abstand von zwei Jahren vorgeschrieben.

Grundsätzlich empfiehlt es sich, sofort auf Fehler zu reagieren, die in einem gastronomischen Betrieb passieren. Des Weiteren sollte man sich dazu eine kurze Notiz machen, um diese Problematik in einer Folgeschulung, die man einmal im Jahr macht, zu behandeln. Diese Schulung wird dadurch sehr praxisnah und behandelt die Probleme, die bei Ihnen im Betrieb auch vorkommen. Außerdem ist die Motivation der Mitarbeiter zur Verhaltensänderung so eher gegeben, als wenn man immer dasselbe in einem sehr großen Umfang erläutert bekommt und sich mit dem eigenen Handeln oder gar mit dem gesamten Betrieb darin nicht wiederfindet.

Vieles, was lebensmittelrechtlich gefordert wird, ist auch ökonomisch von großer Wichtigkeit. Wenn keine gute Wareneingangskontrolle gemacht wird, ist die Gefahr groß, minderwertige Ware einzubringen. Fehlt Ware ganz und es wird nicht bemerkt, liegt der finanzielle Nachteil offen auf der Hand. Geschulte Mitarbeiter sind also der erste Schritt in Richtung einen funktionierenden Lebensmittelunternehmens. Denn wissen die Mitarbeiter nicht, was sie tun, werden sie Fehler machen, die finanzielle Nachteile mit sich bringen und im schlimmsten Fall die Gesundheit von Verbrauchern in Gefahr bringen.

**Rechtsgrundlagen:**
*Verordnung (EG) Nr. 852/2004*
*Lebensmittehygiene-Verordnung, Lebensmittehygiene-Verordnung –Tier*

## 2.1.3 Hygiene in Großküchen
Merkblatt des Bundesinstitutes für Risikobewertung (BFR)
„Hygieneregeln in der Gemeinschaftsgastronomie"
Jedes Jahr werden in Deutschland mehr als 100.000 Erkrankungen gemeldet, die durch das Vorkommen von Mikroorganismen, insbesondere Bakterien, Viren oder Parasiten, in Lebensmitteln verursacht worden sein können.
Die Dunkelziffer liegt nach Expertenschätzung sehr viel höher. Wer Essen für Dritte produziert, trägt ein hohes Maß an Verantwortung. Die Speisen müssen gesundheitlich unbedenklich und qualitativ einwandfrei sein. Damit das gelingt, ist es wichtig, dass das gesamte Küchenteam beim täglichen Arbeiten in der Küche auf Sauberkeit und Hygiene achtet. Das gilt für die persönliche Körper- und Händehygiene, für den sachgerechten Umgang mit den Lebensmitteln und für die Sauberkeit in der Küche und im gesamten Betrieb. Auf welche Dinge es in der täglichen Küchenpraxis ankommt, darüber informieren kurz und knapp die folgenden Hygieneregeln für Mitarbeiter in der Gemeinschaftsgastronomie.

### Personalhygiene
- **Körper sauber halten**
  Auf der Haut, insbesondere auf der Kopfhaut, leben jede Menge Mikroorganismen. Ist der Körper frisch gewaschen, können diese sich nur schlecht vermehren. Deshalb ist die Körperhygiene so wichtig. Das regelmäßige Waschen der Haare befreit die Kopfhaut von Schuppen, die Mikroorganismen als Nährstoffquelle dienen.

- **Fingernägel sauber und kurz geschnitten halten und nicht lackieren**
  Besonders unter langen Fingernägeln können sich Mikroorganismen ansammeln. Deshalb sollten Fingernägel möglichst kurz geschnitten sein. Da unter Nagellack Schmutz nicht erkennbar ist und der Lack zudem abblättern kann, ist er während der Küchenarbeit tabu. Bitte tragen Sie beim direkten Umgang mit Lebensmittel keine Künstlichen Fingernägel oder Nagellack.

- **Strikte Trennung von Privat- und Arbeitskleidung**
  Über Ihre Privatkleidung können Mikroorganismen in den Küchenbereich eingetragen werden. Geeignete und saubere Arbeitskleidung ist daher Pflicht. Sie muss in der Garderobe getrennt von Ihrer Privatkleidung aufbewahrt werden.

- **Täglich frische Kleidung und Geschirrtücher verwenden**
  Auf der Arbeitskleidung und auf Geschirrtüchern sammeln sich Mikroorganismen, die Lebensmittel verunreinigen können. Wechseln Sie daher täglich Ihre Arbeitskleidung

und die in der Küche verwendeten Tücher. Die Stoffe sollten hell und kochfest sein.

- **Im Küchenbereich immer eine Kopfbedeckung tragen**
Die menschliche Kopfhaut schuppt sich von Zeit zu Zeit. Zudem verliert der Mensch täglich Haare. Schuppen und Haare in Lebensmitteln sind unhygienisch, weil sie hochgradig mit Mikroorganismen besiedelt sind. Tragen Sie daher bei der Arbeit immer eine Kopfbedeckung. Lange Haare sollten zusammengebunden werden.

- **Vor Arbeitsbeginn:**
Handschmuck und Armbanduhr ablegen. Unter Handschmuck und der Armbanduhr sammelt sich durch Schwitzen Feuchtigkeit, sodass sich dort Bakterien leicht vermehren können. Außerdem verhindern Schmuckgegenstände eine sorgfältige Reinigung der Hände und Unterarme. Legen Sie daher Ihren Schmuck vor Arbeitsbeginn ab. Auch Ohrringe und Ketten sollten bei der Arbeit nicht getragen werden. Der Ehering ist keine Ausnahme und sollte bei der Arbeit auch nicht getragen werden. Bakterien und Mikroorganismen können nicht zwischen Ehering und Modering unterscheiden.

- **Hände regelmäßig sorgfältig waschen und desinfizieren**
Unsere Hände kommen überall mit Krankheitserregern in Berührung. Gründliches Händewaschen mit Seife und warmem Wasser und anschließendes Abtrocknen mit Einweghandtüchern beugt deren Übertragung auf Lebensmittel vor. Waschen Sie Ihre Hände immer in dem dafür vorgesehenen Handwaschbecken. Spülbecken, in dem Sie Lebensmittel oder Geschirr reinigen, sind für das Händewaschen tabu. Waschen Sie Ihre Hände gründlich vor Arbeitsbeginn und regelmäßig zwischen den Arbeitsgängen. Zumindest nach Arbeiten mit rohen Lebensmitteln, insbesondere Fleisch, Geflügel und Eiern, sowie nach dem Toilettenbesuch sollten die Hände nach dem Waschen zusätzlich desinfiziert werden. Beachten Sie die betrieblichen Anweisungen zur Personalhygiene. Der Hautschutz wird in späteren Abschnitten nochmals ausführlich behandelt.

- **Nicht auf Lebensmittel husten oder niesen**
Auch gesunde Menschen tragen im Nasen- und Rachenraum Bakterien, die zu Lebensmittelvergiftungen führen können. Damit diese Bakterien und eventuell dort vorkommende Viren nicht über kleine Tröpfchen in die Speisen gelangen, wenden Sie sich immer vom Lebensmittel ab, wenn Sie husten oder niesen müssen.
Husten Sie in die Ellenbeuge und benutzen Sie zum Naseputzen ein Papiertaschentuch. Werfen Sie das Taschentuch anschließend weg, waschen Sie sich gründlich die Hände und desinfizieren Sie sie.

- **Offene Wunden wasserdicht abdecken**
  Offene Wunden dürfen auf keinen Fall mit Lebensmitteln in Berührung kommen, denn sie können lebensmittelvergiftende Bakterien enthalten. Sie müssen daher mit einem farbigen, wasserdichten Pflaster, einem sauberen Verband und Gummifingerling oder einem Gummihandschuh abgedeckt werden.

- **Nicht rauchen**
  Im Küchenbereich gilt striktes Rauchverbot, denn Asche oder gar Zigarettenkippen könnten in die Speisen gelangen. Das ist gesundheitsschädlich und unhygienisch.

- **Erkrankungen und Symptome wie wiederholter Durchfall und Erbrechen sofort der Küchenleitung melden**
  Personen, die an einer Krankheit leiden, die durch Lebensmittel übertragbar ist, oder die Symptome aufweisen, die auf übertragbare Erkrankungen hindeuten, dürfen nicht mit Lebensmitteln umgehen und den Küchenbereich nicht betreten, wenn die Möglichkeit einer Übertragung von Krankheitserregern besteht. Vor allem bei Durchfallerkrankungen, aber auch bei eitrigen Wunden oder starkem Schnupfen und Husten ist die Gefahr besonders groß, dass sich Krankheitserreger über Lebensmittel verbreiten – auch wenn auf eine gute Hygiene geachtet wird. Deshalb muss die Küchenleitung hier schnell Bescheid wissen.

Nach Rückkehr ohne Impfschutz aus Urlaubsgebieten, in denen ansteckende Infektionskrankheiten wie Hepatitis oder Durchfallerkrankungen verbreitet sind, oder nach einer durchgemachten derartigen Erkrankung während des Urlaubs muss die Küchenleitung darüber informiert werden. Bei einer Infektion mit Hepatitisviren sind Betroffene schon 7 bis 14 Tage vor dem Auftreten von ersten Krankheitssymptomen ansteckend. Nach Durchfallerkrankungen scheiden Betroffene oftmals noch Erreger mit dem Stuhl aus, wenn sie die Erkrankungen bereits überstanden haben und sich wieder gesund fühlen. Durch persönliche Schutzmaßnahmen wie die Anweisung zu konsequenter Händehygiene und Desinfektion oder Zuweisung einer eigenen Toilette kann eine Ausbreitung von Krankheitserregern verhindert werden.

## Lebensmittelhygiene

- **Bei der Wareneingangskontrolle nur qualitativ einwandfreie Lebensmittel annehmen**
  Über Lebensmittel, deren Verpackung verunreinigt oder beschädigt ist, können schädliche Mikroorganismen oder Schädlinge in das Lager eingetragen werden. So kann dort gelagerte Ware verunreinigt werden. Prüfen Sie daher angelieferte Ware auf ihre einwandfreie Verpackung und Qualität.

- **Die Kühlung der Ware muss durchgehend sichergestellt sein**
  Unzureichend gekühlte Lebensmittel können verdorben sein. Prüfen Sie daher bei der Wareneingangskontrolle, ob die Lebensmittel angemessen gekühlt angeliefert werden. Das ist insbesondere bei Fleisch, Geflügel, Fisch und Milchprodukten wichtig.

- **Reine und unreine Arbeit trennen**
  Von unreinen, das heißt mikrobiell belasteten Lebensmitteln oder Arbeitsmitteln, können Mikroorganismen auf saubere, reine Ware übertragen werden – und zwar während der Verarbeitung genauso wie bei der Lagerung. Lagern Sie deshalb z. B. rohe und gegarte Lebensmittel vollständig abgedeckt in getrennten Behältnissen. Auch gebrauchtes Geschirr kann mit Keimen verunreinigt sein. Trennen Sie daher z. B. Speisenausgabe und die Geschirrrücknahme entweder zeitlich oder räumlich. Verwenden Sie niemals dieselben Küchengeräte für die Zubereitung von rohen und bereits gegarten Speisen, ohne sie zwischendurch sehr sorgfältig zu reinigen.

- **Leicht verderbliche Lebensmittel immer gekühlt aufbewahren und schnell verbrauchen**
  Viele Mikroorganismen vermehren sich schon bei Raumtemperaturen sehr schnell. Bei einigen Bakterienarten kann selbst eine Kühlung das Wachstum nur verlangsamen. Lagern Sie daher leicht verderbliche Lebensmittel immer entsprechend ihrer Kühlanforderung und verbrauchen Sie diese zügig. Die Angaben auf Verpackungen zur Haltbarkeit und zu Lagerbedingungen sind unbedingt zu beachten.

- **Lebensmittel zügig verarbeiten**
  Bei der Verarbeitung in der Küche nehmen Lebensmittel langsam die Temperatur ihrer Umgebung an. Verarbeiten Sie daher vor allem leicht verderbliche Lebensmittel zügig. Das senkt das Risiko einer Vermehrung von Mikroorganismen

- **Gegarte Zutaten vor der Weiterverarbeitung zwischenkühlen**
  Beim Zerkleinern und Verarbeiten von Lebensmitteln, z. B. Schneiden von Kartoffeln und Vermischen mit anderen Zutaten, gelangen Mikroorganismen auf die Speisen.

Sind die Lebensmittel noch warm, können sich Bakterien besonders schnell vermehren. Deshalb gegarte Zutaten schnell verarbeiten oder zwischenkühlen.

- **Speisen immer abdecken**
Decken Sie Speisen zur Lagerung immer ab, damit keine Mikroorganismen über die Luft hineingelangen können. Geeignete Materialien sind beispielsweise Deckel, sauberes Geschirr oder lebensmittelgeeignete Folien.

- **Große Fleisch- und Geflügelteilstücke sowie ganzes Schlachtgeflügel vor dem Zubereiten vollständig auftauen lassen**
Große Braten- und Geflügelteilstücke sowie ganzes Schlachtgeflügel tauen langsamer auf als flache, dünne. Ist die Ware im Kern noch gefroren, reichen Garzeit und die Temperaturen für ein komplettes Durchgaren eventuell nicht aus. Mikroorganismen werden dann nicht sicher abgetötet und können sich beim Abkühlen wieder vermehren.

- **Auftauflüssigkeit von Geflügel und Fleisch wegschütten**
Auftauflüssigkeiten enthalten oft Mikroorganismen, die Lebensmittel verunreinigen oder vergiften können. Sie dürfen daher auf keinen Fall mit anderen Lebensmitteln in Berührung kommen. Am besten die Auftauflüssigkeit mit Einwegtüchern aufnehmen und dann Hände sowie alle mit dem Auftauwasser in Berührung gekommenen Flächen und Gegenstände sofort gründlich reinigen und anschließend desinfizieren. Auftauen sollte immer in Kühleinrichtungen mit einem Sieb durchgeführt werden, damit die Auftauflüssigkeit nicht mit Lebensmittel in Berührung kommt.

- **Richtig abschmecken**
Beim Abschmecken muss darauf geachtet werden, dass der eigene Speichel nicht an die Speisen gelangt. Denn im Mund jedes Menschen befinden sich natürlicherweise Mikroorganismen. Entnehmen Sie daher mit einem sauberen Löffel eine kleine Portion der Speise und geben Sie diese in ein Schälchen oder direkt auf einen Löffel, mit dem Sie probieren wollen. Dann bleibt die Speise selbst rein.

- **Zubereitete Speisen und Geschirrinnenflächen nicht mit bloßen Händen anfassen**
An den Händen befinden sich immer Mikroorganismen. Sie können auf Speisen oder Geschirr übertragen werden, wenn Sie diese mit bloßen Händen anfassen. Tragen Sie daher saubere Handschuhe zum Portionieren oder Mischen von Speisen, die anschließend nicht mehr erhitzt werden. Geschirrinnenflächen dürfen nicht mit den Händen berührt werden.

- **Speisen ausreichend erhitzen**
Hitze tötet die meisten Mikroorganismen ab. Wichtig ist dabei, dass Lebensmittel auf 72 °C für zwei Minuten erhitzt werden – und zwar nicht nur oberflächlich, sondern auch in ihrem Kern. Das gilt auch für Speisen, die zwischenzeitlich gekühlt gelagert wurden und heiß serviert werden. Zur Sicherheit können Sie die Kerntemperatur mit einem Thermometer kontrollieren.

- **Bei der Speisenausgabe:**
Speisen nicht unter 65 °C heiß halten. Bei Temperaturen zwischen 15 und 55 °C vermehren sich viele Keime besonders schnell. Heiße Speisen, die zur Ausgabe bereitgehalten werden, müssen eine Temperatur von mindestens 65 °C haben. Die Warmhaltedauer sollte nicht mehr als drei Stunden betragen.

- **Lebensmittel möglichst schnell herunterkühlen**
Sicherheitshalber sollte der Temperaturbereich zwischen 10 und 65 °C beim Abkühlen innerhalb von zwei Stunden durchlaufen werden, um eine Keimvermehrung zu vermeiden. Füllen Sie die Speisen daher zum Abkühlen gegebenenfalls in kleinere Behältnisse um. Denn je kleiner die Menge, umso schneller kühlen die Speisen ab.

## Küchenhygiene

- **In der Küche Ordnung halten**
Gegenstände, die nicht zur Küchenarbeit benötigt werden, gehören nicht in die Küche. Denn durch sie können Schmutz und Mikroorganismen auf Lebensmittel übertragen werden. Entfernen Sie leere Transportbehältnisse, etwa von Obst und Gemüse oder Milchprodukten oder leere Dosen unverzüglich aus dem Küchenbereich.

- **Küche, Lagerräume und Arbeitsmittel sauber halten**
In schmutzigen Räumen und auf verunreinigten Arbeitsmitteln können sich Mikroorganismen leicht vermehren. Sind die Räume dagegen sauber und die Maschinen und Arbeitsmittel gereinigt, fehlt den Keimen die Nahrung und sie können nicht wachsen. Reinigen Sie daher Maschinen und Geräte immer sofort nach ihrer Benutzung mit heißem Wasser und Reinigungsmitteln.

- **Arbeitsplatz zwischendurch immer wieder reinigen**
Es müssen stets saubere Wischtücher, am besten Einwegtücher zur Reinigung verwendet werden. Lebensmittelreste und Verunreinigungen trocknen an und lassen sich dann nur sehr schwer entfernen. Sie bilden Keimherde, die mit dem bloßen Auge

nicht zu erkennen sind. Deshalb nach jedem Arbeitsgang den Arbeitsplatz gründlich säubern. Schmutzige, oft benutzte Wischtücher enthalten viele Mikroorganismen, die beim Reinigen auf Arbeitsflächen oder Arbeitsmittel übertragen werden. Verwenden Sie deshalb täglich frische Wischtücher oder benutzen Sie Einwegtücher, die Sie anschließend entsorgen.

Diese Hygieneregeln mögen selbstverständlich klingen. Doch selbst in dem meisten privaten Haushaltsküchen werden sie missachtet. An nahezu jeder Spüle werden Lappen verwendet, üblicherweise mit Wasser und Spülmittel. Bakterien, Sporen und Viren werden so nicht abgetötet. Der Lappen wird mit warmem Wasser ausgewaschen und zum Trocknen auf die Heizung gelegt, er soll ja schließlich am nächsten Tag wieder trocken sein.
Dieses Wechselspiel wird so lange durchgeführt, bis der Lappen sich auflöst oder nicht mehr ansehnlich ist. Mit Hygiene hat das nichts zu tun. Denn nach nur 48 Stunden haben sich die Bakterien in diesem Spüllappen rasant vermehrt. Nun gibt es im privaten Bereich keine gesetzlichen Vorschriften, da darf jeder selbst entscheiden. Im Gastgewerbe müssen Hygieneregeln jedoch eingehalten werden.

- **Kühlräume nicht überfüllen**
Sind die Kühlräume zu voll, sinkt ihre Kühlleistung. Dadurch kann die Innentemperatur steigen, sodass Mikroorganismen sich leichter vermehren können. Deshalb sind ausreichende Kühlkapazitäten notwendig. Achten Sie außerdem darauf, nicht zu viel Ware auf einmal kühl lagern zu müssen. Außerdem dürfen Lebensmittel nie auf dem Boden gelagert werden.

- **Temperaturhöhe und Reinigungszeit bei der Spülmaschine nicht verstellen**
Am gereinigten Geschirr verbleibende Speisereste sind unhygienisch und können Mikroorganismen als Nahrung dienen. Auch wenn die Zeit drängt: Die Reinigungszeit bei der Spülmaschine muss eingehalten werden. Beachten Sie auch die Vorgaben zur Temperatur und zur Menge des Reinigungsmittels. Nur so erzielen Sie einwandfreie Spülergebnisse.
Im Sinne der Eigenkontrolle gibt es von Fachfirmen sogenannte Clean Cards, mit denen das Spülgut auf Hygiene überprüft werden kann.

- **Reinigungs- und Desinfektionsmittel außerhalb der Küche lagern**
  Reinigungsmittel, Desinfektionsmittel und Schädlingsbekämpfungsmittel können Lebensmittel verunreinigen. Sie dürfen nicht mit Lebensmitteln in Berührung kommen und müssen daher außerhalb der Küche gelagert werden. Ein versehentlicher Verzehr kann Verätzungen und Vergiftungen verursachen.

Dieses Merkblatt „Hygieneregeln in der Gemeinschaftsgastronomie" ist in vielen Sprachen zum Download verfügbar unter:
www.bfr.bund.de/de/presseinformation/2013/12/
kochen_in_grosskuechen__speisen_sicher_zubereiten-186725.html
Abdruck mit freundlicher Genehmigung.

Impressum
Herausgegeben von aid infodienst e.V.
Heilsbachstraße 16 · 53123 Bonn ·Tel. +49 228 8499-0 · Fax +49 228 8499-177
aid@aid.de · www.aid.de · www.was-wir-essen.de · Download: 0627

Bundesinstitut für Risikobewertung (bfr)
Postfach 12 69 42 · 10609 Berlin · Tel. +49 30 18412-0 · Fax +49 30 18412-4970
bfr@bfr.bund.de · www.bfr.bund.de

## 2.1.4 Belehrung und Krankheitsvorbeugung – Infektionsschutzgesetz (IfSG)

Das deutsche IfSG regelt seit dem 1. Januar 2001 die Verhütung und Bekämpfung von Infektionskrankheiten bei Menschen.

Personen, die sich mit der Zubereitung von Speisen und Getränken beschäftigen, mit den dort verwendeten Bedarfsgegenständen in Berührung kommen oder in Küchen von Gaststätten oder sonstigen Einrichtungen zur Gemeinschaftsverpflegung arbeiten, müssen dementsprechend belehrt werden. Diese Pflicht besteht unabhängig von der konkreten Tätigkeit. So müssen auch Personen, die mit Spül- und Reinigungsarbeiten in der Küche von Gaststätten oder anderen Gemeinschaftseinrichtungen beschäftigt sind, belehrt werden. Dies gilt auch für Aushilfskräfte und mithelfende Familienangehörige. Und dies vor Aufnahme der eigentlichen Tätigkeit.

Die bestehende Belehrungspflicht bedeutet nicht, dass keine Untersuchungen mehr vorgenommen werden. Liegen dem Gesundheitsamt Anhaltspunkte für bestimmte Krankheiten vor, so kann es eine Untersuchung anordnen. Auch liegt es in der Pflicht des verantwortungsbewussten Unternehmers, Arbeitnehmer mit Krankheitssymptomen sofort zur Untersuchung/zum Arzt zu schicken. Nach Urlaubsreisen in bestimmte Regionen, Unwohlsein etc. sollte eine Untersuchung grundsätzlich durchgeführt werden, um eventuelle Übertragungsmöglichkeiten von Krankheiten auszuschließen. Die Arbeitnehmer selbst sind verpflichtet, ihren Arbeitgeber, also den Gastwirt, zu informieren, wenn sie Vermutungen für eine Erkrankung haben. Der Arbeitgeber muss dann unverzüglich Maßnahmen einleiten, die eine Weiterverbreitung der Krankheitserreger verhindern.

### Erstbelehrung durch das Gesundheitsamt oder einen durch dieses beauftragten Arzt

Die so genannte erforderliche Erstbelehrung erfolgt durch das örtliche Gesundheitsamt oder einen durch dieses beauftragten Arzt. Belehrt werden muss neben den Angestellten auch der Gastwirt, der selbst mit bestimmten Lebensmitteln oder Bedarfsgegenständen in Berührung kommt bzw. in der Küche tätig wird. Die Belehrung durch das Gesundheitsamt oder den beauftragten Arzt muss mündlich und schriftlich erfolgen und über die genannten Krankheiten, ihr Auftreten und ihre Symptome informieren, sodass der Belehrte in der Lage ist, etwaige Infektionen zu erkennen bzw. Verdacht zu schöpfen. Die Erstbelehrung muss vor Aufnahme der Tätigkeit im Lebensmittelunternehmen absolviert werden. Der Belehrte muss nach der Belehrung schriftlich erklären, dass ihm keine Hinderungsgründe für die Aufnahme der Tätigkeit bekannt sind.

Durch die Erstbelehrung wird dem Lebensmittelunternehmer die Pflicht übertragen, sich nach dem Infektionsschutzgesetz einmal alle zwei Jahre selbst zu schulen oder schulen zu lassen. Dies gilt auch für seine Angestellten. Bedenken Sie, dass das Dokument über die durchgeführte Erstbelehrung nur dann seinen Zweck erfüllt, wenn mindestens einmal alle zwei Jahre eine Folgeschulung stattfindet. Der Lebensmittelunternehmer darf selber schulen oder die Schulung an Dritte übertragen. Die originale Schulungsunterlage, die bei der Erstbelehrung mitgegeben wird, ist eine hervorragende Grundlage für die Folgeschulung. Natürlich hindert Sie auch keiner daran, externe Dozenten zu engagieren oder eine multimediale Zeitreise durch das Infektionsschutzgesetz zu gestalten. Hilfe hierzu erteilt auch das jeweils zuständige Gesundheitsamt.

### Tätigkeits- und Beschäftigungsverbot

Bestimmte Krankheiten oder der Verdacht auf diese, infizierte Wunden oder Hautkrankheiten führen zu einem Tätigkeits- und Beschäftigungsverbot für Arbeitnehmer wie Arbeitgeber. Dies gilt auch, wenn es nur Verdachtsmomente gibt. So besteht bei Typhus abdominalis, Paratyphus, Cholera, Shigellenruhr, Salmonellose oder einer anderen infektiösen Gastroenteritis oder Virushepatitis A oder E das genannte Verbot. Auch bei infizierten Wunden oder Hautkrankheiten, bei denen die Möglichkeit besteht, dass die Krankheitserreger über Lebensmittel übertragen werden können, darf nicht mehr mit den Lebensmitteln oder den Bedarfsgegenständen gearbeitet werden. Wenn Krankheitserreger wie Shigellen, Salmonellen, enterohämorrhagische Escherichia coli oder Choleravibrionen ausgeschieden werden, besteht ebenso ein Tätigkeits- und Beschäftigungsverbot.

Erkrankungen des Menschen, verursacht durch den Verzehr von Lebensmitteln, können durch mehr als 75 verschiedene Arten von Bakterien, Viren, Pilzen und Parasiten hervorgerufen werden. Dabei sind die Salmonellen für die von Tieren stammenden Lebensmittel von größter Bedeutung. Hauptansteckungsquelle sind an Salmonellen erkrankte Menschen und Menschen, die, ohne erkrankt zu sein, mit dem Stuhl Salmonellen ausscheiden (Dauerausscheider). Weitere Ansteckungsquellen sind Fleisch und Fleischerzeugnisse. Da Salmonellen nur bei Hitzegraden von 70°C und darüber abgetötet werden, ist in erster Linie bei rohen oder mangelhaft erhitzten tierischen Lebensmitteln mit einer Salmonelleninfektion zu rechnen. Darüber hinaus können die Lebensmittel auf dem Wege der sogenannten Schmierinfektion verseucht werden. Die Schmierinfektionen entstehen durch eine unhygienische Schlachtung oder eine unhygienische Be- und Verarbeitungsweise. So können die Keime z. B. in unhygienischen Räumen, durch unsaubere Arbeitstische, Geräte und Arbeitskleidung, mangelnde persönliche Hygiene und Benutzung von Gemeinschaftshandtüchern auf die Lebensmittel übertragen werden.

### Vorlage der Bescheinigung

Die Bescheinigung des Gesundheitsamtes muss dem Arbeitgeber für die Dauer der Beschäftigung vorgelegt werden. Ohne die Vorlage der Belehrungsbescheinigung darf der Gastwirt niemanden in der Küche beschäftigen. Dies gilt auch für den Unternehmer. Er darf erst tätig werden, wenn er die Erstbelehrung vorweisen kann. Zu beachten ist, dass die Bescheinigung bei erstmaliger Beschäftigungsaufnahme nicht älter als drei Monate sein darf.

### Belehrung der Angestellten nach Aufnahme der Tätigkeit und dann zweijährlich

Nach Aufnahme der Tätigkeit muss der Angestellte durch den Gastwirt nochmals belehrt werden. Der Unternehmer hat dann seine Angestellten alle zwei Jahre zu belehren. Die Inhalte der Belehrung entsprechen der des Gesundheitsamtes und sind bei dem örtlich zuständigen Gesundheitsamt zu erfragen. Durch die Erstbelehrung wird dem Lebensmittelunternehmer die Verpflichtung einer Schulung nach dem Infektionsschutzgesetz übertragen. Neue Mitarbeiter müssen mindestens jährlich geschult werden. Auf betriebsspezifische Schulungen ist Wert zu legen. Machen zum Beispiel Mitarbeiter oft in Ländern mit hohem Infektionsrisiko Urlaub, sollte auf die dort eventuell auftretenden Gefahren hingewiesen werden. Wenn Mitarbeiter aus verschiedenen Ländern mit hohem Infektionsrisiko beschäftigt werden und diese oft Heimaturlaub machen, gilt dieses Prinzip ebenso. Der Gastwirt muss die jährlichen Belehrungen seiner Angestellten dokumentieren und auch sich selbst regelmäßig auf dem Laufenden halten und die betreffenden Erkenntnisse auffrischen. Dies kann im Regelfall durch die Vorbereitung der Belehrung der Angestellten erfolgen. Er muss im Prinzip auch seine eigenen Kenntnisse bzw. Auffrischungen der Kenntnisse „dokumentieren". So sollte er z. B. alle erforderlichen Gesetzestexte und Informationen griffbereit halten. Er muss bei Nachfragen der Überwachungsbehörden durch seine Antworten belegen können, dass ihm die einschlägigen gesetzlichen Vorschriften bekannt sind und er diese praxisgemäß interpretieren kann. Die Belehrung der Angestellten kann in die Hygieneschulung nach Kapitel XII Verordnung (EG) Nr. 852/2004 integriert werden. Der Unternehmer hat zu gewährleisten, dass Personen, die mit Lebensmitteln umgehen, entsprechend ihrer Tätigkeit in Fragen der Lebensmittelhygiene unterrichtet bzw. geschult werden. Darüber hinaus ist er verpflichtet, ein auf die Lebensmittelsicherheit ausgerichtetes System der Gefahren- und Risikobewertung aufrechtzuerhalten, siehe das Kapitel „Hygiene bei der Behandlung von Lebensmitteln – HACCP-Konzept". Die Bescheinigung der Erstbelehrung hat nur dann Gültigkeit, wenn die zweijährlichen „Folgeschulungen" nachweisbar, bzw. dokumentiert sind.

### Erstuntersuchung ist mit Erstbelehrung gleichwertig

Personen, die bereits die bisher vorgeschriebene Erstuntersuchung durch das Gesundheitsamt haben durchführen lassen, müssen dann zweijährlich durch den Arbeitgeber belehrt werden. Das zeitlich unbegrenzt gültige Untersuchungszeugnis wird der Erstbelehrung „gleichgestellt", nur mit dem Unterschied, dass die Gültigkeit erlischt, wenn nicht die gesetzlich geforderten zweijährlichen Folgeschulungen durchgeführt wurden bzw. eine Dokumentation derer nicht vorgelegt werden kann.

## Aufbewahrung der Bescheinigungen

Der Gastwirt hat die Bescheinigung der Erstbelehrung (oder der bereits erfolgten Erstuntersuchung) seiner Angestellten und seine eigene aufzubewahren und alle nachfolgenden Belehrungen in seinen Unterlagen zu dokumentieren. Die Belehrung nach Aufnahme der Tätigkeit und dann in jährlichen Abständen kann, muss aber nicht, von ihm selbst vorgenommen werden. Er kann diese anderen Einrichtungen etc. übertragen. Der Unternehmer trägt jedoch die Verantwortung für die regelmäßige und vollständige Belehrung. Die Aufbewahrung der Erst- und Folgeschulungen empfiehlt sich im sowieso einzurichtenden Eigenkontrollsystem, um eine Übersichtlichkeit und Einfachheit zu garantieren. Nachfolgend finden Sie einen Auszug aus dem **unverbindlichen** Vorschlag des Robert-Koch-Institutes an die Landesbehörden. Nähere Informationen und Merkblätter zum Infektionsschutzgesetz erhalten Sie über Ihr örtliches Gesundheitsamt.

## Belehrung gemäß § 43 Abs. 1 Nr. 1 Infektionsschutzgesetz (IFSG)[*]

Vor erstmaliger Ausübung einer Tätigkeit im Lebensmittelbereich benötigen eine Belehrung und Bescheinigung gemäß § 43 Abs. 1 Infektionsschutzgesetz durch ihr Gesundheitsamt:

1. Personen, die **gewerbsmäßig** folgende Lebensmittel herstellen, behandeln oder in Verkehr bringen:

    1. Fleisch, Geflügelfleisch und Erzeugnisse daraus

    2. Milch und Erzeugnisse auf Milchbasis

    3. Fische, Krebse oder Weichtiere und Erzeugnisse daraus

    4. Eiprodukte

    5. Säuglings- oder Kleinkindernahrung

    6. Speiseeis und Speiseeishalberzeugnisse

    7. Backwaren mit nicht durchgebackener oder durcherhitzter Füllung oder Auflage

    8. Feinkost-, Rohkost- und Kartoffelsalate, Marinaden, Mayonnaisen, andere emulgierte Soßen, Nahrungshefen

    9. Sprossen und Keimlinge zum Rohverzehr sowie Samen zur Herstellung von Sprossen und Keimlingen zum Rohverzehr,

---

[*] Auszug aus dem unverbindlichen Vorschlag des Robert-Koch-Institutes. Nähere Informationen über Hygieneregeln oder ausführlichere Beschreibungen der Krankheiten erhalten Sie bei Ihrem örtlichen Gesundheitsamt. Der unverbindliche Vorschlag des RKI kann auch über das Internet unter www.rki.de abgerufen werden.

und dabei mit ihnen **direkt** (mit der Hand) **oder indirekt** über Bedarfsgegenstände (z. B. Geschirr, Besteck und andere Arbeitsmaterialien) in Berührung kommen, ODER

2. Personen, die in **Küchen** von Gaststätten, Restaurants, Kantinen, Cafés oder sonstigen Einrichtungen mit und zur **Gemeinschaftsverpflegung** tätig sind.

**Warum müssen besondere Vorsichtsmaßnahmen beachtet werden?**
In den oben genannten Lebensmitteln können sich bestimmte Krankheitserreger besonders leicht vermehren. Durch den Verzehr von derartig mit Mikroorganismen verunreinigten Lebensmitteln können Menschen an Lebensmittelinfektionen oder -vergiftungen schwer erkranken. In Gaststätten oder Gemeinschaftseinrichtungen kann davon eine große Anzahl von Menschen betroffen sein.
Aus diesem Grunde muss von jedem Beschäftigten zum Schutz des Verbrauchers und zum eigenen Schutz ein hohes Maß an Eigenverantwortung und Beachtung von Hygieneregeln verlangt werden.

Das Infektionsschutzgesetz bestimmt, dass Sie die **oben genannten Tätigkeiten nicht ausüben** dürfen, wenn bei Ihnen **Krankheitserscheinungen** (Symptome) auftreten, die auf eine der folgenden Erkrankungen hinweisen oder die ein Arzt bei Ihnen festgestellt hat:
- akute infektiöse Gastroenteritis (plötzlich auftretender, ansteckender Durchfall) ausgelöst durch Salmonellen, Shigellen, Cholerabakterien, Staphylokokken, Campylobacter, Rotaviren oder andere Durchfallerreger,
- Typhus oder Paratyphus,
- Virushepatitis A oder E (Leberentzündung).
- Sie haben infizierte Wunden oder eine Hautkrankheit, bei denen die Möglichkeit besteht, dass deren Krankheitserreger über Lebensmittel auf andere Menschen übertragen werden können.

Die Untersuchung einer **Stuhlprobe** von Ihnen hat den Nachweis eines der folgenden Krankheitserreger ergeben:
- Salmonellen,
- Shigellen,
- enterohämorrhagische Escherichia-coli-Bakterien,
- Choleravibrionen.

Wenn Sie diese Bakterien **ausscheiden** (ohne dass Sie sich krank fühlen müssen), besteht ebenfalls ein **Tätigkeitsverbot** im Lebensmittelbereich.

**Folgende Symptome weisen auf die genannten Erkrankungen hin:**

- **Durchfall** mit mehr als zwei dünnflüssigen Stühlen pro Tag, gegebenenfalls mit Übelkeit, Erbrechen und Fieber.
- **Hohes** Fieber mit schweren Kopf-, Bauch oder Gelenkschmerzen und Verstopfung (erst nach Tagen folgt schwerer Durchfall) sind Zeichen für **Typhus und Paratyphus.** Typisch für **Cholera** sind **milchigweiße Durchfälle** mit hohem Flüssigkeitsverlust.
- **Gelbfärbung der Haut und der Augäpfel** mit Schwäche und Appetitlosigkeit weisen auf eine **Hepatitis A oder E** hin.
- **Wunden** oder offene Stellen von **Hauterkrankungen** können infiziert sein, wenn sie gerötet, schmierig belegt, nässend oder geschwollen sind.
  Treten bei Ihnen die genannten Krankheitszeichen auf, nehmen Sie unbedingt den Rat Ihres Haus- oder Betriebsarztes in Anspruch! Sagen Sie ihm auch, dass Sie in einem Lebensmittelbetrieb arbeiten. Außerdem sind Sie verpflichtet, unverzüglich Ihren Vorgesetzten über die Erkrankung zu informieren.

**Auszug aus dem Infektionsschutzgesetz**

**Gesundheitliche Anforderungen an das Personal beim Umgang mit Lebensmitteln**

**§ 42 Tätigkeits- und Beschäftigungsverbote**

(1) Personen, die
1. an Typhus abdominalis, Paratyphus, Cholera, Shigellenruhr, Salmonellose, einer anderen infektiösen Gastroenteritis oder Virushepatitis A oder E erkrankt oder dessen verdächtig sind,
2. an infizierten Wunden oder an Hautkrankheiten erkrankt sind, bei denen die Möglichkeit besteht, dass deren Krankheitserreger über Lebensmittel übertragen werden können,
3. die Krankheitserreger Shigellen, Salmonellen, enterohämorrhagische Escherichia coli oder Choleravibrionen ausscheiden,

dürfen nicht tätig sein oder beschäftigt werden
   a) beim Herstellen, Behandeln oder Inverkehrbringen der in Absatz 2 genannten Lebensmittel, wenn sie dabei mit diesen in Berührung kommen, oder
   b) in Küchen von Gaststätten und sonstigen Einrichtungen mit oder zu Gemeinschaftsverpflegung.

Satz 1 gilt entsprechend für Personen, die mit Bedarfsgegenständen, die für die dort genannten Tätigkeiten verwendet werden, so in Berührung kommen, dass eine Übertragung von Krankheitserregern auf die Lebensmittel im Sinne des Absatzes 2 zu befürchten ist. Die Sätze 1 und 2 gelten nicht für den privaten hauswirtschaftlichen Bereich.

(2) Lebensmittel im Sinne des Absatzes 1 sind
   1. Fleisch, Geflügelfleisch und Erzeugnisse daraus
   2. Milch und Erzeugnisse auf Milchbasis
   3. Fische, Krebse oder Weichtiere und Erzeugnisse daraus
   4. Eiprodukte
   5. Säuglings- und Kleinkindernahrung
   6. Speiseeis und Speiseeishalberzeugnisse
   7. Backwaren mit nicht durchgebackener oder durcherhitzter Füllung oder Auflage
   8. Feinkost-, Rohkost- und Kartoffelsalate, Marinaden, Mayonnaisen, andere emulgierte Soßen, Nahrungshefen.

(3) Personen, die in amtlicher Eigenschaft, auch im Rahmen ihrer Ausbildung, mit den in Absatz 2 bezeichneten Lebensmitteln oder mit Bedarfsgegenständen im Sinne des Absatzes 1 Satz 2 in Berührung kommen, dürfen ihre Tätigkeit nicht ausüben, wenn sie an einer der in Absatz 1 Nr. 1 genannten Krankheiten erkrankt oder dessen verdächtig sind, an einer der in Absatz 1 Nr. 2 genannten Krankheiten erkrankt sind oder die in Absatz 1 Nr. 3 genannten Krankheitserreger ausscheiden.

(4) Das Gesundheitsamt kann Ausnahmen von den Verboten nach dieser Vorschrift zulassen, wenn Maßnahmen durchgeführt werden, mit denen eine Übertragung der aufgeführten Erkrankungen und Krankheitserreger verhütet werden kann.

(5) Das Bundesministerium für Gesundheit wird ermächtigt, durch Rechtsverordnung mit Zustimmung des Bundesrates den Kreis der in Absatz 1 Nr. 1 und 2 genannten Krankheiten, der in Absatz 1 Nr. 3 genannten Krankheitserreger und der in Absatz 2 genannten Lebensmittel einzuschränken, wenn epidemiologische Erkenntnisse dies zulassen, oder zu erweitern, wenn dies zum Schutz der menschlichen Gesundheit vor einer Gefährdung durch Krankheitserreger erforderlich ist. In dringenden Fällen kann zum Schutz der Bevölkerung die Rechtsverordnung ohne Zustimmung des Bundesrates erlassen werden. Eine auf der Grundlage des Satzes 2 erlassene Verordnung tritt ein Jahr nach ihrem Inkrafttreten außer Kraft; ihre Geltungsdauer kann mit Zustimmung des Bundesrates verlängert werden.

## § 43 Belehrung, Bescheinigung des Gesundheitsamtes

(1) Personen dürfen gewerbsmäßig die in § 42 Abs. 1 bezeichneten Tätigkeiten erstmalig nur dann ausüben und mit diesen Tätigkeiten erstmalig nur dann beschäftigt werden, wenn durch eine nicht mehr als drei Monate alte Bescheinigung des Gesundheitsamtes oder eines vom Gesundheitsamt beauftragten Arztes nachgewiesen ist, dass sie

1. über die in § 42 Abs. 1 genannten Tätigkeitsverbote und über die Verpflichtungen nach den Absätzen 2, 4 und 5 in mündlicher und schriftlicher Form vom Gesundheitsamt oder von einem durch das Gesundheitsamt beauftragten Arzt belehrt wurden und
2. nach der Belehrung im Sinne der Nummer 1 schriftlich erklärt haben, dass ihnen keine Tatsachen für ein Tätigkeitsverbot bei ihnen bekannt sind.

Liegen Anhaltspunkte vor, dass bei einer Person Hinderungsgründe nach § 42 Abs. 1 bestehen, so darf die Bescheinigung erst ausgestellt werden, wenn durch ein ärztliches Zeugnis nachgewiesen ist, dass Hinderungsgründe nicht oder nicht mehr bestehen.

(2) Treten bei Personen nach Aufnahme ihrer Tätigkeit Hinderungsgründe nach § 42 Abs. 1 auf, sind sie verpflichtet, dies ihrem Arbeitgeber oder Dienstherrn unverzüglich mitzuteilen.

(3) Werden dem Arbeitgeber oder Dienstherrn Anhaltspunkte oder Tatsachen bekannt, die ein Tätigkeitsverbot nach § 42 Abs. 1 begründen, so hat dieser unverzüglich die zur Verhinderung der Weiterverbreitung der Krankheitserreger erforderlichen Maßnahmen einzuleiten.

(4) Der Arbeitgeber hat Personen, die eine der in § 42 Abs. 1 Satz 1 oder 2 genannten Tätigkeiten ausüben, nach Aufnahme ihrer Tätigkeit und im Weiteren alle zwei Jahre über die in § 42 Abs. 1 genannten Tätigkeitsverbote und über die Verpflichtung nach Absatz 2 zu belehren. Die Teilnahme an der Belehrung ist zu dokumentieren. Die Sätze 1 und 2 finden für Dienstherrn entsprechende Anwendung.

(5) Die Bescheinigung nach Absatz 1 und die letzte Dokumentation der Belehrung nach Absatz 4 sind beim Arbeitgeber aufzubewahren. Der Arbeitgeber hat die Nachweise nach Satz 1 und, sofern er eine in § 42 Abs. 1 bezeichnete Tätigkeit selbst ausübt, die ihn betreffende Bescheinigung nach Absatz 1 Satz 1 an der Betriebsstätte verfügbar zu halten und der zuständigen Behörde und ihren Beauftragten auf Verlangen vorzulegen. Bei Tätigkeiten an wechselnden Standorten genügt die Vorlage einer beglaubigten Abschrift oder einer beglaubigten Kopie.

(6) Im Falle der Geschäftsunfähigkeit oder der beschränkten Geschäftsfähigkeit treffen die Verpflichtungen nach Absatz 1 Satz 1 Nr. 2 und Absatz 2 denjenigen, dem die Sorge für die Person zusteht. Die gleiche Verpflichtung trifft auch den Betreuer, soweit die Sorge für die Person zu seinem Aufgabenkreis gehört. Die den Arbeitgeber oder Dienstherrn betreffenden Verpflichtungen nach dieser Vorschrift gelten entsprechend für Personen, die die in § 42 Abs. 1 genannten Tätigkeiten selbständig ausüben.

(7) Das Bundesministerium für Gesundheit wird ermächtigt, durch Rechtsverordnung mit Zustimmung des Bundesrates Untersuchungen und weitergehende Anforderungen vorzuschreiben oder Anforderungen einzuschränken, wenn Rechtsakte der Europäischen Gemeinschaft dies erfordern.

Die Folgebelehrung IFSG kann auch in schriftlicher Form erfolgen, insofern der Mitarbeiter es mit seiner Unterschrift bestätigt. Unter dem folgenden Link können Sie die Folgebelehrung für Mitarbeiter in verschiedenen Sprachen ausdrucken und sich bestätigen lassen.
www.mainz-bingen.de/deutsch/verwaltung/GB_IV/gesundheit_veterinaer/
lebensmittelpass.php

**Rechtsgrundlage:**
*Infektionsschutzgesetz veröffentlicht im Bundesgesetzblatt I 2000, S. 1045 vom 20. Juli 2000, zuletzt geändert durch Art. 1 des Gesetzes vom 28.Juli 2011 (BGBl I S. 1622)*

## 2.2 Lebensmittelhygiene – glatt, leicht zu reinigen, gegebenenfalls zu desinfizieren

Die folgenden Regeln gelten für alle, die beruflich mit Lebensmitteln zu tun haben – dies bedeutet, dass Sie außerhalb des privaten, häuslichen Bereichs Lebensmittel an Dritte abgeben. Dies kann auch unentgeltlich passieren. Die Regeln sollen die Arbeit nicht erschweren, sondern zeigen, worauf es ankommt, damit es bei der täglichen Arbeit hygienisch einwandfrei zugeht. Im Interesse der Kunden – und im Interesse der eigenen Gesundheit. Denn es ist oft schwer, das gute Mittelmaß zu finden. Entweder, es wird übertrieben, oder vernachlässigt.

Eine Grundregel lautet: Alle Bereiche, bei denen wir mit Lebensmitteln umgehen, müssen glatt, leicht zu reinigen und gegebenenfalls zu desinfizieren sein. Dies gilt für Räume, Ausrüstungsgegenstände und sogar für den Menschen.
Dies ist die Grundlage, um leicht und einfach Sauberkeit auch dauerhaft leisten zu können.
Auf die Eigenschaft „leicht zu reinigen" sollten Sie von Anfang an großen Wert legen. Wird etwas zu kompliziert, macht man es nicht mehr oder nur noch unzureichend. Wenn Küchen oder Lagerräume falsch konzipiert sind, erschwert das die Reinigung - und wird dadurch auf Dauer vernachlässigt. Wenn beispielsweise ein Kühlhaus zu klein ist und man bei einer Verschmutzung zunächst alles vom Boden hochräumen muss, bevor man ihn ordentlich reinigen kann, wird man schnell nachlässig. Schließlich ist man gerade in Stressmomenten eher geneigt, Verunreinigungen vorerst liegen zu lassen.

Zusätzlich zu dieser Grundregel gilt außerdem, dass Sie physikalische, chemische und biologische Gefahren am besten ausschalten sollen, oder wenn dies nicht geht, auf ein akzeptables Maß reduzieren müssen.

### Physikalische Gefahren
sind zum Beispiel: Zerschlissene Metallschwämme, Trinkgläser und/oder Glasflaschen in der Küche, welche zersplittern können. Holz- oder Plastikbretter, die zerschlissen sind und bei denen sich Bestandteile ablösen etc.
Kann man die Gefahr verhindern? Leider nicht immer. Denn Teller und Gläser, in denen Sie Speisen anrichten oder Getränke verkaufen, können ja ebenso zersplittern. Diese sollen Sie allerdings in geschlossenen Schränken aufbewahren, um diese vor dem Um- oder Herausfallen zu schützen. Dadurch reduzieren Sie die Gefahr auf ein akzeptables Maß. Wenn Sie ein Trinkglas in der Küche durch einen Plastikbecher ersetzen, schließen Sie die physikalische Gefahr sogar aus.

## Chemikalische Gefahren

bestehen im Lebensmittelbereich meist im Zusammenhang mit Reinigungsmitteln. Natürlich können auch Insektengifte bei falscher Lagerung eine chemische Gefahr darstellen, ebenso mit Quecksilber gefüllte Thermometer.

Da der Betrieb nun mal gereinigt werden muss, kann auf Reinigungsmittel nicht verzichtet werden. Doch auch hier lässt sich die Gefahr auf ein akzeptables Maß reduzieren. So sollten Reinigungsmittel aus dem Produktionsbereich verbannt und idealerweise in einem separaten Raum gelagert werden, wo sie keine Lebensmittel verunreinigen können. Geht dies aus Platzgründen nicht, dann sollten Sie Reinigungsmittel und Reinigungsgerät im unreinen Bereich (meist dort wo die Spülmaschine steht) in einem verschließbaren Schrank lagern und Besen, Abzieher etc. dort an die Wand hängen. Eine Gefahrenquelle besteht auch in der ähnlichen Gestaltung großer Kanister von Lebensmitteln und Reinigungsmitteln. Beispielsweise lassen sich 5-Liter-Ölkanister mitunter nicht eindeutig von Desinfektionsmittelkanistern unterscheiden – lediglich die Farbe des Verschlusse lässt auf den Inhalt schließen. Stehen diese verwechselbar in Ihrem Produktionsort nebeneinander, kann schnell mal ein Fehler passieren.

## Biologische Gefahren

gehen in der Regel von Mikroorganismen wie Viren und Bakterien oder Pilzen aus. Diese können Sie gut im Griff behalten, wenn Sie empfindliche Lebensmittel innerhalb der sogenannten Temperaturgefahrenzone von 5 °C – 65 °C nur so kurz wie möglich aufbewahren. Machen Sie also kurzen Prozess. Erhitzen Sie empfindliche Lebensmittel so schnell wie möglich auf über 70 °C im Kern für mindestens 2 Minuten oder kühlen Sie diese schnell auf 5 °C oder kälter herunter. Dies ist immer ein guter Mittelwert, genauere Angaben zu Temperaturempfehlungen finden Sie im Abschnitt zu den Höchsttemperaturen für kühlungspflichtige Lebensmittel auf Seite 90.
Durch Hitze (je heißer, desto besser) schalten Sie die biologische Gefahr aus. Dabei gilt 65 °C als Richtwert, weil die meisten gesundheitsschädigenden Keime bei dieser Temperatur abgetötet oder nicht mehr vermehrungsfähig sind. Der Kühlung hingegen wird die biologische Gefahr nur auf ein akzeptables Maß reduziert. Bakterien vermehren sich durch Zellteilung im Idealfall alle 15-20 Minuten, und Kälte kann diese Vermehrungsgeschwindigkeit reduzieren. Bei -18 °C finden zum Beispiel gar keine Zellteilungsprozesse mehr statt, die Vermehrung ist unterbunden. Wenn allerdings nicht korrekt aufgetaut wird, vermehrt sich die bereits vorhandene Population wieder, da sie durch den Kühlvorgang nicht abgetötet wurde.
Zusammenfassend lässt sich also sagen: Hitze schließt mikrobiologische Gefahr aus, während Kälte sie nur auf ein akzeptables Maß reduziert.

Berühren Sie Lebensmittel nicht unnötig und natürlich nur mit sauberen Händen und Fingernägeln. Waschen Sie ihre Hände regelmäßig, besonders vor Arbeitsbeginn und nach der Toilettenbenutzung. Mikroorganismen kann man weder sehen noch riechen, daher können sie sehr schnell gefährlich werden und gesundheitlichen Schaden anrichten. Tragen Sie bei der Arbeit weder Ringe noch Armbänder oder Armbanduhren.

Achten Sie auf saubere und zweckmäßige Arbeitskleidung, die mindestens täglich gewechselt wird. Tragen Sie zweckmäßige Kleidung wie Schürze, Gummistiefel oder Kopfbedeckung. Turnschuhe erfüllen diese Regel zum Beispiel nicht.
Arbeitskleidung (Schuhwerk ausgenommen) sollte auch mindestens bei 65°C waschbar sein, um die mikrobiologische Gefahr zu mindern. Besondere Reinigungs- oder Desinfektionsmittelzusätze sind nicht nötig. Professionelle Arbeitskleidung schützt Sie auch vor Verbrennungen. Ein T-Shirt an einer großen Bratpfanne oder an der Fritteuse kann nicht vor Fettspritzern an den Armen schützen.
Handschuhe sollten Sie nur im geplanten Bedarfsfall einsetzen. Haben Sie einen Schnitt am Finger, sind Handschuhe allerdings gut geeignet, um die biologische Gefahr, die nun von ihnen ausgeht, zu vermindern.

Halten Sie Ihren Arbeitsplatz sauber: Reinigen Sie Ihr Arbeitsgerät gründlich und so oft wie möglich! Lassen Sie keine Schmutzecken entstehen. Ist Ihr Werkzeug oder der Tisch verschlissen, ist er nicht mehr glatt, leicht zu reinigen oder desinfizierbar, dann stellt er eventuell eine physikalische Gefahr dar und muss ausgetauscht werden.

Achten Sie auf die Einhaltung der richtigen Temperaturen: Frisch gegarte oder wiedererwärmte Speisen bis zum Verbrauch heiß halten oder sofort kühlen (5 °C – 65 °C). Leicht verderbliche Lebensmittel kühl lagern, Transport- und Ladezeiten möglichst kurz halten. Es gibt nur noch wenige spezifische Kühlvorschriften für den gastronomischen Bereich. Beispielsweise muss Fisch bei max. 2 °C gelagert werden; Innereien wie Leber, Niere oder Lunge bei 3 °C. Um die Kühlkette einhalten zu können, sollten Sie außerdem die Temperaturhinweise auf den Lebensmittelverpackungen befolgen (z. B. „bei 4 °C mindestens haltbar bis").

Letztlich kann man bei den genannten Sachverhalten immer wieder zu den orientieren: Alles in der Küche sollte glatt, leicht zu reinigen, gegebenenfalls zu desinfizieren sein.

Jeder, der Lebensmittel herstellt, verarbeitet oder verkauft, muss in seinem Bereich dazu beitragen, Gesundheitsschädigungen zu vermeiden.

## 2.3 Reinigung und Desinfektion

Hygiene – gewusst wie
Die Reinigungsprozesse in Gaststätten und Lebensmittelbetrieben unterscheiden sich von jenen in privaten Haushalten. Viele der im Einzelhandel eingesetzten Produkte können für uns Menschen, aber auch bei Rückständen auf der Arbeitsfläche auf Lebensmittel Folgen haben. Ein ständiges und übermäßiges Desinfizieren ist jedoch auch nicht ratsam. Bei der Verwendung von Reinigungs- und Desinfektionsmitteln ist immer darauf zu achten, diese sinnvoll und punktuell einzusetzen.
Besondere Vorsichtsmaßnahmen sollte man nur dann standardmäßig anwenden, wenn die Gesundheit von einer Verunreinigung starkt beeinträchtigt werden kann oder man alte, junge, schwangere oder kranke Menschen verpflegt. Der Flyer „Hygiene – gewusst" von PAN Germany, dem Pestizid-Aktions-Netzwerk (PAN) e. V. stellt sehr gut die Vor- und Nachteile von Desinfektionsmitteln dar. Wir haben freundlicherweise die Erlaubnis erhalten, den Inhalt dieses Flyers in Textform hier abzudrucken. Weiteres kann man auch unter der Webadresse **www.pan-germany.org** erfahren. Obwohl dieser Flyer eigentlich für den Haushalt geschrieben wurde, kann man ihn auch gut für eine normale Gaststätte anwenden. Denn wie bereits beschrieben, können Sie schon mit heißem Wasser ab 85 °C nach vorangegangener Reinigung desinfizieren! Ohne jede Zusätze.

### Desinfektionsmittel töten Mikroben – auch die guten!

Mikroorganismen wie Bakterien sind überall. Nur wenige von ihnen sind wirklich gesundheitsschädlich. Die meisten sind sogar lebensnotwendig für uns.
Auf der Haut wehren Mikroben schädliche Umwelteinflüsse ab, im Darm sind sie für die Verdauung unerlässlich, sie schützen vor anderen Krankheitskeimen und stärken das Immunsystem. Dies ist besonders für die Entwicklung von Kindern sehr wichtig. Eine zu sterile Umwelt schädigt dieses wichtige Gleichgewicht.

### Desinfektionsmittel nicht im Alltag verwenden!

Muss es immer „keimfrei" sein – reicht „sauber" nicht mehr aus? Entgegen der Werbebotschaften sind sich Hygieneexperten und die zuständigen Fachbehörden einig: Der Einsatz von Desinfektionsmitteln, z. B. in Form von antibakteriellen Reinigungsprodukten, ist unter normalen Bedingungen in Haushalten und Gaststätten überflüssig. Ihr Einsatz ist nicht nur unnötig, antibakterielle Stoffe (Biozide) bergen sogar Risiken für die Gesundheit und verursachen Umweltbelastungen.
Da die Mittel nicht alle Mikroorganismen abtöten können, drohen zudem gefährliche Resistenzen. Auch beim hygienischen Zerlegen von Geflügel muss danach nicht unbedingt desinfiziert werden. Allerdings sollten bei der Zubereitung von Geflügelfleisch

getrennte Bretter und Werkzeuge verwendet werden.

**Achtung:** Bedenken Sie gerade hier, welchen Putzlappen sie für die anschließende Reinigung verwenden.

### Wann sind Desinfektionsmittel sinnvoll?

Desinfektionsmittel gehören in Krankenhäuser und Arztpraxen, aber im Normalfall nicht in die Wohnung oder in die Gaststätte.

In einem normalen Haushalt ist von zusätzlicher Chemie abzuraten, denn jedes einfache Reinigungsmittel oder Waschpulver wirkt bereits über die enthaltenen Tenside antibakteriell. Dies reicht aus. Bei dem Umgang mit Lebensmittel in der Gastronomie sieht es hier etwas anders aus. Bitte verwenden Sie in der Gastronomie ausschließlich Reinigungsmittel, die die jeweiligen Produktunterlagen nachweisen können. Dazu gehören für jedes Produkt: EG Sicherheitsdatenblatt, Betriebsanweisung und technische Informationen zu den genauen Einsatzbereichen und Anwendungen. Einige Produkte haben sogar vom Fachhersteller eine Unbedenklichkeitsbescheinigung. Diese sind nicht vorgeschrieben, machen die Arbeit in der Produktionsstädte jedoch deutlich sicherer, wenn beispielsweise das Produkt zufällig mit Lebensmitteln in Kontakt kommt.

### Desinfektionsmittel erkennen

Achten Sie auf die Auslobung der Produkte in der Werbung oder auf der Verpackung. Es werden oft die Worte „antibakteriell", „desinfizierend" oder „beseitigt Bakterien und Viren" benutzt. Achten Sie auf die Inhaltsstoffe auf der Rückseite der Verpackung. Oft wird nur „Desinfektionsmittel" angegeben. Häufig verwendet werden z. B. Benzalkoniumchlorid oder Natriumhypochlorit. Nutzen Sie Informationsquellen wie das Internet oder Beratungsstellen. Im Internetadressenverzeichnis am Ende dieses Buches finden Sie einige Links zu diesem Thema. Wenn Sie hier auf Nummer sicher gehen möchten, sollte mindestens eine der folgenden Zulassungen auf dem Desinfektionsmittel vorhanden sein: **RKI** (Robert Koch-Institut), **VAH** (Verbund für Angewandte Hygiene E.V.) oder **DGHM** (Deutsche Gesellschaft für Hygiene und Mikrobiologie)

### Vorsicht beim Umgang mit antibakteriell behandelten Waren

In vielen Produkten und Gegenständen können sich Desinfektionsmittel verstecken. Beispielsweise gibt es antibakterielle Socken oder andere „Hygiene-Textilien", antibakteriell beschichtete Kühlschränke, Stifte, Laptoptastaturen, Telefonhörer, Brillen oder Laminat. Oft werden Silberionen als Desinfektionsmittel eingesetzt.

### Desinfektionsmittel können der Gesundheit schaden und Resistenzen fördern

Immer mehr Menschen entwickeln schon im Kindesalter Allergien, Asthma oder Neurodermitis. Verantwortlich dafür sind auch Umweltfaktoren, die die Immunabwehr schwächen. Kinder in den Städten haben mehr Probleme mit einem schwachen Immunsystem als Kinder auf dem Land, die mehr Keimen ausgesetzt sind. Viele Desinfektionsmittel wirken sensibilisierend und lösen Allergien und Kontaktdermatitis aus. Einige gelten sogar als krebserregend und erbgutverändernd. Hinzu kommt das Risiko von Vergiftungen.

Die zweite Gefahr bei Desinfektionsmitteln ist die Entwicklung von Resistenzen. Wissenschaftliche Studien zeigen, dass überlebende Keime unempfindlich gegenüber den verwendeten Desinfektionsmitteln werden können. Es besteht das Risiko, dass solche Bakterien gegenüber den wichtigen Antibiotika ebenfalls unempfindlich werden können. Im schlimmsten Falle ist die Wirkung von Antibiotika bei einer Infektion nicht mehr sichergestellt.

### Desinfektionsmittel belasten die Umwelt

Die antibakteriellen, desinfizierenden Stoffe gelangen mit dem Abwasser in Kläranlagen und Gewässer. Dort können sie die nützlichen Mikroorganismen und andere Wasserlebewesen schädigen. Triclosan, ein sehr giftiger, langlebiger antibakterieller Stoff, reichert sich zum Beispiel in Fischen an und setzt beim Abbau Dioxine frei. Triclosan wird antibakteriellen Hygiene- und Kosmetikprodukten wie Zahnpasta oder Seifen zugesetzt und dient der antibakteriellen Ausrüstung von Textilien und Kunststoffen.

### Tipps – gut & günstig

Waschen Sie sich die Hände nach jedem Toilettengang. Vor jedem Zubereiten von Speisen und bei Verschmutzungen ca. eine halbe Minute lang. Benutzen Sie eine einfache, aber hautfreundliche Flüssigseife im Spender. Händedesinfektionsmittel haben sich in den vergangenen Jahren stark geändert und verbessert. So wird heute z. B. kein Formaldehyd mehr verwendet. Neuere Händedesinfektionsmittel sind, soweit möglich, hautfreundfreundlicher. Dazu kommen noch geänderte Anforderungen von der BGN in Bezug auf Hautschutzprogramme. Hautschutz und Hautpflege nach der Arbeit vermindern heute die Belastung für unsere Haut bei der täglichen Desinfektion. Bei den Handseifen werden zur Zeit parfümfreie und gut verträgliche Seifen zum Händewaschen eingesetzt. Hier lohnt es sich zu einem Fachhändler zu gehen.

### Weniger ist mehr bei Reinigungsmitteln

Regelmäßig verwendet reichen oft leicht alkalische Reinigungsmittel aus, die auch in einer bestimmten Konzentration nicht mehr kennzeichnungspflichtig sind. Bitte verwenden Sie hier nicht Essigessenz gegen Kalk oder gar Scheuermilch (auch ohne Bleichmittel). Scheuermilch verkratzt und beschädigt Ihre Oberflächen, wodurch die

Reinigung immer schwieriger und zeitaufwendiger wird. Eine Fachberatung kann hier helfen, Geld zu sparen. Zur Grundausrüstung gehören ein Fettlöser und Universalreiniger, ein Bodenreiniger, ggf. eine Flächendesinfektion auf Wasserbasis und je nach Wasserhärte ein Kalklöser. Insgesamt sollten nicht zu viele verschiedene Reinigungsmittel verwendet werden, denn dadurch entsteht schnell eine Verwechslungsgefahr.

## Waschen Sie Spüllappen oder Schwamm

Reinigungsutensilien sollten stets nach Gebrauch gut ausgewaschen und getrocknet werden. Spätestens wenn sie beginnen, unangenehm zu riechen, sollten sie erneuert werden. Waschen Sie mehrfach verwendbare Putz- und Spüllappen bei mindestens 60 °C.

## Halten Sie Bad und Küche trocken durch eine gute Lüftung

Sorgen Sie für eine geringe Luftfeuchtigkeit in Ihrer Einrichtung, denn dies hemmt das Wachstum von bakteriellen Keimen und von Pilzen. Besonders wichtig ist ein regelmäßiger Luftaustausch durch eine angemessene Lüftung.

Entfernen Sie Speise- und Fettreste mechanisch, denn sie können Nährböden für Krankheitskeime sein. Leeren und säubern Sie regelmäßig den Abfalleimer.

Achten Sie auf die empfohlene Waschtemperatur von mindestens 60 °C und wählen Sie das Waschmittel entsprechend. Die Inhaltsstoffe in normalen Waschpulvern wirken bereits antibakteriell. Desinfizierende Waschzusätze ("Hygienespüler") sind nicht notwendig.

## Reinigen und enteisen Sie regelmäßig Ihren Kühlschrank

Hierzu gehören insbesondere die Rillen am Boden in einem Kühlschrank oder Kühlaggregat, die Ablageflächen, Griffe und Dichtung. Die größte Gefahr in Kühleinrichtungen ist das "Abtropfloch". Hier ist es wichtig, dass es in regelmäßigen Abständen gereinigt, desinfiziert und dokumentiert wird.

Achten Sie auf frische Lebensmittel, entsorgen Sie regelmäßig alte Speisereste aus dem Kühlschrank, bevor diese zu schimmeln beginnen, und achten Sie auf eine ausreichende Kühltemperatur von mind. 5 °C im Kühlschrank sowie von mind. -18 °C im Gefrierschrank.

## 2.4 Hygiene bei der Behandlung von Lebensmitteln – HACCP-Konzept

Lebensmittel müssen von der Herstellung bis zur Abgabe sauber und hygienisch einwandfrei behandelt werden. Sie dürfen keine physikalischen, chemikalischen oder biologischen Gefahren in sich tragen, die die Gesundheit der Konsumenten beeinträchtigen kann. Dies ist das oberste Ziel der Verordnung (EG) Nr. 852/2004. Sie trat am 01.01.2006 in Kraft und gilt als die „Basis-Hygieneverordnung".

Die Verordnung (EG) Nr. 852/2004 legt nur allgemeine Anforderungen an die Hygiene fest. Zudem bestehen spezialrechtliche Hygienevorschriften. Gemäß dem Hygienegebot der Lebensmittelhygiene-Verordnung dürfen Lebensmittel nur so hergestellt, behandelt oder in Verkehr gebracht werden, dass sie bei Beachtung der erforderlichen Sorgfalt der Gefahr einer nachteiligen Beeinflussung nicht ausgesetzt sind. Das heißt im Klartext: Physikalische, chemische oder mikrobiologische Stoffe, die gesundheitsgefährdend sein können, haben in Lebensmitteln auf allen Verarbeitungsstufen nichts verloren. Um das zu gewährleisten, müssen Mindestanforderungen eingehalten werden, die in der Verordnung (EG) Nr. 852/ 2004 beschrieben sind. Sie beziehen sich auf die Beschaffenheit von Betriebsstätten, Räumen, Anlagen und Geräten sowie auf den Umgang mit Lebensmitteln und auf das Personal. Die Anforderungen sind bewusst unbestimmt und allgemein formuliert, um dem einzelnen Betroffenen den nötigen Spielraum zu belassen, die Vorgaben an seinen Betrieb flexibel anzupassen. Deshalb ist beispielsweise nicht im Einzelnen geregelt, bis zu welcher Höhe ein Raum gekachelt sein muss, sondern lediglich, dass Betriebsstätten so beschaffen sein müssen, dass sie sauber sind und instand gehalten werden können. Die Bestimmungen gelten für alle Arten von Betriebsstätten, in denen Lebensmittel hergestellt, behandelt und in Verkehr gebracht werden. Zu den Betriebsstätten zählen auch ortsveränderliche und nicht ständige Einrichtungen, wie z. B. Verkaufszelte, Verkaufsfahrzeuge, Verkaufsautomaten oder Transportfahrzeuge. Zur Gewährleistung der Lebensmittelsicherheit und zur Abwehr gesundheitlicher Gefahren bestimmt die Verordnung (EG) Nr. 852/2004, dass in jedem betroffenen Unternehmen angemessene Sicherheitsmaßnahmen festzulegen, durchzuführen und zu überprüfen sind. Dieses Sicherheitssystem hat sich an das international anerkannte HACCP-Konzept anzulehnen, d. h. das betriebliche Eigenkontrollsystem muss die HACCP-Grundsätze umsetzen.

Seit der Einführung der Verordnung (EG) Nr. 852/2004 besteht auch eine angemessene Dokumentationspflicht für das Eigenkontrollsystem. Die Dokumentation ist von entscheidender Wichtigkeit, die Verantwortung und Zuverlässigkeit des Lebensmittelunternehmers widerzuspiegeln. Die Dokumentation muss der Überwachungsbehörde vorzulegen sein. Es ist empfehlenswert hier ein System einzuführen, welches auf den Betrieb zugeschnitten, leicht umzusetzen und leicht zu sichten ist. Dies hilft auch bei der Motivation der Mitarbeiter.

Die Überwachungsbehörde ist dazu verpflichtet, ein Risikoprofil von den einzelnen Lebensmittelunternehmen anzulegen. Dazu lautet das Motto: „Je mehr gute Eigenkontrolle ein Betrieb leistet, desto weniger wird er von den Überwachungsbehörden kontrolliert. Intervalle von bis zu 2 Jahren sind hier möglich."

Jeder Unternehmer muss sein Personal, das mit Lebensmitteln umgeht, entsprechend der Tätigkeit und Ausbildung schulen. Auch hier räumt der Verordnungsgeber bewusst Spielraum ein. Es ist nicht vorgeschrieben, wer die Unterrichtung in Lebensmittelfragen durchführen muss, welche Fragen im Einzelnen behandelt werden und wie lange die Unterrichtung dauern muss. Der Unternehmer entscheidet in diesem Rahmen eigenverantwortlich, je nach den betrieblichen Erfordernissen.

Die nachfolgenden Seiten geben einen Überblick über die Grundsätze des HACCP-Konzeptes.

## 2.4.1 Fragen und Antworten zum Hazard Analysis and Critical Control Point (HACCP)-Konzept

### 1. Was ist HACCP?

Hazard Analysis and Critical Control Points ist ein systematisch gesteuerter Prozess zum Gewährleisten von Lebensmittelsicherheit. Die Übersetzung lautet für HACCP Gefahrenanalyse und Prozesssteuerung mit Lenkungspunkten – CCP. CCP heißt direkt übersetzt eigentlich „kritischer Kontrollpunkt", da allerdings das Lenken des Prozesses (in die richtige, gute, sichere Richtung) im Vordergrund steht und nicht die Kontrolle, wird im Folgenden von Lenkungspunkten oder CCPs gesprochen.

HACCP wurde in den USA von der NASA entwickelt um die Astronauten vor gesundheitlichen Gefahren durch Lebensmittel zu schützen. Denn eine Lebensmittelvergiftung im Weltall würde zu unüberschaubaren Problemen führen. Bei der Sicherheit von Lebensmitteln geht es um die Gesundheit und das Leben von Menschen. Hier kann es nur ein Ziel geben, und zwar die Gesunderhaltung, deswegen ist HACCP ein Null-Fehler-Konzept. Die europäische Union hat dieses Konzept für die Aufrechterhaltung der Lebensmittelsicherheit übernommen.

Artikel 5 der Verordnung (EG) Nr. 852/2004 über Lebensmittelhygiene verpflichtet jeden Lebensmittelunternehmer zur Einrichtung, Umsetzung und Aufrechterhaltung sowie Anpassung eines Eigenkontrollsystems nach den HACCP-Grundsätzen. Der Lebensmittelüberwachungsbehörde müssen entsprechend dokumentierte Nachweise ausgehändigt werden können. Die Dokumentation ist ausdrücklich vorgeschrieben.

Ein praktiziertes und gut dokumentiertes Eigenkontrollsystem nach HACCP-Grundsätzen sorgt für ein gutes Qualitätsmanagement, geregelte Betriebsabläufe und dient neben der Lebensmittelsicherheit auch der Wirtschaftlichkeit (Lagerumschlag, Lager-temperaturen, Qualitätskontrollen bei Wareneingang usw.). Auch kann ein Lebensmit-telunternehmer durch Delegation mit den Dokumenten besser seinen Kontrollpflichten nachkommen.

Bevor mit HACCP begonnen werden kann, brauchen Sie folgende Voraussetzungen:
- gute Personalhygiene
- gute Bausubstanz, saubere Räume
- gepflegte sanitäre Anlagen
- zuverlässige Schädlingsbekämpfung
- durchgeführte Schulungen
- gut geplante und durchgeführte Reinigungs- und Desinfektionsmaßnahmen

HACCP kümmert sich nicht um die allgemeinen Hygieneanforderungen. Vielmehr ist HACCP ohne die einwandfreien oben angegebenen Anforderungen nicht möglich. Deshalb spricht man auch immer vom Eigenkontrollsystem nach HACCP-Richtlinien. Die sechs oben aufgeführten Punkte sind als reine Qualitätssicherung oder Qualitätsmanagement zu betrachten. HACCP kümmert sich rein um die sichere Behandlung und sichere Abgabe von Lebensmitteln. Das eine kommt ohne das andere also nicht aus, deshalb befinden sich in jedem Eigenkontrollsystem neben den Temperaturlisten von der Lagerung bis zur Abgabe auch Dokumente über Reinigungsintervalle, Hygieneschulung, Schulung nach dem Infekti-onsschutzgesetz, Wareneingangskontrolle usw. Ein reines HACCP-Konzept wiederum kann ohne Weiteres in bestehende Qualitätssicherungssysteme eingearbeitet werden.


## 2. Die 7 HACCP-Grundsätze

Insgesamt gibt es 7 Grundsätze für die Lebensmittelsicherheit:

1. Ermittlung von Gefahren, die vermieden, ausgeschaltet oder auf ein akzeptables Maß reduziert werden müssen.
2. Bestimmung der kritischen Kontrollpunkte auf der (den) Prozessstufe(n), auf der (denen) eine Kontrolle notwendig ist, um eine Gefahr zu vermeiden, auszuschalten oder auf ein akzeptables Maß zu reduzieren.
3. Festlegung von Grenzwerten für diese kritischen Kontrollpunkte, anhand derer im Hinblick auf die Vermeidung, Ausschaltung oder Reduzierung ermittelter Gefahren zwischen akzeptablen und nicht akzeptablen Werten unterschieden wird.
4. Festlegung und Durchführung effizienter Verfahren zur Überwachung der kritischen Kontrollpunkte.
5. Festlegung von Korrekturmaßnahmen für den Fall, dass die Überwachung zeigt, dass ein kritischer Kontrollpunkt nicht unter Kontrolle ist.

6. Festlegung von regelmäßig durchgeführten Verifizierungsverfahren, um festzustellen, ob den Vorschriften gemäß den Buchstaben 1) bis 5) entsprochen wird.

7. Erstellung von Dokumenten und Aufzeichnungen, die der Art und Größe des Lebensmittelunternehmens angemessen sind, um nachweisen zu können, dass den Vorschriften gemäß den Buchstaben 1) bis 6) entsprochen wird.

## Punkt 1 – Gefahrenanalyse

Bei der Gefahrenanalyse werden Lebensmittel und Prozesse betrachtet und danach bewertet, wie groß das Risiko oder die Gefahr ist, dass Lebensmittel oder Speisen chemisch, physikalisch oder (mikro-) biologisch verunreinigt werden. Nicht alle Lebensmittel sind gleichermaßen empfindlich. Es ist daher sinnvoll, sich bei der Gefahrenanalyse auf empfindliche Lebensmittel wie zum Beispiel Rohei, Rohmilch, rohes Fleisch, rohen Fisch sowie Muscheln zu konzentrieren. Die Gefahr an rohen Karotten zu erkranken, ist deutlich geringer, als diejenige nach dem Verzehr von rohem Fleisch. Der Verzicht, potenziell gefährliche Lebensmittel in den Verkehr zu bringen, vermindert das Risiko von Lebensmittelvergiftungen erheblich. Spezielle Anforderungen gelten an Kindertagesstätten, Altenheime, Krankenhäuser und Einrichtungen zur Gemeinschaftsverpflegung, wo z. B. Rohei nicht eingesetzt werden darf.

## Punkt 2 – Lenkungspunkte (CCP) festlegen

Hier legt man fest, auf welcher Prozessstufe man „lenkt", um eine Gefahr zu vermeiden, auszuschalten oder auf ein akzeptables Maß zu reduzieren. Je sicherer ein Prozess ist, desto weniger Lenkungspunkte hat er. Vermieden wird eine Gefahr, wenn auf das entsprechende Risikolebensmittel verzichtet wird. Wenn Sie Lebensmittel nach ihren Gefahren bewerten, müssen Sie sich folgende Fragen für jede eingesetzte Rohware stellen:

1. Ist es wahrscheinlich, dass der Rohstoff eine unakzeptable Gefährdung darstellt? Wenn nein, dann kein CCP, wenn ja, dann Frage 2.

2. Werden folgende Prozessschritte die Gefährdung ausschließen oder auf ein akzeptables Maß reduzieren? Wenn nein, dann CCP, wenn ja, kein CCP.

## Punkt 3 – Festlegung von Grenzwerten

Mikrobiologische Gefahren sind die Gefahren, welche dem Lebensmittelunternehmer die meisten Schwierigkeiten bereiten. Da sich gesundheitsschädigende Mikroorganismen in einem Temperaturbereich von 5-63 °C am besten vermehren können, bezeichnet man diesen Bereich als „Gefahrenzone". Man sollte also Lebensmittel nur so kurz wie möglich in dieser Gefahrenzone lassen. Für das Wachstum von Mikroorganismen ist also das Verhältnis von Temperatur und Zeit außerordentlich wichtig. Bei der Festlegung von Grenzwerten bestimmt man, bei welcher Temperatur ein Lebensmittel gekühlt und wie lange welche Lebensmittel bei welcher Temperatur zu erhitzen sind. Denken Sie dabei auch an Angaben in Rezepturen.

## Punkt 4 – Überwachung der Lenkungspunkte

Kühleinrichtungen sind mindestens täglich einmal zu überwachen. Meistens reicht es aus, bei Betriebsbeginn die Kühltemperaturen zu messen und zu dokumentieren. Man möchte so die längste Lagerzeit von empfindlichen Waren bei geeigneter Temperatur feststellen. Wie lange welche Lebensmittel bei welcher Temperatur zu garen sind, kann auch sehr gut Bestandteil von Rezepturen sein. Dieses Verhalten bietet sich insbesondere für Lebensmittelunternehmer an, die auf einen einheitlichen Qualitäts- und Geschmacksstandard setzen. Nicht bei jedem Herstellungsverfahren muss die Temperatur gemessen werden, man kann auch optische Überwachungskriterien einrichten. Kocht zum Beispiel eine Suppe, so muss die Temperatur nicht mehr gemessen werden; ist ein Rührei gestockt und hat keine flüssigen Bestandteile mehr, so ist es im Sinne der Temperatur aus der Gefahrenzone heraus. Gefährlicher wird es bei Fleischgerichten. Eine graue Farbe im Innern einer Frikadelle sagt sehr wenig über die aktuelle Temperatur aus, hier muss gemessen werden.

## Punkt 5 – Korrekturmaßnahmen

Läuft ein von Ihnen geplanter Prozess nachweislich nicht sicher ab, müssen Korrekturmaßnahmen ergriffen und dokumentiert werden. Zum Beispiel stellen Sie fest, dass ein von Ihnen produziertes Fischfilet nach Ihrer gesetzten Garzeit und Gartemperatur im Innern noch roh und entsprechend glasig aussieht. Als Korrekturmaßnahme tragen Sie eine Nachgarung ein, bis das Innere gestockt ist oder mindestens 75°C erreicht hat. Diese Maßnahme tragen Sie als Korrekturmaßnahme in Ihren Kontrollbogen ein. Die Temperaturkontrolle mit einem Kernthermometer ist immer sicherer als eine optische Kontrolle. Spiegeln Sie bei den Korrekturmaßnahmen Ehrlichkeit wider! Nur so wird ein Eigenkontrollsystem richtig praktiziert, auch die Lebensmittelüberwachungsbehörden wissen, das in einem Lebensmittelunternehmen an 365 Tagen nicht immer alles zur vollsten Zufriedenheit verläuft. Reagieren Sie sofort auf auftretende Fehler und dokumentieren Sie die Korrekturmaßnahme. Korrekturmaßnahmen wiederum können Sie hervorragend für Hygieneschulungen in Ihrem Betrieb verwenden.

## Punkt 6 – Verifikation

Sie verifizieren einen Prozess, wenn Sie zum Beispiel das Endprodukt nach einem Prozessablauf auf Sicherheit hin überprüfen. Diesen Schritt können Sie optisch erledigen oder durch technische Hilfsmittel sicherstellen. Eine stichprobenartige Messung der Ausgabetemperatur ist zum Beispiel eine Verifikation.

Die mikrobiologische Untersuchung eines Lebensmittels gibt Aufschluss über Herstellungsfehler wie eine Verunreinigung während der Herstellung oder unzureichende Kühlung. Auch in Ihrem Betrieb werden Lebensmittelproben durch die Lebensmittelüberwachungsbehörden gezogen und mikrobakteriologisch bewertet. Benutzen Sie diese Ergebnisse als mikrobiologische Verifikation Ihrer Prozesse!

**Punkt 7 – Dokumentation**
Folgende Maßnahmen müssen dokumentiert werden:
1. Die durchgeführte Gefahrenanalyse. Welche Lebensmittel werden in welchen Prozessen hergestellt?
2. Lenkungspunkte. Wo hat wann, wer, welche Temperaturen festgestellt?
3. Welche Korrekturmaßnahmen wurden festgelegt?
4. Wie wird der sichere Prozess festgestellt (Verifikation)?

Tragen Sie die Messergebnisse sofort in entsprechende Listen ein. Die ausgefüllten Dokumente sind 2 Jahre lang aufzubewahren. Es wird empfohlen, sich eine einfache und übersichtliche Struktur für das Eigenkontrollsystem anzulegen, damit Sie und Ihre Mitarbeiter leicht damit arbeiten können. In der Zukunft wird die Vorlage eines gut geführten Eigenkontrollsystems bei den Lebensmittelüberwachungsbehörden die Visitenkarte Ihres Lebensmittelunternehmens sein.

**3. Wer ist für die Umsetzung des HACCP-Konzepts verantwortlich?**
Das HACCP-Konzept ist Bestandteil des Eigenkontrollsystems eines Betriebes; seine Umsetzung liegt somit in der Verantwortung des Betriebsinhabers. Die Anwendung des HACCP-Konzepts kann gesetzlich vorgeschrieben sein bzw. in anderen Fällen freiwillig erfolgen.

**4. Wie ist das HACCP-Konzept in Beziehung zu allgemeinen Hygienemaßnahmen zu setzen?**
Das HACCP-Konzept ist kein Werkzeug zur Umsetzung allgemeiner Hygienemaßnahmen. Es baut auf einem bereits eingerichteten Hygienekonzept auf, das die meist rechtlich vorgeschriebenen hygienischen Anforderungen an räumliche und technische Ausstattungen sowie Personalhygiene, Reinigung und Desinfektion, Schädlingsbekämpfung usw. beinhaltet. Auch Maßnahmen zur Trennung von Arbeitsgängen und Produktionslinien (zur Vermeidung von Kreuzkontaminationen) und zur gewöhnlichen Regelung der Temperatur und Luftfeuchte von Arbeits- und Lagerräumen gehören zu den allgemeinen Voraussetzungen, ohne die ein HACCP-Plan nicht funktionieren kann.

## 5. Wie ist das HACCP-Konzept in der Praxis umzusetzen?

Die Anwendung des HACCP-Konzepts umfasst ein Bündel von Aufgaben, die Sach-kenntnisse auf epidemiologischem, veterinärmedizinischem, lebensmittelchemischem, toxikologischem und lebensmittelmikrobiologischem Gebiet sowie im Qualitätsmanage-ment voraussetzen. Gegebenenfalls sind Betriebe auf qualifizierten und anerkannten externen Sachverstand angewiesen.

Eine ausführliche Darstellung der Vorgehensweise ist im zitierten Codex-Dokument enthalten.

Zusammenfassend sind die unter Punkt 2 genannten 7 Grundsätze in 3 Abschnitte zu gruppieren, die durchlaufen werden müssen:

I. Gefahrenermittlung und -bewertung (Grundsatz 1)

II. Festlegung der „Critical Control Points" und Maßnahmen zu ihrer Beherrschung (Grundsätze 2, 3, 4, 5)

III. Verifizierung und Dokumentation des Systems (Grundsätze 6, 7)

Nach ausführlicher Beschreibung des Lebensmittels und seiner betriebstypischen Her-stellung (Fließdiagramm) erfolgt die Gefahrenermittlung und -bewertung. Sie umfasst die Erfassung sämtlicher, mit jeder Produktionsstufe möglicherweise verbundenen Gefahren, die Feststellung der Wahrscheinlichkeit ihres Auftretens und die Abschätzung ihrer Bedeutung für die Gesundheit des Verbrauchers. Die infrage kommenden patho-genen Erreger, wie Salmonella oder Listeria monocytogenes, sind einzeln zu erörtern. „Fremdkörper-Kontaminationen" sind zu differenzieren in Glas, Plastik, Metall etc. Dieselben Überlegungen gelten für chemische Kontaminanten. Die detaillierte Nen-nung ist notwendig, weil jeweils unterschiedliche Möglichkeiten der Überwachung und Beherrschung der Problematik bestehen können. Deswegen dürfen keine allgemeinen Begriffe wie „pathogene Erreger" oder „Fremdkörper" verwendet werden.

Durch die Analyse des gesamten Prozesses ist, ggf. unter Anwendung eines Entscheidungsbaumes, festzustellen, ob ein CCP vorliegt. Ein CCP muss alle folgenden Eigenschaften aufweisen:

- Er muss die zuvor festgestellte Gefahr spezifisch ansprechen.
- Die zur Beherrschung der Gefahr durchzuführenden Maßnahmen sollen die Gesundheitsgefahr möglichst ausschalten, vermeiden oder auf ein in der Gefah-renanalyse festgelegtes, vertretbares Maß reduzieren.
- Die Ausschaltung einer spezifischen Gefahr, z. B. durch ein technologisches Verfahren, muss durch ein geeignetes Überwachungssystem (Monitoring) unter Zuhilfenahme von Grenzwerten kontinuierlich zu prüfen sein. Mikrobiologische Untersuchungen sind fast ohne Ausnahme nicht als Überwachungsmethoden geeignet, weil die Ergebnisse nicht rechtzeitig vorliegen, um bei Abweichung von

der Norm rechtzeitig korrektive Maßnahmen einzuleiten.

• Gleichzeitig müssen geeignete und durchführbare Korrekturmaßnahmen gegeben sein, die ergriffen werden, wenn das Überwachungssystem eine mangelhafte Beherrschung des CCPs anzeigt, d. h. die zuvor festgelegten Grenzwerte überschritten werden. Korrekturmaßnahmen können von der Korrektur eines Prozessschritts bis hin zum Verwerfen einer Charge reichen.

Für einen CCP ist eine Dokumentation unbedingt notwendig. Die Funktionsfähigkeit eines HACCP-Planes ist mit Hilfe von Laboruntersuchungen, Erhebungen oder anderen Maßnahmen zu überprüfen (Verifizierung). Auch dies muss selbstverständlich dokumentiert werden.
Fehlt eine dieser Eigenschaften, handelt es sich nicht um einen CCP!

**6. Kann das HACCP-Konzept auch zur Beherrschung von Verderb oder Produktqualität angewandt werden?**
Die logische Vorgehensweise bei der Erarbeitung eines HACCP-Plans kann auch für die gezielte Erarbeitung spezieller Maßnahmen zur Vermeidung von Verderb oder zur Sicherstellung der qualitativen Eigenschaft eines Produkts benutzt werden. In solchen Fällen sollte aber nicht der Begriff „CCP" verwendet werden. Es bleibt dem Betriebsinhaber überlassen, im Rahmen seines Eigenkontrollsystems andere Begriffe oder andere Bezeichnungen einzuführen, z. B. „Kontrollpunkt für Hygienemaßnahmen" (KH), „Kontrollpunkt für andere Qualitätsmaßnahmen" (KQ). Dies ist notwendig, um nicht die eigentlichen Ziele des HACCP-Konzepts – die Vermeidung spezifischer Gesundheitsgefahren – zu verschleiern. Für solche Punkte können analog zum CCP Überwachung, korrektive Maßnahmen, Verifizierung und Rückverfolgbarkeit durch Dokumentation festgelegt werden.

**Achtung:** Die unkritische Verwendung des Konzepts kann einen Betrieb sehr schnell an die Grenze seiner organisatorischen Möglichkeiten vor allem bei der Dokumentation bringen und letztlich eine wirksame Eigenkontrolle unausführbar machen.

## 7. Was bedeutet Eigenkontrolle gemäß dem HACCP-Konzept und dem Lebensmittelhygiene-Paket der EU? *

In vielen Bereichen der Lebensmittelherstellung, -behandlung und -verarbeitung lässt sich aufgrund der Betriebsgröße oder -struktur oder der Herstellungsvielfalt ein vollständiger HACCP-Plan praktisch kaum erstellen. Dies betrifft vor allem die Dokumentation und Verifikation. Deswegen hat die Europäische Gemeinschaft ein flexibles System für die Erarbeitung strukturierter spezifischer Gesundheitsschutzmaßnahmen vorgeschrieben, das sich zwar an einzelnen Prinzipien des HACCP-Konzepts orientiert, aber keine Umsetzung des vollständigen Konzepts darstellt. Mindestanforderung ist dort also die Eigenkontrolle nach bestimmten in der Richtlinie festgelegten Grundsätzen des HACCP-Konzepts in Anlehnung an die in Frage 5 dargestellte Vorgehensweise und nicht die Erstellung von vollständigen HACCP-Plänen in der Eigenkontrolle.

Die neue Lebensmittelhygiene-VO und die entsprechenden nationalen Vorschriften lassen dennoch Raum für eine vollständige Umsetzung des HACCP-Konzepts. Es wird dringend empfohlen, stets zu prüfen, ob dieses nicht tatsächlich durchgeführt werden kann. Damit kann am besten nachgewiesen werden, dass der rechtlichen Vorsorgepflicht Genüge getan wurde. Betriebe, die ein hohes Maß an Produktsicherheit durch die Umsetzung des HACCP-Konzepts anstreben, werden HACCP-Pläne und Hygienepläne vorzugsweise in ein Qualitätsmanagementsystem einbauen.

## 8. Wie prüft die Lebensmittelüberwachungsbehörde die Umsetzung des HACCP-Konzepts?

Wenn ein vollständiger HACCP-Plan vorliegt, wird sich die Überwachungsbehörde – neben der allgemeinen Überprüfung der hygienischen Gegebenheiten – hauptsächlich auf die korrekte Etablierung der CCPs zur Beherrschung möglicher gesundheitlicher Gefahren konzentrieren. Sie wird dabei besonders die Dokumentation und Verifikation des Systems prüfen. Bei Einbindung des HACCP-Konzepts in ein Qualitätsmanagementsystem nach DIN EN ISO 9000 wird dem Betriebsinhaber empfohlen, die für die amtliche Überwachung bedeutsamen Teile so weit gesondert zu halten oder zu kennzeichnen, dass sie bei einer Kontrolle ohne langes Blättern zusammenhängend vorgelegt werden können.

Bei der Überprüfung der Eigenkontrolle eines Betriebes, die nach bestimmten Grundsätzen des HACCP-Konzepts gemäß der Lebensmittelhygiene-Richtlinie aufgebaut ist, wird die Lebensmittelüberwachung zunächst auf die korrekte Trennung zwischen den

---

* Verordnung (EG) Nr. 178/2002 vom 28. Januar 2002, Amtsblatt der EU L 31/1 vom 1. Februar 2002
  Verordnung (EG) Nr. 882/2004 vom 29. April 2004, Amtsblatt der EU L 191/1 vom 28. Mai 2004

allgemeinen Hygienemaßnahmen und den Maßnahmen zur spezifischen Hygienekontrolle (in Anlehnung an das HACCP-Konzept) achten. Dabei wird sich herausstellen, ob die betrieblichen Maßnahmen nach den Grundsätzen des HACCP-Konzepts gemäß der Richtlinie analysiert wurden und der Betrieb sich danach richtet. Hierbei handelt es sich also mehr um die Überprüfung eines strukturierten Hygienekonzepts, bei dem Aufzeichnungen die Umsetzung der Maßnahmen für die Lebensmittelüberwachung transparenter und glaubwürdiger machen.

Die von Gewerbetreibenden gem. Verordnung (EG) Nr. 852/2004, Artikel 5 nachzuweisenden Verfahren, basierend auf Eigenkontrolle, betreffen systematische und regelmäßige Warenkontrollen, Durchführung und Überwachung von Reinigung und ggf. Desinfektion, vorbeugende Maßnahmen zur Verhinderung „nachteiliger Beeinflussung" in sämtlichen Arbeits-/Prozessabläufen, Sicherung von Sauberkeit und Instandhaltung der Räume, Einrichtungen und Geräte sowie – wo notwendig – auch Schädlingsbekämpfung. Die Schädlingsbekämpfung kann so lange optisch durch den Lebensmittelunternehmer erfolgen, bis Kotreste, Larvenspuren, Fraßspuren, tote Tiere etc. gefunden werden. Dann sollte ein professioneller Schädlingsbekämpfer engagiert werden, da dieser die Fachkenntnis und die notwendigen Mittel besitzt um Schädlinge dauerhaft auszuschalten. Die Schädlingsbekämpfung durch den Lebensmittelunternehmer kann also so aussehen, dass Rundgänge im Betrieb dokumentiert werden (1 – 2 mal im Monat). Bei der Begehung werden Kühlschränke abgerückt, in dunkle Ecken geschaut oder auch Köder abgelegt.

Bei Herstellung, Behandlung, Bearbeitung und Inverkehrbringen von Lebensmitteln liegen die Schwerpunkte der gesundheitsbezogenen Hygiene- und Qualitätssicherung hauptsächlich im Bereich der mikrobiellen Belastung. Ausbreitung und Vermehrung der auf oder im Lebensmittel originär vorhandenen bzw. erst sekundär eingebrachten Keime können auf allen Bearbeitungsstufen erfolgen und bestimmen somit maßgeblich die gesundheitliche Qualität des Endproduktes. Aber auch chemische (z. B. Rückstände von Umweltchemikalien, Arzneimitteln usw.) oder physikalische Gefahren (z. B. Metall-, Glas-, Holz- oder Kunststoffsplitter usw.) sind in diesem Zusammenhang zu beachten. Die Sicherung hoher, gesundheitshygienischer Qualität im Betrieb erfordert deshalb wirkungsvolle Konzepte, die z. B. nicht nur die Keimverbreitung während des gesamten Produktionsprozesses verhüten, sondern auch eine bereits bestehende Kontamination vermindern bzw. Belastungen der Produkte durch gesundheitlich bedenkliche Rückstände oder Fremdkörper weitestgehend ausschließen.

Unabdingbare Grundlage für die Verwirklichung dieser Zielsetzung ist aber, dass die Betriebe zunächst umfassende Hygienemaßnahmen und -kontrollen ein- bzw. durchführen, die alle Hygieneebenen (Betriebshygiene, Prozess-/Produktionshygiene, Personenhygiene) konsequent erfassen.

Im Einzelnen sollte ein hygienisches Rahmenkonzept im Betrieb zumindest folgenden Anforderungen genügen:

1. Sicherung der Basishygiene in allen Betriebsbereichen (Räume, Ausstattung, Einrichtung, Instandhaltung usw.) und auf sämtlichen Prozessstufen;
2. Organisation der Personenhygiene (mit Gesundheitskontrolle);
3. objektive Prüfung des Reinigungs- und Desinfektionserfolges;
4. systematische Durchführung der Schädlingsbekämpfung;
5. Temperaturüberwachung beim Lebensmitteltransport sowie in temperaturgeführten Betriebsbereichen, -einrichtungen und Prozessen;
6. Identitätssicherung bei den im Betrieb behandelten, hergestellten, be- und verarbeiteten Erzeugnissen;
7. regelmäßige Warenkontrollen auf spezifizierte Qualitäts- und Hygieneparameter;
8. Erstellung eines Alarm-/Notfallkonzepts für Problemsituationen;
9. Definition und ggf. Dokumentation der Prozessabläufe;
10. Hygieneschulung der Mitarbeiter.

Erstellung, Durchführung und Überwachung eines hygienischen Gesamtkonzeptes werden in kleineren Betrieben i. d. R. dem verantwortlichen Betriebsleiter zufallen, der sich dabei aus zeitlichen und fachlichen Gründen externer Sachverständiger bedienen kann. Allerdings legt die europäische Gesetzgebung eher Wert auf eigens betriebsspezifisch ausgearbeitete Konzepte. Dies ergibt auch Sinn, da Mitarbeiter immer besser motiviert werden können, wenn es um Dinge geht, die sie auch im Betrieb wirklich erlebt haben oder erleben können. Denn man muss bedenken, dass dieses System nebst vielen anderen Erleichterungen auch wirtschaftlichen Nutzen für das Unternehmen bringen kann. Man soll dieses System nicht für die Lebensmittelüberwachungsbehörde führen, sondern für den jeweiligen Lebensmittelbetrieb und den darin arbeitenden Mitarbeitern. Die Mitarbeiter müssen motiviert werden und dies funktioniert nur durch greifbare, betriebsnahe Themen.

Der erste Schritt zur Erstellung eines Hygienekonzeptes ist die gründliche Betriebsanalyse, bei der alle betriebsspezifischen Grunddaten, aktuelle Gegebenheiten im Betriebsablauf sowie der betriebliche Zustand erfasst werden. Dabei ist wichtig, dass diese Maßnahmen bzw. Feststellungen systematisch durchgeführt werden. Zweckmäßigerweise folgt daher eine Betriebsanalyse chronologisch dem üblichen Arbeits- bzw. Produktionsablauf.

Wertvolle Hilfsmittel bei Aufbau und Umsetzung hygienischer Konzepte im Betrieb sind u. a. branchenspezifische „Leitfäden" (siehe Fleischerhandwerk, Gastronomie), Verwendung bereichs- oder betriebsspezifischer Checklisten, Erstellung produktbezogener Spezifikationen und prozessbezogener Arbeitsanweisungen oder Handbücher, Einsatz von Piktogrammen oder schlagwortartigen Hinweistafeln, Erstellung spezifischer Mängelkataloge mit Fotodokumentationen sowie personal- und betriebsspezifisch abgestimmte Schulungs- oder Motivationsmaßnahmen usw. betriebliche Hygieneschulungen müssen neben allgemeinen Informationen zur Verbesserung des Hygieneverständnisses (z. B. nach DIN 10154) stets auch betriebsinterne Anliegen und Fragestellungen berühren, damit der individuelle Bezug zum eigenen Arbeitsumfeld gesichert bleibt und eine Identifikation mit den vorgegebenen und notwendigen Hygienemaßnahmen gefördert wird.

Erst nach erfolgreicher Umsetzung dieses hygienischen Grundkonzeptes im Betrieb kann das in der Verordnung (EG) Nr. 852/2004, Artikel 5, geforderte betriebliche Eigenkontrollsystem (nach den Grundsätzen des HACCP-Konzeptes = Hazard Analysis Critical Control Points = „Konzept zur systematischen Analyse und Vermeidung lebensmittelbedingter Gesundheitsgefahren für den Menschen") eingeführt und verwirklicht werden; es stellt damit die letzte Stufe des betrieblichen Eigenkontrollsystems zur Sicherung einer weitestgehenden gesundheitlichen Unbedenklichkeit der hergestellten, behandelten oder in den Verkehr gegebenen Lebensmittel dar.

Es empfiehlt sich, alle innerbetrieblich durchgeführten Maßnahmen und Kontrollen zur Sicherung der gesundheitlichen Qualität der Lebensmittel so festzuhalten, dass ein entsprechender Nachweis ggf. ohne großen Aufwand möglich ist. In welcher Form die Ergebnisse allerdings dokumentiert werden, bleibt der eigenen Entscheidung überlassen; häufig wird z. B. bereits ein besonderer Vermerk auf dem vom Vorlieferanten erhaltenen Lieferschein als Nachweis für die ordnungsgemäße Durchführung der Wareneingangskontrolle genügen.

Grundsätzlich sind leicht verderbliche Lebensmittel kühl zu halten. Frischfleisch und solche Fleischwaren, welche nach der Art der Zubereitung leicht dem Verderb ausgesetzt sind, müssen bei niedrigen Temperaturen, die in der Hygiene-Verordnung aufgeführt sind, aufbewahrt werden. Zur Kontrolle empfiehlt es sich, in der Kühleinrichtung ein Thermometer anzubringen. Frischer Fisch darf außerhalb der Kühl- und Gefrierräume nur in Eis oder in einer Kühltruhe aufbewahrt werden. Weil Fleisch und Fisch besonders leicht verderben können, sind an die Sauberkeit der Räume, der Einrichtungen und Geräte, des Küchen- und Servierpersonals besondere Anforderungen zu stellen.

Wer frisches Fleisch und frischen Fisch behandelt, muss eine saubere Schutzkleidung tragen; hierzu gehört zum Beispiel, dass in der Küche eine Einmalhaube oder eine waschbare Kopfbedeckung getragen wird.

Die Geräte und Behältnisse für Lebensmittel dürfen nicht aus Zink oder unter Verwendung von Zink hergestellt werden und müssen rost- und korrosionsfrei sein; sie dürfen nur zum Behandeln von Lebensmitteln verwendet werden, also z. B. nicht zum Reinigen von Wäsche oder zum Füttern von Tieren. Vorsicht mit angebrochenen Konservendosen! Unter dem Einfluss von Luft besteht die Gefahr, dass sich Metall aus den inneren Dosenwandungen löst; daher angebrochene Konservendosen sofort ganz ausleeren und

Lebensmittel in anderen Gefäßen aufbewahren.

Zur selbstverständlichen Sauberkeit gehört, dass den Geräten keine Reste von Reinigungsmitteln anhaften; das bedeutet: Nach dem Abwaschen müssen sie in klarem Wasser nachgespült werden. Alle Geräte müssen nach Betriebsschluss gründlich gesäubert werden. Zum einmaligen Gebrauch bestimmte Essgeräte aus Papier, Pappe, Kunststoff u. ä. sind nach Verwendung fortzuwerfen. Essgeschirr darf niemals – auch nicht von den Gästen – zum Füttern oder Tränken von Tieren verwendet werden. Ein besonderes Verbot sagt, dass Lebensmittel, die von den Gästen im Ess- oder Trinkgeschirr zurückgelassen oder von ihnen berührt wurden, nicht wieder als Lebensmittel für andere verwendet werden dürfen.

Die Räume sind regelmäßig gründlich zu reinigen und hygienisch einwandfrei zu halten. Insbesondere sind Räume, in denen frisches Fleisch, frischer Fisch, Milch oder Eier außerhalb der Schale behandelt werden, mindestens einmal täglich nach Betriebsschluss zu reinigen, zu lüften, und – soweit erforderlich – auch zu desinfizieren.

Arbeitsplatten und Schneidbretter müssen aus Metall, geeignetem Kunststoff oder gleichwertigem Material bestehen. Arbeits- und Verkaufstische müssen aus glattem, riss- und spaltenfreiem, leicht abwaschbarem Material bestehen oder mit einer entsprechenden Beschichtung versehen sein. Hackblöcke sind rissfrei zu halten und täglich nach Betriebsschluss abzuziehen. Die Gegenstände sind regelmäßig gründlich zu reinigen und hygienisch einwandfrei zu halten.

### 2.4.2 Brauche ich „HACCP"
### oder ein „Eigenkontrollsystem nach HACCP-Grundsätzen"?

Die meisten Lebensmittelunternehmer, die erstmals mit der vollen Wucht der Umsetzung eines "HACCP-Konzeptes" konfrontiert werden, sind oft eher verwirrt und fühlen sich überfordert. Nach heutigem Verständnis jedoch gilt dieses Konzept, das auf den Richtlinien des Codex Alimentarius aufbaut, eher für Groß- und Industriebetriebe. Denn auch die EU hat gelernt, dass diese große Umsetzung für kleinere und mittlere Betriebe nur sehr schwer bis gar nicht umzusetzen ist.

Deshalb gibt es jetzt Erleichterung:
Sie benötigen in einer Gaststätte oder einem Imbiss sowie in ortsveränderlichen gastronomischen Einrichtungen ausschließlich ein „Eigenkontrollsystem nach HACCP-Grundsätzen".

Artikel 5 der VO (EG) Nr. 852/2004 verpflichtet Lebensmittelunternehmer dazu, ein ständiges Verfahren einzurichten, durchzuführen und aufrechtzuerhalten, das **auf den HACCP-Grundsätzen** der Gefahrenanalyse und Bestimmung der kritischen Punkte der Prozessstufen **beruht.**
Dieses Konzept ermöglicht, dass diese Grundsätze stets mit der nötigen Flexibilität umgesetzt werden können.

1. Im Erwägungsgrund 15 der VO (EG) Nr. 852/2004 steht:
„Die HACCP-Anforderungen sollten den im Codex Alimentarius enthaltenen Grundsätzen Rechnung tragen. Sie sollten so **flexibel** sein, dass sie, auch in kleineren Betrieben, **in allen Situationen anwendbar** sind. Insbesondere muss davon ausgegangen werden, dass die Identifizierung der kritischen Kontrollpunkte in bestimmten Lebensmittelunternehmen nicht möglich ist und dass eine gute Hygienepraxis in manchen Fällen die Überwachung der kritischen Kontrollpunkte ersetzen kann. So bedeutet auch die verlangte Festsetzung von „kritischen Grenzwerten" nicht, dass in jedem Fall ein in Zahlen ausgedrückter Grenzwert festzusetzen ist. Im Übrigen muss die Verpflichtung zur Aufbewahrung von Unterlagen flexibel sein, um einen übermäßigen Aufwand für sehr kleine Unternehmen zu vermeiden."

2. Artikel 5 Nummer 1 der VO (EG) Nr. 852/2004 legt fest, dass das Verfahren auf den HACCP-Grundsätzen **zu beruhen hat.**

3. Artikel 5 Nummer 2 Buchstabe g bestimmt, dass die Erstellung von Dokumenten und Aufzeichnungen **der Art und Größe des Lebensmittelunternehmens angemessen sein sollte.**

4. Artikel 5 Nummer 5 der VO (EG) Nr. 852/2004 ermöglicht die Annahme von Vorkehrungen zur Erleichterung der Durchführung der HACCP-Vorschrift für bestimmte Lebensmittelunternehmer. Diese umfassen **Leitlinien für die Anwendung der HACCP-Grundsätze.**

**Was ist unter einem auf HACCP-Grundsätzen beruhenden Verfahren zu verstehen?**
Die sieben HACCP-Grundsätze sind ein praktisches Modell zur fortlaufenden Identifizierung und Kontrolle signifikanter Risiken. Demzufolge ist – sofern sich dieses Ziel durch gleichwertige Mittel erreichen lässt, die in vereinfachter, doch wirksamer Art und Weise einige oder alle der sieben Grundsätze ersetzen – davon auszugehen, dass die Verpflichtung nach Artikel 5 Absatz 1 der VO (EG) Nr. 852/2004 erfüllt ist.

Ein auf den HACCP-Grundsätzen fußendes Verfahren ist ein vorausschauendes Gefahrenmanagementsystem. Das Ziel ist das Beherrschen der Verunreinigung von Lebensmitteln mit Mikroorganismen, chemischen Substanzen oder physikalischen Kontaminanten (wie z. B. Glaspartikeln), damit sichere Lebensmittel erzeugt werden. Dies kennen wir aus Kapitel 2. ff.

Die Lebensmittelunternehmer sollten also über ein System verfügen, mit dem sie ständig signifikante Risiken identifizieren und kontrollieren können. Sie müssen dieses System bei Bedarf entsprechend anpassen.

Dies lässt sich beispielsweise durch die korrekte Umsetzung der Grundvoraussetzungen und eine gute Hygienepraxis, durch Anwendung der HACCP-Grundsätze (evtl. in vereinfachter Art und Weise), durch die Verwendung von „Gute-Praxis-Leitfäden" oder durch Kombination dieser Maßnahmen erreichen. Die Verbände, welche die Lebensmittelunternehmer unterstützen, geben solche Praxis-Leitfäden für die entsprechenden Branchen bereits heraus.

Im Folgenden geben wir Ihnen einen Vorschlag zur Umsetzung dieser Anforderungen an die Hand, welcher für die meisten gastronomischen Betriebe ausreichend ist und auch die oben genannten Anforderungen erfüllt. Bitte bedenken Sie, dieses Konzept ist auf außerordentliche Praxisnähe ausgerichtet. Weniger als das, ist in der Regel nicht möglich. Mehr, zum Beispiel eine extra eingeführte Frittierfetttemperaturkontrolle, geht natürlich immer. Zuerst ist eine Information zum Führen des Eigenkontrollsystems nach HACCP-Grundsätzen dargestellt, dann Beispiellisten zur Umsetzung, die Sie gerne verwenden können.

### Eigenkontrollsystem nach HACCP-Grundsätzen

Seit 1. Januar 2006 gilt die Europäische Verordnung 852/2004 (VO (EG) 852/2004) über Lebensmittelhygiene. Artikel 5 dieser Verordnung verpflichtet Lebensmittelunternehmer zur Einrichtung, Durchführung und Aufrechterhaltung sowie stetiger Anpassung eines HACCP/Eigenkontrollsystems. Gegenüber der Lebensmittelüberwachungsbehörde müssen Sie einen entsprechenden Nachweis erbringen.
Die Einrichtung eines HACCP-Systems ist eine sehr bürokratische und produktspezifische Arbeit. HACCP stützt sich auf die Wissenschaft und folgt einem systematischen Konzept. Es stellt spezifische Gefahrenquellen und Maßnahmen zu ihrer Beherrschung fest, um Lebensmittelsicherheit zu garantieren. Mittlere und kleine Unternehmen sind oft damit überfordert. Für große Unternehmen ist es allerdings sinnvoll und verpflichtend.

Die VO (EG) 852/2004 schreibt vor, dass Lebensmittelunternehmer im Rahmen der HACCP-gestützten Verfahren in einem der Art und Größe des Unternehmens angepassten Umfang Unterlagen erstellen müssen. Dies bedeutet, dass kleinere Betriebe (Restaurants, Gaststätten, Imbissbetriebe, Cateringbetriebe, ortsveränderliche Lebensmittelunternehmen, Altenheime, Kindergärten etc.) auch anderweitige Unterlagen/ Verfahren, als die im Artikel 5 der VO (EG) 852/2004 erstellen können, soweit diese die Ziele der VO (EG) 852/2004 verwirklichen.

Da beide Systeme sehr flexibel zu handhaben sind und es viele Möglichkeiten der Einrichtung und Dokumentation sowie Personalschulungsmöglichkeiten gibt, empfehlen wir bei Unsicherheit eine entsprechende Schulung zur Einrichtung eines Eigenkontrollsystems nach HACCP-Grundsätzen z. B. bei Ihrer IHK.

„Gute-Praxis"-Leitlinien können dabei einen Teil oder auch die Gesamtheit der erforderlichen Dokumentation darstellen.

Ein wirksames und gut dokumentiertes HACCP/Eigenkontrollsystem nach HACCP-Grundsätzen sorgt für geordnete Betriebsabläufe und dient neben der Lebensmittelsicherheit auch der Wirtschaftlichkeit. Dieses betriebseigene System kann in ein bereits vorhandenes Qualitätsmanagementsystem integriert und mit vertretbarem Aufwand eingerichtet werden.

Bei mittelständischen kleinen Lebensmittelbetrieben ergeben sich nach der Einrichtung des Eigenkontrollsystems nach HACCP-Grundsätzen meist folgende Bereiche, die überprüft und dokumentiert werden und zu dem Bereich der „Guten Praxis" zählen.

**Wichtiger Hinweis:**
*Die Ausführungen stellen nur einen ersten Einblick in die Küchenhygiene dar. Es wird empfohlen, sich intensiv mit der Materie weiter zu beschäftigen. Nachlässigkeiten und Hygienemängel können zum Verderb von Lebensmitteln führen, die Qualität nachteilig beeinflussen – sogar Erkrankungen durch Lebensmittelvergiftungen hervorrufen.*

## Beispiel HACCP Konzept:

| Verzeichnis | Themen | Erläuterung |
|---|---|---|
| 1 | Betriebsart | Genaue Beschreibung des Betriebs und der produzierten Produkte |
| 2 | Warenkontrolle | Wareneingangskontrolle, Temperatur |
| 3 | Plan der Arbeitsräume, Nebengebäude, Lager | Personalwegeplan, Materialflussplan, Anforderung Lebensmittelkontrolle |
| 4 | Schädlingsbekämpfung | Schädlingsbekämpfungsplan, Begehungsprotokolle der externen Schädlingsbekämpfung, Fallen-Plan und Gifte |
| 5 | Produktfließdiagramm | Diagramm Aufbau Anlieferung, Zwischenlagerung, Produktion und Ausgabe, Lager, Verpackung, Versand, Catering, Lieferung, Ausgabe |
| 6 | Abfallentsorgung | Abfallentsorgungsplan, ggf. Vertrag über Abfallentsorgung |
| 7 | Personal | Zertifikate der Erstschulungen beim Gesundheitsamt, Schulungsunterlagen der jährlichen Personalschulungen IFSG, EG 852/2004, EG 853/2004, LFGB, LMIV 1169, LMHV |
| 8 | HACCP Gefahrenanalyse Festlegen und Definition von CCP Havarieplan, Krisenmanagement | Festlegung der Maßnahmen an den Kontrollpunkten Umsetzung der Kontrollpunkte, Definition CCP, Gefahrenpunkte |
| 9 | Qualitäts- und Lebensmittelsicherheit Hygienische Behandlung | Maßnahmen zur Sicherstellung von Qualität, Vermeidung nachteiliger Beeinflussung |
| 10 | Personalhygiene | Festlegen der Maßnahmen zur Personalhygiene und Eigenkontrolle |
| 11 | Rohwarenspezifikation | Festlegen und Erfassen der Rohwaren, Gefährdung und Kontrollmaßnahmen |

| 12 | Einhaltung der Rezeptur | Erstellen Rezeptbuch und Verfahren, Anweisungen zur Sicherstellung der gleichen Qualität, Zutatenliste |
|---|---|---|
| 13 | Korrekturmaßnahmen | Maßnahmen zur Korrektur bei Nichteinhaltung der gesetzlichen Vorschriften oder Mängel in der Produktion |
| 14 | Herstellungsprozess und Planung | Beschreibung Herstellungsprozess, Planung zur Herstellung der Produkte |
| 15 | Reinigung und Desinfektion | Reinigungs- und Desinfektionsplan, Sicherheitsdatenblätter/Betriebsanweisungen/Arbeitsanweisungen, Zulassungen, Eigenkontrolle der Maßnahmen |
| 16 | Dokumentation | Festlegen der Dokumentationen für alle relevanten Bereiche, Aufbewahrung, Archivierung, Kontrolle |
| 17 | Temperatur | Formulare der Temperaturüberwachungen, Kalt, Warm, Lagertemperaturen |
| 18 | Lagerhygiene | Wo und was, Kontrolle VD oder MHD |
| 19 | Eigenkontrolle | Maßnahmen der Eigenkontrolle im Betrieb von Mitarbeitern |
| 20 | VK Raum / Theke | Verkaufsauslage-Anforderungen, Kühlung ja/nein Kennzeichnung der Lebensmittel |
| 21 | Catering, Lieferung von Lebensmittel | Transport-Anforderungen, Temperaturen, Kennzeichnung u. Übergabeprotokoll |
| 22 | BGN | Schulungsprotokolle der Arbeitsschutz- und Unfallverhütung, Betriebseinstufung |
| 23 | Notfallliste | Aushang, Feuer, Arzt usw. |
| 24 | Kennzeichnung d. Lebensmittel | Allergene, Zusatzstoffe, Kladde Ordner, Eigenkontrolle und Dokumentation |

## Der Reinigungs- oder Hygieneplan

Dies ist eine Auflistung der Reinigungs- und eventuellen Desinfektionsmaßnahmen in allen Betriebsbereichen (z. B. Produktionsbereich, Lagerräume, Verkaufsbereich usw.). In dieser Auflistung muss festgehalten werden, was, wie oft, womit, von wem und wie gereinigt bzw. desinfiziert wird. Eine genaue Auflistung finden Sie am Ende des Buches. Wichtig ist jedoch, dass der Reinigungsplan bzw. Hygieneplan für den jeweiligen Betrieb individuell zu erstellen ist.

## Die Wareneingangskontrolle

Angelieferte Ware wird zum Zeitpunkt der Anlieferung stichprobenartig auf ihren ordnungsgemäßen Zustand hin überprüft. Hierbei sind folgende Punkte zu berücksichtigen:
- Welches Produkt wird stichprobenartig geprüft
- Einhaltung der vorgeschriebenen Kühltemperatur (Temperaturausdruck Fahrer)
- Temperatur gemessen bei der Warenannahme
- Zustand der Verpackung (Beschädigung)
- Mindesthaltbarkeitsdatum/Verbrauchsdatum
- Vollständige Kennzeichnung
- Hygienezustand beim Lieferanten (z. B. Fahrzeug, Personal, Transportbehälter usw.)
- Auf Schädlinge geprüft (Sichtprüfung)

## Die Temperaturkontrolle

In allen Betriebsbereichen, in denen leicht verderbliche Lebensmittel gekühlt bzw. tiefgefroren werden, sind täglich die Lagertemperaturen zu überprüfen und zu dokumentieren.

In Betriebsbereichen, in denen Erhitzungsprozesse stattfinden, müssen auch die Erhitzungstemperaturen stichprobenartig gemessen und dokumentiert werden.

## Die Schädlingsbekämpfung

Eine nachteilige Beeinflussung von Lebensmitteln durch Schädlinge (Schaben, Käfer, Fliegen usw.) und Schadnager (Mäuse, Ratten) wird durch eine gute optische Schädlingskontrolle vermieden. In Ihrem Betrieb müssen Sie regelmäßig (ca. zweimal im Monat) die Lebensmittel optisch auf Schädlingsbefall überprüfen. Wichtig ist hierbei, feuchte, warme und dunkle Bereiche zu kontrollieren. Auch können Sie durch im Handel erhältliche Köderfallen dieser Kontrollpflicht nachkommen. Bei einem festgestellten Schädlings- oder Schadnagerbefall ist die Beauftragung eines professionellen Schädlingsbekämpfers empfehlenswert oder gar zwingend notwendig.

Die Schädlingsbekämpfung sollte folgendermaßen Dokumentiert werden:

1. Art der Schädlinge
2. Eingesetzte Mittel und Verfahren
3. Einsätze in der Betriebsstätte
4. Häufigkeit der Schädlingskontrollen
5. Ergebnisse der Monitorings
6. Zuständigkeiten

Bekämpfungsplan

## Köderstellenplan

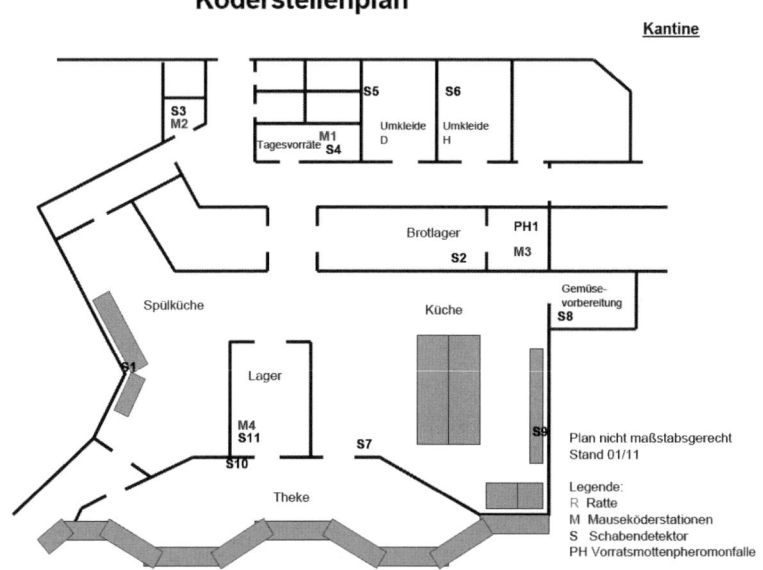

## Mottenphermonfalle ( Beispiel)

| Nr. | Fallenart | Fallenstandort | Befall | Kommentar |
|-----|-----------|----------------|--------|-----------|
| 1 | PH | Brotlager (Regal) | | |

## Schabendetektor ( Beispiel)

| Nr. | Fallenart | Fallenstandort | Befall | Kommentar |
|-----|-----------|----------------|--------|-----------|
| 1 | S | Spülmaschine Abfluss | | |
| 2 | S | Trockenlager | | |
| 3 | S | Kühlhäuser | | |
| 4 | S | Tagesvorräte | | |
| 5 | S | Damenumkleide | | |
| 6 | S | Herrenumkleide | | |
| 7 | S | Küche | | |
| 8 | S | Küche | | |
| 9 | S | Theke | | |
| 10 | S | Lager | | |
| 11 | S | Schankanlage | | |

## Mäuseköderstation ( Beispiel)

| Nr. | Fallenart | Fallenstandort | Befall | Kommentar |
|-----|-----------|----------------|--------|-----------|
| 1 | M | Tagesvorräte | | |
| 2 | M | Außen / Müll | | |
| 3 | M | Trockenlager | | |
| 4 | M | Lager | | |

## Rattenköderstation ( Beispiel)

| Nr. | Fallenart | Fallenstandort | Befall | Kommentar |
|-----|-----------|----------------|--------|-----------|
| 1 | R | Tiefgarage | | |
| 2 | R | Müllplatz | | |
| 3 | R | Rampe / Anlieferung | | |
| 4 | R | Zugang Keller | | |

## Die Personalschulung

Das Personal eines Lebensmittelbetriebes soll regelmäßig (vor allem bei einer Neu-einstellung) nach Hygienegesetz geschult werden. Diese Schulungen konzentrieren sich auf Themen, die in Ihrem Betrieb auftreten (z. B. Berufskleidung, Händewaschen, Reinigungsplan, Grundbegriffe wie Personalhygiene, Betriebshygiene usw.). Die Schu-lung kann im eigenen Betrieb durchgeführt werden. Eine Beauftragung einer externen Beratungsfirma ist nicht notwendig.

Die Schulungsverpflichtung nach dem Infektionsschutzgesetz können Sie mit der Hygieneschulung zusammen abhandeln. Denken Sie daran, dass die Belehrung nach dem Infektionsschutzgesetz (ehemaliges "Gesundheitszeugnis") nur dann gültig ist, wenn mindestens alle zwei Jahre oder bei Neuanstellung nach den Hauptthemen des § 43 Absatz 1 des Infektionsschutzgesetzes geschult worden ist.

**Achtung:** Alle hier aufgeführten Eigenkontrollmaßnahmen müssen schriftlich fest-gehalten werden. Richten Sie dieses System übersichtlich ein, damit Sie leicht damit arbeiten und der Überwachungsbehörde ein nachvollziehbares Eigenkontrollsystem vorlegen können.

Eigenkontrollsystem – Listen:
Eigenkontrollsystem nach HACCP-Grundsätzen

Wareneingangskontrolle
(stichprobenartig 1-2 x wöchentlich bei empfindlicher Ware)

Wir empfehlen einen Stempel zu verwenden, wie es ihn z. B. bei der Dehoga gibt. Der Stempel wird auf dem Lieferschein verwendet. Die Daten der Warenannahme werden eingetragen. Lieferschein und Rechnung werden archiviert und somit für evtl. Kontrollen nachgehalten.

Produktgruppe und Beschreibung der kontrollierten Waren:

| Prüfpunkte | Ergebnis | Maßnahmen / Korrektur |
|---|---|---|
| Temperatur | | |
| MHD | | |
| VBD | | |
| Beschaffenheit der Ware | | |
| Lieferantenfahrzeug sauber | | |
| Verpackung | | |
| Schädlingsbefall | | |
| Temperaturausdruck | | |
| Kennzeichnung | | |
| Prüfer Name | | Uhrzeit |

oder

**Betrieb:**
**Prüfer:**

| Datum | Was wird / wurde geprüft / Lieferant | Festgestellte Mängel | Korrekturmaßnahme | Prüfer |
|---|---|---|---|---|
|  |  |  |  |  |
|  |  |  |  |  |
|  |  |  |  |  |
|  |  |  |  |  |
|  |  |  |  |  |
|  |  |  |  |  |
|  |  |  |  |  |
|  |  |  |  |  |
|  |  |  |  |  |
|  |  |  |  |  |
|  |  |  |  |  |
|  |  |  |  |  |
|  |  |  |  |  |
|  |  |  |  |  |
|  |  |  |  |  |

**Kritische Grenzen:**

Temperaturen: Tiefkühlware: –18 °C kurzfristig –15 °C,
Fleisch/Fleischerzeugnisse 5 °C; Fisch 2 °C oder auf schmelzendem Eis;
Geflügel/ Wild/ Hackfleisch 4 °C;
Hackfleisch aus EU-Betrieben ungeöffnet 2 °C

Sensorik: keine Verunreinigungen, einwandfreie Verpackung, einwandfreier Geruch
Gültige Mindesthaltbarkeitsdaten,
Beschaffenheit des Anlieferfahrzeuges, Fahrer

Korrekturmaßnahme: Rückweisung der Ware

## Lagerung/Kühltemperaturen
(tägliche Messung)

Betrieb:
Prüfer:

| Datum | Kühlraum | Kühltresen | Kühlschrank | Korrekturmaßnahme | Prüfer |
|---|---|---|---|---|---|
| 1 | | | | | |
| 2 | | | | | |
| 3 | | | | | |
| 4 | | | | | |
| 5 | | | | | |
| 6 | | | | | |
| 7 | | | | | |
| 8 | | | | | |
| 9 | | | | | |
| 10 | | | | | |
| 11 | | | | | |
| 12 | | | | | |
| 13 | | | | | |
| 14 | | | | | |
| 15 | | | | | |
| 16 | | | | | |
| 17 | | | | | |
| 18 | | | | | |
| 19 | | | | | |
| 20 | | | | | |
| 21 | | | | | |
| 22 | | | | | |
| 23 | | | | | |
| 24 | | | | | |
| 25 | | | | | |
| 26 | | | | | |
| 27 | | | | | |
| 28 | | | | | |
| 29 | | | | | |
| 30 | | | | | |
| 31 | | | | | |

### Kritische Grenzen - Temperaturen:
Kühlgeräte allgemein: 4 ° bis 7 °C (besser kühler) / Tiefkühlgeräte/-raum minus 18 °C
Offene frische Fischereierzeugnisse müssen in Eis, verpackte Fischereierzeugnisse müssen bei Schmelzeistemperatur von 0 °- 2 °C gelagert werden. Hackfleisch aus EU-Betrieben sind ungeöffnet bei 2 °C, Fleischerzeugnisse mit Innereien bei 3 °C, Geflügelfleisch bei 4 °C, Fleisch und Fleischerzeugnisse bei 7 °C, Backwaren mit nicht durchgebackenen Füllungen wie Creme- und Sahnetorten bei 7 °C, Roh- und Feinkostsalate sowie roheihaltige Lebensmittel bei 7 °C zu lagern. Weitere Details in der DIN 10508 „Temperaturen für Lebensmittel".

oder

**Muster Aufbau Temperatur-Kontrolle für alle Geräte bedeutet:**
**Ein Prüfblatt für den Betrieb (Rundgang)**

Woche vom: _____ Verantwortlich: _____

| Geräte | Soll-Wert | Grenz-Wert | Mo / Name | Di / Name | Mi / Name | Do / Name | Fr / Name | Sa / Name | So / Name |
|---|---|---|---|---|---|---|---|---|---|
| Kühlschrank MoPro-Produkte | + 4 °C | +7 °C | | | | | | | |
| Tiefkühlschrank / Truhe | -18 °C | -15 °C | | | | | | | |
| Untertischkühlung | + 5 °C | +7 °C | | | | | | | |
| Fritteuse | +170 °C | +175 °C | | | | | | | |
| Fisch Kühlschrank | + 1 °C | + 2 °C | | | | | | | |
| usw. | | | | | | | | | |

| Datum | Korrekturmaßnahmen | Erledigt |
|---|---|---|
| | | |
| | | |
| | | |
| | | |

**Kritische Grenzen - Temperaturen:**
Kühlgeräte allgemein: 4 ° bis 7 °C (besser kühler) / Tiefkühlgeräte/-raum minus 18 °C
Offene frische Fischereierzeugnisse müssen in Eis, verpackte Fischereierzeugnisse müssen bei
Schmelzeistemperatur von 0 °- 2 °C gelagert werden. Hackfleisch aus EU-Betrieben sind ungeöff-
net bei 2 °C, Fleischerzeugnisse mit Innereien bei 3 °C, Geflügelfleisch bei 4 °C, Fleisch
und Fleischerzeugnisse bei 7 °C, Backwaren mit nicht durchgebackenen Füllungen wie Creme- und
Sahnetorten bei 7 °C, Roh- und Feinkostsalate sowie roheihaltige Lebensmittel bei 7 °C zu lagern.
Weitere Details in der DIN 10508 „Temperaturen für Lebensmittel".

## Erhitzungstemperatur
(Stichprobenartig 1–2 x je Woche )

Betrieb:
Prüfer:

| Datum | Produkt | Gemessene Temperatur | Korrekturmaßnahme | Prüfer |
|---|---|---|---|---|
| | | | | |
| | | | | |
| | | | | |
| | | | | |
| | | | | |
| | | | | |
| | | | | |
| | | | | |
| | | | | |
| | | | | |
| | | | | |
| | | | | |
| | | | | |
| | | | | |
| | | | | |
| | | | | |
| | | | | |

Kritische Grenze (beim Garerfolg überprüfen)

Anschneiden einer Probe – Aussehen

Überprüfung der Kerntemperatur
(Messung nach entsprechender Einwirkzeit z. B. 70 °C über mind. 10 Min)

Korrekturmaßnahme: Nacherhitzung

oder

## Muster Plan Erhitzungstemperatur

| Produkt | Kern-temperatur Soll | Kern-temperatur Ist | Maßnahme / Korrektur | Datum | Unterschrift |
|---|---|---|---|---|---|
| Musterprodukt 01 | + 75 °C | + 78 °C | Keine | 00.00.0000 | Mustermann |
| Musterprodukt 02 | + 75 °C | + 69 °C | Nachgaren / erneute Messung | 00.00.0000 | Mustermann |
| usw. | | | | | |
| | | | | | |
| | | | | | |

Kritische Grenze (beim Garerfolg überprüfen)

Anschneiden einer Probe – Aussehen

Überprüfung der Kerntemperatur
(Messung nach entsprechender Einwirkzeit z. B. 70 °C über mind. 10 Min)

Korrekturmaßnahme: Nacherhitzung

## Ausgabetemperatur
(Stichprobenartig 1–2 x je Woche )

Betrieb:
Prüfer:

| Datum | Produkt/Speise | Ausgabetemperatur | Korrekturmaßnahme | Prüfer |
|-------|----------------|-------------------|-------------------|--------|
|       |                |                   |                   |        |
|       |                |                   |                   |        |
|       |                |                   |                   |        |
|       |                |                   |                   |        |
|       |                |                   |                   |        |
|       |                |                   |                   |        |
|       |                |                   |                   |        |
|       |                |                   |                   |        |
|       |                |                   |                   |        |
|       |                |                   |                   |        |
|       |                |                   |                   |        |
|       |                |                   |                   |        |
|       |                |                   |                   |        |
|       |                |                   |                   |        |
|       |                |                   |                   |        |
|       |                |                   |                   |        |

**Kritische Grenze**

Heißgerichte          mindestens 65 °C

Kaltspeisen und Salate max. 7 °C zur Abgabe! ; zur Lagerung max. 5 °C!

Korrekturmaßnahme:  bei Heißgerichten: Nacherhitzung,
                    bei Kaltspeisen/Salaten: Entsorgung der Speisen

oder

## Musterplan Ausgabetemperatur

| Produkt | Temperatur Soll | Temperatur Ist | Maßnahme / Korrektur | Datum | Unterschrift |
|---|---|---|---|---|---|
| Musterprodukt 01 | + 65 °C | + 67 °C | Keine | 00.00.0000 | Mustermann |
| Musterprodukt 02 | + 65 °C | + 59 °C | Erwärmen / erneute Messung | 00.00.0000 | Mustermann |
| Musterprodukt 03 | +7 °C | + 11 °C | Kühlen / erneute Massung | 00.00.0000 | Mustermann |
| usw. | | | | | |
| | | | | | |

### Kritische Grenze

Heißgerichte          mindestens 65 °C

Kaltspeisen und Salate max. 7 °C zur Abgabe! ; zur Lagerung max. 5 °C!

Korrekturmaßnahme:  bei Heißgerichten: Nacherhitzung,
bei Kaltspeisen / Salaten: Entsorgung der Speisen

## Reinigung und Desinfektion

Bei ungenügender Reinigung/Desinfektion ist eine Nachreinigung/Desinfektion erforderlich!

### Musterplan systematischer Aufbau eines Reinigungs- und Desinfektionsplans

| Bild | Anwendungsbereich | Produkt | Empfohlene Häufigkeit |
|---|---|---|---|
| 🗑️ 🗑️ | Mülleimer Essensreste nach dem Leeren reinigen | Produkt Name Produkt-Nummer<br><br>Fettlöser und Eiweißlöser Für Lebensmittel | Nach HACCP<br><br>1 x pro Monat<br><br>nach Gebrauch |
| 🗑️ 🗑️ | Mülleimer Essensreste nach dem Leeren desinfizieren | Produkt Name Produkt-Nummer<br><br>Desinfektionsreiniger mit VAH und DVG-Listung | Nach HACCP<br><br>1 x pro Monat |
| | Schneidebretter nach Produktwechsel / nach Produktion reinigen | Produkt Name Produkt-Nummer<br><br>Fettlöser und Eiweißlöser Für Lebensmittel | Nach HACCP<br><br>1 x pro Monat<br><br>nach Gebrauch |
| | Schneidebretter nach Produktwechsel / nach Produktion desinfizieren | Produkt Name Produkt-Nummer<br><br>Desinfektionsreiniger mit VAH und DVG-Listung | Nach HACCP<br><br>1 x pro Monat |
| | Spülboy nach Gebrauch reinigen | Produkt Name Produkt-Nummer<br><br>Fettlöser und Eiweißlöser Für Lebensmittel | Nach HACCP<br><br>1 x pro Monat<br><br>nach Gebrauch |

Wichtig: Was wird gereinigt, womit wir gereinigt, wann wird gereinigt, welches Mischungsverhältnis, Zubehö
Zeit oder Einwirkzeit, Warm- oder Kaltwasser sowie die Gefahrenstoffsymbole der Konzentrate.

| Empfohlene Dosierung | Empfohlene Verarbeitung | Arbeitsgerät Lappenfarbe | Zeit | Sicherheit |
|---|---|---|---|---|
| 1:40<br><br>über GAP Flaschen-dosierung | Mülleimer mit Produkt einsprü-hen und reinigen. Danach mit Wasser nachspülen.<br><br>Dokumentieren | | 5 sek<br>max. 50 °C | |
| 1:20 = 5 %<br><br>über GAP Mischanlage dosieren | Gelbe Sprühflasche über Dosier-anlage füllen. Fläche einsprühen und 5 min. einwirken lassen. Mit Wasser nachspülen.<br><br>Dokumentieren | | 5 min<br>max.30 °C | |
| 1:40<br><br>über GAP Flaschen-dosierung | Mülleimer mit Produkt einsprü-hen und reinigen. Danach mit Wasser nachspülen.<br><br>Dokumentieren | | 5 sek<br>max. 50 °C | |
| 1:20 = 5 %<br><br>über GAP Mischanlage dosieren | Gelbe Sprühflasche über Dosier-anlage füllen. Fläche einsprühen und 5 min. einwirken lassen. Mit Wasser nachspülen.<br><br>Dokumentieren | | 5 min<br>max.30 °C | |
| 1:40<br><br>über GAP Flaschen-dosierung | Mülleimer mit Produkt einsprü-hen und reinigen. Danach mit Wasser nachspülen.<br><br>Dokumentieren | | 5 sek<br>max. 50 °C | |

n Reinigungsplan sollte alle hygienerelevanten Anforderungen einschließen. Der Reinigungsplan ist vor allem r Geräte, Maschinen, Räume etc. wichtig, die nicht jeden Tag benutzt werden. Durch den Reinigungsplan und e Dokumentation wird man auch z. B. an einen Verdampfer in einem Kühlhaus erinnert.

## Musterplan Aufbau zur Dokumentation

Woche vom: _____ Jahr: _____ Verantwortlich: _____

Die durchgeführten Arbeiten müssen mit den Namenzeichen geführt werden.

| Beschreibung | Nach Gebrauch | Täglich | Woche | Monat | Mo | Di | MI | Do | Fr | Sa | So |
|---|---|---|---|---|---|---|---|---|---|---|---|
| Mülleimer Essensreste nach dem Leeren reinigen | | | X | | | | | | | | |
| Mülleimer Essensreste nach dem Leeren desinfizieren | | | X | | | | | | | | |
| Schneidebretter nach Produktion oder Produktwechsel reinigen | | X | | | | | | | | | |
| Schneidebretter nach Produktion oder Produktwechsel desinfizieren | | X | | | | | | | | | |
| Spülboy | | | X | | | | | | | | |
| usw. | | | | | | | | | | | |
| | | | | | | | | | | | |
| | | | | | | | | | | | |

## Personalschulung
(mind. 1 Mal pro Jahr )

**Betrieb:**
**Referent:**
**Thema der Schulung:**

| Datum | Teilnehmer/Name | Thema der Schulung | Erstschulung | Wiederholung | Unterschrift |
|---|---|---|---|---|---|
| | | | | | |
| | | | | | |
| | | | | | |
| | | | | | |
| | | | | | |
| | | | | | |
| | | | | | |
| | | | | | |
| | | | | | |
| | | | | | |
| | | | | | |
| | | | | | |
| | | | | | |

## 2.5 Hygienemängel – die häufigsten und gravierendsten Beanstandungen bei der Kontrolle von Gaststätten

Gaststätten (Einrichtungen zur Gemeinschaftsverpflegung) sollen von den Bediensteten der Lebensmittelüberwachung regelmäßig kontrolliert werden. Dabei werden oft die nachfolgend aufgeführten Beanstandungen festgestellt, die von den Gewerbetreibenden im Interesse ihrer Gäste und auch in ihrem eigenen Interesse vermieden werden müssen, zumal sie sonst mit Geldbußen, bei schweren oder wiederholten Mängeln auch mit dem Widerruf ihrer Erlaubnis rechnen müssen.

### 2.5.1 Küche und Kücheneinrichtungen

- Unhygienischer Zustand der Betriebsräume (Anstrich blättert ab, Schimmelbildung an den Wänden und Decken, beschädigte Fliesen und Fugen, Tapeten in Wirtschaftsküchen, defekte Halterungen, Hohlräume), defekte Fußbodeneinläufe/Abwasser, unebener Fußboden mit Pfützenbildung.
- Entlüftungsanlage/Dunstabzugshaube fehlt ganz oder ist nicht gewartet und stark verfettet, sodass Kochdünste nicht mehr ausreichend abziehen und angesammeltes Fett in die unter dem Dunstabzug stehenden Gefäße tropfen kann, oder sich Stäube oder sonstige Verschmutzung an der Wand ansammeln, weil diese durch Fettbesatz dort ankleben.
- Betriebsfremde Personen und Gegenstände in Küchen und sonstigen Betriebsräumen, wie z. B. Straßenkleidung, Schuhe, Toilettenartikel, Kosmetika.
- Nicht ordnungsgemäße Lagerung von privaten und gewerblichen Lebensmitteln in der Küche, insbesondere im Kühlschrank.
- Ungeeignete Einrichtungsgegenstände (z. B. schlecht zu reinigende Unterlagen wie Spanplatten, Hackstöcke und Bretter aus unversiegeltem rissigen Holz, tief gefurchte/gerissene Kunststoffoberflächen bei Arbeitsflächen und Brettern, Regalbretter ohne Umleimer und/oder aus rohem Weichholz, abgenutzte und beschädigte Bedarfsgegenstände).
- Fehlende Reinigungs- und Hygienepläne, mangelhafte Regelung der Abläufe und Dokumentation.
- Schlecht zugängliche Flächen, z. B. Heizkörper, verstellte Ecken, Oberseiten von Schränken, werden nicht oder unzugänglich gereinigt.
- Gebrauch beschädigter oder nicht gereinigter Gebrauchsgegenstände (z. B. Töpfe, Pfannen, Wurst- und Brotschneidemaschinen, Fleischwölfe, Fleischhackstöcke, angerostete Büchsenöffner, schlecht gereinigte oder in unsauberem Wasser bereitgehaltene Speiseeisportionierer etc.) und Geräte (z. B. Kühlgeräte, Getränke-Eiswürfelbereiter, Sahneautomaten).

- Geschirr, Bestecke etc. werden offen, verschmutzt und nicht staubfrei aufbewahrt.
- Herdeinsätze und -tropfbleche sind verkrustet, Abfluss unsauber, Beleuchtungskörper unzureichend, eingestaubt und insektenverklebt.
- Eigenes Handwaschbecken mit Warmwasser, Flüssig-Seife und Einmalhandtuch bzw. Handtuchtrocknungsapparat in der Küche fehlt.
- Gewürzbehälter sind verklebt, verdreckt, beschädigt. Der Inhalt stimmt teilweise mit Kennzeichnung nicht exakt überein (Zusatzstoffproblem).
- Unsaubere oder ungeeignete Kleidung des Personals (Straßen- und Freizeitkleidung), fehlende Kopfbedeckung, Rauchen des Personals.
- Reinigungsgeräte stehen oder liegen unsauber im Küchenbereich. Verwendung von unsauberen oder ungeeigneten Wischlappen, Anwendung von falschen oder unzureichenden Desinfektionsmitteln, sodass der Keimstatus auch bei häufiger Reinigung nicht zu mindern ist.
- Fliegengitter fehlen oder sind verschmutzt.
- Aufenthalt von Tieren in der Küche und sonstigen Räumen, in denen eine Behandlung von Lebensmitteln erfolgt.
- Fehlende Mindestanforderungen in einer Küche. Folgende Mindestanforderungen richten sich an Räume, in denen Lebensmittel behandelt oder gelagert werden:
  - glatt, leicht zu reinigen, gegebenenfalls zu desinfizieren,
  - dies gilt für Boden, Wände, Decken und Ausrüstungsgegenstände,
  - ist kein Bodenablauf vorhanden, dann benötigen Sie einen Schmutzwasserausguss,
  - Handwaschbecken mit fließendem Heiß- und Kaltwasser. Am Handwaschbecken Einweghandtuchspender und Seifenspender,
  - Doppelspüle mit fließendem Heiß- und Kaltwasser, wenn erdbehaftete Lebensmittel verarbeitet werden,
  - Insektenschutz vor zu öffnenden Fenstern,
  - angemessene natürliche oder künstliche Lüftung.

## 2.5.2 Behandlung und Lagerung von Lebensmitteln

- Mangelhafte Kühlung und Lagerung von leicht verderblichen Lebensmitteln (Lagern von Fleisch auf Holzunterlagen, Lagern von rohen Eiern, erdbehaftetem Gemüse, behandeltem Obst oder Getränkebehältern zusammen mit Fleisch- und Wurstwaren und nicht verpackten und nicht abgedeckten zubereiteten Speisen) oder Lagerung von Blumen in der Lebensmittelkühlzelle.
- Lagerung von Transportkartons in Fleischkühlräumen; Lagerung von Lebensmitteln im Bierlagerraum.
- Unzureichende Trennung von Fleisch- und Wurstwaren und anderen Lebensmitteln (z. B. in Bierkühlschränken (Leihgaben von Brauereien), die mit Zinkblechen ausgeschlagen sind) oder Lagerung von leicht verderblichen Lebensmitteln (Pizzazutaten, Salate) außerhalb der Kühlung.
- Fehlen von ausreichenden Kühleinrichtungen und Thermometern in diesen, vereiste Gefriertruhen.
- Gegarte Lebensmittel werden in zu großen Behältnissen zu lange bei Raumtemperatur abgekühlt.
- Lebensmittel werden ohne oder in ungeeigneten Verpackungen (z. B. Mülltüten), in zu großen Mengen oder ohne Kennzeichnung eingefroren.
- Hackfleisch: Unzulässiges Einfrieren, Überschreiten der Fristen für die Aufbewahrung von Hackfleisch in rohem Zustand, rohes Hackfleisch wird ungekühlt bereitgehalten.
- Aufbewahrung des Inhalts in angebrochenen Konservendosen teilweise auch bei zu hohen Temperaturen – Gefahr der Korrodierung (z. B. bei Konservendosen) und Verderb von z. B. Thunfisch.
- Verdorbene Lebensmittel wurden nicht entfernt.
- Warenschutz ist mangelhaft, da Lebensmittel offen auf der Theke oder dem Tisch angeboten wurden, so insbesondere bei Verkauf im Freien (fehlende Abschirmung, Mückenschutz).
- Frittierfett wird zu lange verwendet. Mangelhafte Dokumentation der Neubefüllung, Anwendung, Behandlung und Prüfung des Fettes.
- Überschreiten der Mindesthaltbarkeitsdaten bei Eiern und Eiprodukten.
- Unsachgemäßes Auftauen von Fleisch (im warmen Küchenraum).
- Mängel in der Informationsweitergabe: Die Leiter der Einrichtungen erhalten oft keine Kenntnis von Mängeln.

## 2.5.3 Abfallbeseitigung

- Abfallbehälter nicht ausreichend, schmutzig, nicht dicht schließend oder aus falschem Material (Kunststoff – Brandgefahr bei Zigarettenkippen); falscher Standort mit der Gefahr von Kreuzkontamination; Leerungsintervalle zu lang.
- Speisereste werden nach Hauptmahlzeiten nicht oder nur unzureichend entfernt; Geruchsbelästigung der Nachbarschaft durch Lagerung oder Nichtbeseitigung von Abfällen.
- Abgabe von Speisenabfällen an nicht zugelassene Entsorgungsbetriebe.

Diese gesamten Aspekte können Sie vermeiden, wenn Sie die schon mehrfach angesprochene Formel verinnerlichen und berücksichtigen: „Glatt, leicht zu reinigen, gegebenenfalls zu desinfizieren; ausschließen oder reduzieren auf ein akzeptables Maß von physikalischen, chemischen oder biologischen Gefahren".

## 2.5.4 Getränkeschankanlagen

- Die Voraussetzungen zum Betrieb oder zur wesentlichen Änderung der Anlage werden nicht beachtet. Anlage wird mangelhaft gereinigt, insbesondere Zapfhähne, Tropfmulden und Gläserbürsten sowie sonstige Teile, die mit Luft in Berührung kommen wie Auslauftüllen und Postmixanlagen, werden nicht täglich gereinigt.
- Unkorrekte Eintragungen ins Betriebsbuch (z. B. Reinigung); Betriebsanweisungen nicht beim Druckgasbehälter angebracht.
- Getränkeleitung undurchsichtig (mit zu heißem Wasser gereinigt).
- Kegköpfe werden bei der Leitungsreinigung nicht mitgereinigt/gewechselt.
- Druckgasflaschen nicht befestigt (Vorsicht: Lebensgefahr).
- Gaswarnanlagen/Entlüftungseinrichtung nicht bzw. nicht mehr vorhanden.
- Wände und Decken mit Schimmelbefall.

## 2.5.5 Bierkühlraum

- Kühlverdampfer unsauber und Abtauwasserrinne verstopft.
- Bierfässer mit stehendem Bierrest (Schleimbildung, säuerlicher Geruch).
- Mangelhafter und unsauberer Zustand der Räumlichkeiten (Stockflecken, Schimmel).
- Fleisch und andere, auch zubereitete Speisen werden im Bierkühlraum gelagert.

## 2.5.6 Lagerräume

- Mangelhafte Warenpflege (Lebensmittel wie Mehl, Salz, Zucker usw. werden offen gelagert, teilweise auch mit Bodenkontakt), Schädlingsbefall.
- Fußböden ohne glatte, leicht zu reinigende Oberfläche oder verstellt (mangels Regalen) und deshalb verschmutzt.
- Schlechte Be- und Entlüftung (z. T. zu warm durch Kühlgeräte u. ä.).
- Verschmutzte Lagerräume und Schädlingsbefall (keine oder unzureichende präventive und akute Bekämpfung).

## 2.5.7 Toiletten

- Unmittelbarer Zugang von Toiletten in den Lebensmittelbereich (Toilettenvorraum fehlt).
- Mangelnder baulicher Zustand (Beleuchtung, Türschließer), Sauberkeit und Entlüftung, fehlende Hinweisschilder.
- Handtrocknereinrichtung für Gäste unzureichend oder defekt.
- Personal-WC: fehlende Handtrocknungsmöglichkeiten/Einmalhandtücher, fehlende Flüssigkeitsseife bzw. Desinfektionsmittel, als Abstellkammer/Umkleideraum zweckentfremdet.

## 2.5.8 Angaben am Eingang der Gaststätte

- Ausgeschriebener Vorname fehlt (meist abgekürzt).
- Aushang der Speise- und Getränkekarte vor dem Lokal fehlt oder ist unzureichend.

## 2.5.9 Verstöße in der Speise- und Getränkekarte

- Unrichtige Mengenangaben (z. B. 1/1 Schoppen).
- Zusatzstoffe wie Phosphat, Farbstoff, Konservierungsstoffe, Süßstoffe, Geschmacksverstärker und dergleichen sind nicht kenntlich gemacht.
- Fehlende Tierartangaben bei Fleischgerichten soweit von den Leitsätzen für Fleisch abgewichen wird.
- Unrichtige Angabe bei Fruchtsaft/Fruchtnektar.
- Behandelte Zitrusfrüchte werden Getränken zugefügt.
- Kennzeichnung bzw. Hinweis auf die Allergene und Zusatzstoffe fehlt oder ist mangelhaft.

## 2.5.10 Mängel bei der betrieblichen Eigenkontrolle

- Kein Konzept vorhanden oder Konzepte von Verbänden oder Fremdfirmen (z. B. Reinigungsmittellieferanten) ohne Anpassung auf den eigenen Betrieb übernommen.
- Fehlende Maßnahmen zur Gefahrenbeherrschung (Kerntemperaturmessungen, Warmhaltetemperaturen); keine konkrete Festlegung und Überprüfung von Messwerten (Temperaturen, Zeiten für Frittierfettgebrauch, Einhaltung von Mindesthaltbarkeitsdaten, Festlegung von Lagerfristen im TK-Bereich u. ä.); fehlende Messgeräte zur Kontrolle der selbst festgelegten Werte.
- Beschränkung der Eigenkontrollen auf Besichtigungen.
- Keine oder unzureichende Unterlagen über durchgeführte Eigenkontrollmaßnahmen.
- Keine Einbeziehung privater Sachverständiger zu stichprobenartigen mikrobiologischen und chemischen Untersuchungen.

Am Ende der Broschüre erhalten Sie eine ausführliche Checkliste, um auch an alle eventuellen Anforderungen zu denken.

## 2.6 Die Lebensmittelüberwachung kommt – ein Treffen auf Augenhöhe

### Welche Rechte und Pflichten hat der Gastwirt?

Ob die Vorschriften des Lebensmittelrechts eingehalten werden, lässt die Behörde durch besonders ausgebildete Lebensmittelkontrolleure überprüfen. In der Neuzeit kommen diese Personen ausschließlich aus Lebensmittelberufen, um eine bessere Beratungsqualität gegenüber den Lebensmittelunternehmern sicherzustellen. Auch können so Prozesse im Betrieb leichter auf Gefahrenpotenzial hin erkannt und besprochen werden. Bei Gefahr im Verzug (z. B. bei Erkrankungen von Verbrauchern) können auch Beamte der Polizei die Geschäftsräume besichtigen (in dringenden Fällen auch Wohnräume), Geschäftspapiere und Bücher einsehen und sich daraus Abschriften anfertigen. Die Kontrolleure dürfen Proben nach ihrer Auswahl fordern und entnehmen. Hierfür bekommt der Gastwirt eine Empfangsbescheinigung, in der steht, was, wann, wo und in welcher Menge entnommen worden ist. Des Weiteren erhält er eine amtlich verschlossene und versiegelte Gegenprobe, die er, wenn er nicht selbst der Hersteller ist, seinem Lieferanten oder dem Hersteller zur Verfügung stellen muss. Dieser kann dann auf eigene Kosten ein Gegengutachten in einem dafür zugelassenen Institut erstellen lassen. Die zuständige Behörde, z. B. das Amt für Verbraucherschutz oder das Veterinäramt, ist die Stelle, die in allen Fragen des Lebensmittelrechts zuständig ist. Die Behörde hilft bei Beratungsgesprächen, z. B. bei Umbauten oder Neuerrichtungen oder bei Fragen, die das Lebensmittelrecht allgemein betreffen. In regelmäßigen Abständen (je nach Betriebsart) wird der Betrieb von der Behörde überprüft. Hierbei hat der Gastwirt eine Duldungs- und Mitwirkungspflicht (der Zugang einer Kontrolle darf nicht verweigert werden) nach § 44 Lebensmittel- und Futtermittelgesetzbuch.

Zu den Aufgaben des Gastwirtes gehört es, dem Lebensmittelkontrolleur Zugang zu allen Räumen, Einrichtungen und Geräten zu ermöglichen. Über diese Kontrolle wird ein Protokoll erstellt, das der Kontrolleur anschließend mit dem Gastwirt bespricht. Es wird eine Frist gesetzt, in der die aufgeführten Mängel beseitigt werden müssen. Sollte der Betrieb aber in solch einem Zustand sein, das er eine Gefahr für die öffentliche Sicherheit und Ordnung darstellt (z. B. starke Verunreinigungen oder starker Schädlingsbefall), kann dieser sofort geschlossen werden. Der Betrieb kann erst dann wieder geöffnet werden, wenn die Auflagen erfüllt sind und der Mangel beseitigt wurde. Gegen die aufgeführten Mängel kann bei der zuständigen Behörde Einspruch erhoben werden, sofern die Mängel als unberechtigt erscheinen.

Die Lebensmittelkontrolleure haben heute immer mehr beratende und informierende Aufgaben. Sie sollen die Lebensmittelunternehmen unterstützen. Dies tun sie unter Berücksichtigung von gesellschaftlichen-, ethischen-, wirtschaftlichen-, umweltschutz-, traditionellen- und Tierschutzgründen. Der Lebensmittelunternehmer soll nach aktuellem Lebensmittelrecht Experte in seinem Betrieb sein, er soll sich auskennen. Das Gleiche gilt auch für den Lebensmittelkontrolleur. Ideal wäre es, wenn sich der Unternehmer mit dem Kontrolleur „auf Expertenebene" treffen kann. Denn hat man sich Gedanken gemacht über die Prozesse in seinem Betrieb, kann man diese auch äußern. Außerdem können Sie die Lebensmittelkontrolleure auch gerne bei Fragen oder Veränderungen in Ihrem Betrieb zur Unterstützung heranziehen. Es spiegelt sogar Ihr Verantwortungsbewusstsein wider, wenn Sie vorsorglich Informationen einholen.

Die Überprüfung des Betriebes gliedert sich in folgende Bereiche (keine chronologische Abfolge):

- **Bauliche Voraussetzung**
  z. B. leicht zu reinigende Wände, Böden etc./ausreichende Handwaschgelegenheiten
- **Betriebshygiene**
  z. B. saubere Arbeitsflächen, sachgerechter Umgang mit Lebensmitteln, Kühlschrankdichtungen etc.
- **Personalhygiene**
  z. B. saubere Arbeitskleidung
- **Kennzeichnung**
  z. B. Überprüfung der Speisekarte auf Mengenangaben und Zusatzstoffe
- **Schankanlage**
  z. B. Reinigungsnachweis im Schankanlagenbuch
- **Schädlingsmonitoring** (Beweis, dass der Betrieb schädlingsfrei ist)
  z. B. Kontrolle der Lockfallen
- **Einsicht der Betriebsunterlagen**
  · Belehrungsnachweis nach Infektionsschutzgesetz,
  · Schulungsnachweis nach § 4 der Lebensmittelhygiene-Verordnung,
  · Eigenkontrollsystem, das auf die Art und Größe des Lebensmittelunternehmens angepasst worden ist.

Sind die Ergebnisse von Lebensmittelproben negativ, so wird die Ursache der Kontamination vor Ort besprochen und nach Lösungswegen zur Vermeidung gesucht. **Allerdings sind die Bekanntgabe von negativen Probenergebnissen sowie Nachkontrollen im Betrieb wie auch berechtigte Beschwerdekontrollen kostenpflichtig.**
Heftig diskutiert wird der Trend einiger Ordnungsbehörden, namentlich benannte geprüfte Gewerbebetriebe im Internet mitsamt der vorgefundenen Mängel aufzulisten.

**Beispiel:**
**Forderungen bezüglich des Eigenkontrollsystems der Stadt Hamburg**
Das Eigenkontrollsystem bezieht sich auf empfindliche Lebensmittel! Das System muss betriebsspezifisch eingerichtet sein.

1. **Kiosk, der nur Süßwaren, Tabakwaren, Zeitungen und Zeitschriften verkauft**
   Ein Eigenkontrollsystem wird hier nicht für erforderlich angesehen.

2. **Kiosk mit Herstellung von belegten Brötchen**
   Wareneingangskontrolle
   Kontrolle Lagerungstemperaturen
   Belehrungsnachweis nach Infektionsschutzgesetz
   Schulungsnachweise nach Infektionsschutzgesetz
   Schulungsnachweis nach dem § 4 der Lebensmittelhygiene-Verordnung
   Schädlingsbekämpfung
   Reinigungs- und Desinfektionsplan

3. **Bäckereiverkaufsstelle**
   Wareneingangskontrolle
   Reinigungs- und Desinfektionsplan
   Kontrolle der Lagertemperaturen
   Kontrolle der Erhitzungstemperaturen
   Kontrolle der Ausgabetemperaturen (wenn warme, gefüllte Produkte abgegeben werden, z. B. selbst hergestellte Snacks)
   Schädlingsbekämpfung
   Belehrungsnachweis nach Infektionsschutzgesetz
   Schulungsnachweise nach Infektionsschutzgesetz
   Schulungsnachweis nach dem § 4 der Lebensmittelhygiene-Verordnung

4. **Schankwirtschaft**
   Eigenkontrolle bei der Schankanlage im Rahmen des Schankanlagenbuches

5. **Schankwirtschaft mit Aufwärmküche**
   Wareneingangskontrolle
   Reinigungs- und Desinfektionsplan
   Kontrolle der Lagertemperaturen
   Kontrolle der Erhitzungstemperaturen
   Kontrolle der Ausgabetemperaturen
   Schädlingsbekämpfung
   Belehrungsnachweis nach Infektionsschutzgesetz
   Schulungsnachweise nach Infektionsschutzgesetz
   Schulungsnachweis nach dem § 4 der Lebensmittelhygiene-Verordnung

6. **Restaurant, Kantine, Großküche Krankenhaus, Altenheim**
(Gemeinschaftsverpflegung), Imbiss
Wareneingangskontrolle
Reinigungs- und Desinfektionsplan
Kontrolle der Lagertemperaturen
Kontrolle der Erhitzungstemperaturen
Kontrolle der Ausgabetemperaturen
Schädlingsbekämpfung
Belehrungsnachweis nach Infektionsschutzgesetz
Schulungsnachweise nach Infektionsschutzgesetz
Schulungsnachweis nach dem § 4 der Lebensmittelhygiene-Verordnung

Weitere Informationen sind auch in den Kapiteln „Betriebliche Eigenkontrolle" und „Hygiene bei der Behandlung von Lebensmitteln – HACCP-Konzept" zu finden.

**Tipp:** Mittlerweile gibt es einige Firmen zur digitalen Dokumentation für nahezu alle Betriebsgrößen. Der Vorteil hierbei ist nicht nur, dass man ein funktionierendes Hygienemanagement aufbauen kann, sondern auch ein Umweltbewusstsein in Bezug auf Papier und Druckkosten. Bei einigen Firmen gibt es vorgefertigte Listen, die dann für den jeweiligen Betrieb angeglichen werden. Die Suche nach der richtigen Firma im Internet ist jedoch etwas zeitaufwendig. Zertifizierungen oder Zulassungen z. B. vom Bundesverband der Lebensmittelkontrolleure können Ihnen bei der Suche helfen.

**Rechtsgrundlagen:**
*Lebensmittel- und Futtermittelgesetzbuch, Verordnung (EG) Nr. 852/2004 i. V. m. den Ausführungsverordnungen der Bundesländer. Wer in der Bundesrepublik als Gegengutachter zugelassen ist, erfahren Sie bei Ihrer IHK.*
*Frank Döblitz, Lebensmittelkontrolleur des Verbraucherschutzamtes Hamburg-Nord, Henriette Niecknig, IHK Köln; Bernd Stumm, Thomas Vandieken, Stadt Köln*

# 3. Behandlung leicht verderblicher Lebensmittel

Nach dem Genuss von Lebensmitteln treten mitunter Darmerkrankungen auf, die durch bestimmte Bakterienarten, vor allem durch Salmonellen, verursacht werden. Diese Erkrankungen können weitgehend verhindert werden, wenn die Speisen sachgemäß zubereitet und aufbewahrt werden.

Von Tieren stammende Lebensmittel wie Fleisch, Geflügel, Fisch, Wild, Eier, Milch und die daraus hergestellten Speisen sind besonders gute Nährböden für die Erreger von Darmerkrankungen. Ungenügendes Erhitzen und das Anbraten und Ankochen mit anschließender Aufbewahrung ohne Kühlung fördern die Keimvermehrung in hohem Maße. Besonders gefährdet sind auch Speisen, die in nicht saubere Thermobehälter abgefüllt für längere Zeit in lauwarmem Zustand aufbewahrt werden.

Darum werden folgende Hinweise gegeben:

- **Wild und Geflügel** stets getrennt von anderen Lebensmitteln ausnehmen und koch- oder bratfertig machen.
- **Wild und Geflügel** stets gut durchbraten oder durchkochen.
- **Geflügelsalate** kühl aufbewahren!
- **Fleisch** jeder Art, das kalt gegessen oder zu Salaten, Pasteten usw. verarbeitet werden soll, muss besonders gründlich durcherhitzt und anschließend kühl aufbewahrt werden.
- **Gekochten oder gebratenen Fisch** nicht aufbewahren, sondern gegebenenfalls sofort sauer einlegen!
- **Mit Milch, Sahne oder Ei** angereicherte Speisen (Salat, Mayonnaise, Pudding, Creme, Tortenfüllung usw.) kühl aufbewahren!

## 3.1 Temperaturanforderungen und –empfehlungen für Lebensmittel

1. Wie sind die Empfehlungen anzuwenden?
   Diese Informationsschrift enthält sowohl rechtlich geregelte als auch vom BfR empfohlene Temperaturen*.
2. Für welche Lebensmittel sind Temperaturempfehlungen erforderlich?
   Beim **Herstellen, Behandeln,** auch dem **Transport** und der **Lagerung** sowie dem **Inverkehrbringen** von Lebensmitteln spielen die **Temperaturführung** und die **Einhaltung
   bestimmter Temperaturen** eine entscheidende Rolle, um eine unerwünschte Vermehrung von Mikroorganismen in Grenzen zu halten. Leicht verderbliche Lebensmittel

---

\*  Zu dieser Thematik ist vom Normenausschuss Lebensmittel und landwirtschaftliche Produkte im Deutschen Institut für
Normung e. V. eine Norm ausgearbeitet worden mit der Nummer DIN 10508 (Lebensmittelhygiene – Temperaturen für
Lebensmittel). Diese Norm legt Temperaturen fest, die für tiefgefrorene, gefrorene, gekühlte und heißgehaltene Lebensmittel
sowie Speiseeis gelten und gibt Hinweise zur Temperaturmessung. Die Empfehlungen sind nicht rechtsverbindlich.

sind „Lebensmittel, die in mikrobiologischer Hinsicht in kurzer Zeit leicht verderblich sind und deren Verkehrsfähigkeit nur bei Einhaltung bestimmter Temperaturen oder sonstiger Bedingungen erhalten werden kann". Es sind damit solche Lebensmittel gemeint, die ohne ausreichende Kühlung nach kurzer Zeit verderben und zu einer gesundheitlichen Gefahr für den Verbraucher werden können. Für derartige Lebensmittel ist in der Vergangenheit eine Reihe von Regelungen mit entsprechenden Temperaturanforderungen erlassen worden, die aber nicht durchgehend aufeinander abgestimmt waren. Die Temperaturempfehlungen dieser Informationsschrift sollen ein einheitliches Vorgehen erleichtern. Nicht berücksichtigt sind Regelungen nach dem ATP-Abkommen (Übereinkommen über internationale Beförderungen leichtverderblicher Lebensmittel).

**3. Wie wird eine Temperaturmessung vorgenommen?**

Sowohl im Rahmen von Eigenkontrollmaßnahmen als auch für die amtliche Überwachung spielt die Ermittlung der jeweiligen Temperatur eine wichtige Rolle. Für **Eigenkontrollen** wird in der Regel die Bestimmung der **Lagertemperatur** für ausreichend erachtet; auf diesem Weg ist eine zerstörungsfreie Messung möglich. Im Folgenden sind einige **Aspekte zur Temperaturmessung** aufgeführt:

- **Messgeräte:**
  Flüssigkeitsthermometer (Alkohol, kein Quecksilber!),
  Kontaktthermometer (elektronisch),
  Strahlungsmessgeräte (berührungslos)
- **Kalibrierung:**
  physikalischer Fixpunkt (Eis-Wasser-Mischung),
  Vergleichsmessung mit geeichten oder kalibrierten Temperaturmessgeräten höherer Genauigkeit
- **Messart:**
  Einmalmessung (kurzzeitig),
  Messung mit Registriergeräten (langfristig), ortsfeste oder bewegliche Einrichtung
- **Messort:**
  Produktoberfläche/Kernbereich (Produkttemperatur),
  Umgebungsluft bei der Lagerung (Lagertemperatur)
- **Temperaturfühler:**
  Beachten der spezifischen Eigenschaften wie Temperaturbereich, Messpunkt am Fühler und dessen chemische sowie mechanische Beständigkeit

Zu Techniken der Temperaturmessung siehe auch DIN 8966, DIN EN 441–13.

#### 4. Was ist bei der Kühlung von Lebensmitteln zu beachten?

Viele der leicht verderblichen Lebensmittel sind tierischen Ursprungs; auch pflanzliche Lebensmittel können bei entsprechender Zubereitung leicht verderben. Soweit keine anderen Vorschriften bestehen, wird empfohlen, diese Lebensmittel bei höchstens +7 °C zu halten.

Obwohl bei verpackten, kühlbedürftigen Lebensmitteln die Produkt- bzw. Lagertemperatur in Verbindung mit dem **Mindesthaltbarkeitsdatum** vom Hersteller innerhalb gewisser Grenzen frei gewählt werden kann, wird empfohlen, zur Vereinheitlichung von Transport und Lagerung, auch hier von einer Temperatur von max. +7 °C auszugehen. Die **Kühlung allein kann die Vermehrung** von Verderbniserregern, aber auch von einigen Krankheitserregern **nur verlangsamen**, nicht aber unterbinden. Die Vermehrung von Mikroorganismen ist ebenfalls abhängig von der **Lagerdauer** sowie weiteren inneren (z. B. pH- und aw-Wert) und äußeren Faktoren (z. B. Atmosphäre), auf die hier nicht eingegangen werden kann. Deshalb sollte **bei der Beurteilung**, ob eine Temperatur angemessen ist, eine **Einzelfallbetrachtung** vorgenommen werden.

Beim **Abkühlen heißer Lebensmittel** sollte, sofern keine anderslautenden Rechtsvorschriften dem entgegenstehen, der Bereich zwischen +65 °C und +10 °C innerhalb von drei Stunden durchschritten werden, um eine Keimvermehrung zu vermeiden. Dabei sind die Kühlbedingungen wie Lufttemperatur und -geschwindigkeit, das Produktgewicht sowie die Art der Verpackung zu beachten, um eine vor allem in mikrobiologischer Hinsicht **nachteilige Beeinflussung** zu **vermeiden**. Das Aufrechterhalten verfahrenstechnisch bedingter Temperaturen innerhalb der Produktion, z. B. für enzymatische Reaktionen, oder eine technologisch notwendige langsame Abkühlung bleiben hiervon unberührt.

#### 5. Temperaturanforderungen und -empfehlungen für kühlbedürftige Lebensmittel

Lebensmittel, die als Halberzeugnisse in dieser Form nicht an den Verbraucher gelangen, sind hier nicht aufgeführt. Beispiele dafür sind „Werkmilch" und „zerkleinertes frisches Fleisch als Vor- oder Zwischenprodukt". Weiterhin wurden bestimmte Verarbeitungsbedingungen wie z. B. vorgeschriebene Raumtemperaturen bei der Fleischzerlegung nicht aufgenommen. Obwohl in der folgenden Tabelle einige leicht verderbliche Lebensmittel namentlich aufgeführt sind, gibt es z. B. aus dem Bereich der verarbeiteten Fleisch- und Fischereierzeugnisse eine Vielzahl von Produkten, die ebenfalls in diese Kategorie fallen, aber wegen der Vielfalt nicht gesondert aufgeführt werden können. Diese Erzeugnisse sind in die Gruppe „andere leicht verderbliche Lebensmittel" einzuordnen.

Die Temperaturen sollten aus wissenschaftlicher Sicht aufgrund der hygienischen Bedeutung auch auf die der Herstellung nachfolgenden Stufen wie Lagerung, Transport und Inverkehrbringen übertragen werden. Für rechtlich nicht geregelte Bereiche werden **Empfehlungen des BgVV** (Bundesinstitut für gesundheitlichen Verbraucherschutz und Veterinärmedizin) ausgesprochen. Der Charakter der Temperaturen wird in der Spalte „Status" aufgeführt, dabei bedeuten:

**A** Gültigkeit der Rechtsvorschrift bis zur Abgabe des Lebensmittels an den Verbraucher.

**B** Empfehlung des BfR, die Temperaturanforderung der in der Spalte „Bezug" aufgeführten Rechtsvorschrift auch auf alle nachfolgenden Stufen bis zur Abgabe an den Verbraucher anzuwenden.

**C** Keine verbindliche Rechtsvorschrift vorhanden, Empfehlung des BfR.

Sofern eine nachteilige Beeinflussung der Lebensmittel vermieden wird, kann unter bestimmten Bedingungen und vorbehaltlich bestehender anderer Regelungen kurzfristig von den angegebenen Temperaturen abgewichen werden.

## 6. Temperaturempfehlungen für heißzuhaltende Lebensmittel

Diese **besondere Angebotsform fertig gegarter Speisen zum alsbaldigen Verzehr** ist häufig in Verpflegungssystemen wie Mensen, Kantinen und vor allem der Schnellgastronomie anzutreffen. Die speziellen Probleme bestehen darin, dass durch Aufrechterhalten einer bestimmten Temperatur z. B. das Auskeimen von Sporenbildnern oder die **Vermehrung thermophiler Keime** verhindert wird, andererseits müssen **Nachgareffekte** (weiteres Erweichen der Zellstrukturen, Geschmacks-, Vitamin- und Farbverluste vor allem bei Gemüse) sowie **Austrocknungserscheinungen** vermieden werden. Aus diesen Gründen sollte die Dauer der **Heißhaltung auf etwa drei Stunden begrenzt werden.**

Bei verzehrfertigen, heißzuhaltenden leicht verderblichen Lebensmitteln wird eine Produkttemperatur von mindestens +65 °C empfohlen.

## 3.1.1 Höchsttemperaturen für kühlbedürftige Lebensmittel

| Lebensmittel | Messort (L, P) | Temperatur (°C) |
|---|---|---|
| Butter | P | +10 |
| Frischkäse (-zubereitungen) | P | +10 |
| Weichkäse u. geschnittener Käse außer Hartkäse | P | +10 |
| andere Milcherzeugnisse, kühlbedürftig | P | +10 |
| Konsummilch, pasteurisiert | P | +8 |
| Vorzugsmilch | P | +8 |
| Fleisch, frisch | P | +7 |
| Nebenprodukte der Schlachtung, frisch | P | +3 |
| Geflügelfleisch, frisch | P/L | +4 |
| Haarwild, erlegt, frisch | P | +7 |
| Hasen, Wild- u. Hauskaninchen, frisch | P | +4 |
| Federwild, frisch | P | +4 |
| Hackfleisch u. Hackfleischzubereitungen<br>– aus zugelassenen Betrieben<br>– aus anderen Betrieben – Lagerung<br>– aus anderen Betrieben – alsbaldige Abgabe | <br>P/L<br>L<br>L | <br>+2<br>+4<br>+7 |
| Fleischzubereitungen aus Nebenprodukten der Schlachtung<br>– aus zugelassenen Betrieben<br>– aus anderen Betrieben – Lagerung<br>– aus anderen Betrieben – alsbaldige Abgabe | <br>P<br>L/P<br>L/P | <br>+3<br>+4<br>+7 |
| andere Fleischzubereitungen<br>– aus zugelassenen Betrieben<br>– aus anderen Betrieben – Lagerung<br>– aus anderen Betrieben – alsbaldige Abgabe | <br>P<br>L/P<br>L/P | <br>+7<br>+4<br>+7 |
| Geflügelfleischzubereitungen<br>– aus zugelassenen Betrieben<br>– aus anderen Betrieben – Lagerung | <br>P<br>L/P | <br>+4<br>+4 |
| Fleischerzeugnisse, leicht verderblich | P | +7 |
| Muscheln, lebend | L | +10 |
| Fischereierzeugnisse, frisch sowie Krebs- u. Weichtiererzeugnisse, gekocht | L | in schmelz. Eis oder +2 |
| Hühnereier | L | +8 |
| roheihaltige Lebensmittel (z. B. Frischmayonnaise)<br>Eiprodukte, leicht verderblich<br>– nicht vorbehandelt<br>– vorbehandelt | P<br><br>P<br>L, P | +7<br><br>+4<br>+4 |
| andere leicht verderbliche Lebensmittel<br>– auch Backwaren mit nicht durcherhitzten Füllungen<br>   oder Auflagen;<br>– frische zerkleinerte Salate; Feinkostsalate u. ä. | L | +7 |

## Höchsttemperaturen für tiefgefrorene und gefrorene Lebensmittel*

| Lebensmittel | Temperatur (°C) |
|---|---|
| Speiseeis | -20 |
| Fisch, gefroren oder tiefgefroren, Fischerzeugnisse, Weichtiere, Krustentiere | -18 |
| alle anderen Lebensmittel, tiefgefroren<br>alle anderen Lebensmittel, gefroren (außer Butter) | -12 |
| Lebensmittel, tiefgefroren oder gefroren, die zur sofortigen Weiterverarbeitung am Zielort bestimmt sind: Butter, Fruchtsaftkonzentrate | -10 |

## 3.1.2 Checkliste für das Tiefkühllager

### 1. Stichprobenartige Warenprüfung bei Anlieferung

Kennzeichnung: Tiefgefrorene Lebensmittel sind mit einer der nachfolgenden Angaben gekennzeichnet = „tiefgefroren", „tiefgekühlt", „Tiefkühlkost" oder „gefrostet".

Mindesthaltbarkeitsdatum: Das MHD sollte erst nach einer angemessenen Lagerzeit beim Verwender erreicht werden.

Verpackungen: Sie müssen in ordnungsgemäßem Zustand sein.

Temperatur: Die Produkttemperatur soll mindestens – 18 °C betragen. Bei Entnahme aus dem Transportraum ist eine kurzfristige Temperaturerhöhung nicht immer vermeidbar. – 15 °C dürfen jedoch nicht überschritten werden.

**Empfehlung:** Dokumentation der Daten der Warenannahmekontrollen entsprechend dem HACCP-Konzept in Verbindung mit der Lebensmittelhygiene-Verordnung.

**Sachgemäß verpackte, richtig temperierte und innerhalb der Mindesthaltbarkeitszeit verbrauchte Tiefkühlkost ist Qualitätsware.**

### 2. Tiefkühllieferungen gehören auf schnellstem Wege in das Tiefkühllager

Nach den bei der Anlieferung unverzüglich durchgeführten Warenannahmekontrollen die tiefgefrorenen Produkte sofort in das Tiefkühllager bringen. Diese Vorgehensweise gehört zu einem Bündel von Maßnahmen, die den Erhalt der Produktqualität gewährleisten.

**Bei ständiger Tiefkühlung bleibt die gute Lebensmittelqualität optimal bewahrt.**

---

\* Abgedruckt mit freundlicher Genehmigung des Deutschen Tiefkühlinstituts e. V. www.tiefkuehlinstitut.de, Tel:0221/93748-0, infos@tiefkuehlinstitut.de

## 3. Das FIFO-System berücksichtigen

Bei Artikeln gleicher Art haben immer die Packungen Verbrauchsvorrang, deren Mindesthaltbarkeitsdatum zuerst erreicht wird. Schon beim Einlagern neuer Ware das First-in-First-out-System berücksichtigen.

**In einem systematisch geordneten TK-Lager sind Überlagerungen von Produkten und eine damit unter Umständen verbundene Qualitätsbeeinflussung kein Thema.**

Etiketten zur Beschriftung

Wasserlösliche Etiketten in den verschiedenen Größen und Vordrucken erhält man bei Fachfirmen. Diese Etiketten lösen sich mit Warmwasser komplett auf.

| Produkt:_____ | **Rückstellprobe** nicht zum Verzehr geeignet! |
|---|---|
| ☐ eingekauft am: | Produkt:_____ |
| ☐ aufgetaut am: | Datum |
| ☐ hergestellt am: | Produktion:_____ |
| ☐ eingefroren am: | |
| **Datum** | Unterschrift:_____ |

## 4. Tiefkühlkost übersichtlich lagern

Ordnung und Übersichtlichkeit im TK-Lager vereinfachen die Warenbestandskontrollen. Das rechtzeitige Ordern von TK-Nachschub wird erleichtert.

**Engpässe oder gar Fehlbestände beim TK-Sortiment werden vermieden.**

## 5. Tägliche Temperaturkontrollen sind Pflicht

Tiefkühlprodukte sollten auch bei Außerhaus-Verpflegern ständig und an allen Stellen eine Temperatur von mindestens –18 °C haben. Darauf ist das Mindesthaltbarkeitsdatum abgestimmt. Deshalb täglich die Temperatur und die Funktionsbereitschaft der Thermometer prüfen.

**Temperatureinhaltung sichert Inhaltsstoffe und gute Produkthygiene.**

## 6. Tiefkühlkost dem TK-Lager möglichst bedarfsgerecht auf einmal entnehmen

Je seltener das TK-Lager geöffnet wird, je kürzer die Türöffnungszeiten sind, desto geringer sind Kälteverlust und dadurch eventuell bedingte Beeinflussung der eingelagerten Lebensmittel. Deshalb vorher überlegen, was von dem benötigten Bedarf zusammen aus dem Tiefkühllager genommen werden kann.

**Kurze Öffnungszeiten reduzieren den Energieverbrauch.**

## 7. In das TK-Lager gehört nur Tiefkühlkost

Speisen, die beispielsweise schnell abkühlen sollen, haben im Tiefkühllager nichts zu suchen. So werden unzulässige Erwärmung von Raumluft und TK-Produkten sowie eine vermehrte Reifbildung vermieden.

**Bei Einhaltung einer weitgehend gleichbleibenden Lagertemperatur bleiben die feine Eiskristallstruktur in den Lebensmitteln und damit die Produktkonsistenz gut erhalten.**

## 8. TK-Bestand kontrollieren und TK-Lager pflegen

Anbruchpackungen immer gut verschließen, erkennbar platzieren und in die Speisenplanung einbeziehen.

Leergutkartons immer gleich aus dem TK-Lager entfernen.

Verdampfer und Ventilatoren nicht mit Ware zustellen. Dann funktionieren Luftzirkulation und Kälteverteilung einwandfrei.

Das Tiefkühllager nach Bedarf abtauen bzw. automatische Abtauvorrichtungen regelmäßig kontrollieren.

Das TK-Lager sauber halten.

**Ein gepflegtes TK-Lager erleichtert Ordnung und Übersicht.**

Verdampfer und Ventilatoren in den Reinigungsplan aufnehmen und sauber halten.

## 9. TK-Lager regelmäßig warten

Mit dem Gerätelieferanten oder mit entsprechenden Fachleuten einen Wartungsdienst vereinbaren.

**Einwandfrei arbeitende Geräte sparen Energie und die Tiefkühlkost lagert ordnungsgemäß.**

## 10. Vorsorge treffen

Für jeden jederzeit erkennbar notieren:

Telefon-/Telefaxnummern, ggf. auch E-Mail-Anschrift von:

- Kunden- und Wartungsdienst
- Energieversorgungsunternehmen (EVU)
- Trockeneis-Bezugsstelle.

Mit allen Mitarbeitern abstimmen, was bei Betriebsunterbrechung zu tun ist:

- Ruhe bewahren,
- TK-Lager möglichst geschlossen halten,
- Licht im TK-Lager löschen,
- wenn möglich, Störquelle ermitteln,
- Störung entweder selbst beheben oder mit Kundendienst oder EVU sprechen,
- unter Umständen Trockeneis besorgen. Anschriften der Trockeneislieferanten stellt das Deutsche Tiefkühlinstitut, Köln, zur Verfügung.

## 3.2 Maßnahmen zur Vermeidung von Salmonellenvermehrung

- Leicht verderbliche Lebensmittel tierischer Herkunft im Kühlschrank bei ca. 4 °C aufbewahren. Geflügel, Hackfleisch und Eier nur kurze Zeit lagern.
- Lebensmittel, die als Salmonellenträger gelten, getrennt von anderen Nahrungsmitteln aufbewahren, verarbeiten und zubereiten.
- Kochanweisung:
Geflügelfleisch, Fleisch und Eier bei einer Mindestkerntemperatur von 70 °C für 5 Minuten erhitzen (laut BGA).
- Achten Sie während der Arbeit auf größtmögliche Hygiene (regelmäßiges Händewaschen mit Desinfektionsseife, Verwendung von Einweghandtüchern).
- Denken Sie auch an häufige Reinigung der Arbeitsgeräte!
- Wählen Sie Geräte, die sich vollständig und leicht säubern lassen.
- Wechseln Sie regelmäßig Spüllappen und Bürsten aus.
- Achten Sie auf saubere Arbeitskleidung.
- Auch wenn Sie das Gesetz nicht zur jährlichen amtsärztlichen Untersuchung verpflichtet, nehmen Sie diese im Interesse Ihrer Tischgäste wahr.
- Lassen Sie sich von Ihrem Händler amtsärztliche Bescheinigungen vorlegen.
- Sorgen Sie dafür, dass es keine langen Warmhaltezeiten gibt. Zu empfehlen ist der direkte Verzehr frisch zubereiteter Speisen.
- Unterbinden Sie den Kontakt von Auftauwasser von gefrorenem Fleisch, Fisch oder Geflügel mit dem Lebensmittel an sich, und natürlich auch mit anderen Lebensmitteln.
- Stellen Sie eine lückenlose Kühlkette sicher.
- Kontrollieren Sie das Verfallsdatum.

### 3.2.1 Ihre Alternative zu Eiern
Salmonellen und Campylobacter sind mit je 50.000 bis 60.000 gemeldeten Infektionen pro Jahr als Ursache der bakteriellen Enteritis für Deutschland von großer Bedeutung. Da Sie als Hersteller der Speisen bei einer eventuellen Erkrankung eines Ihrer Tischgäste verantwortlich gemacht werden, empfiehlt der Beirat Krankenhaus, Sanatorien und Heime im Verband der Köche Deutschlands e. V. folgende besonders salmonellengefährdete Speisen in Zukunft nicht mehr mit Rohei zuzubereiten (ROTE LISTE):
- Frühstückseier (weich), Eier im Glas
- Rühreier (saftig)
- mit Ei legierte Suppen (Liaison)
- Mayonnaise mit Rohei
- alle Salate mit Mayonnaise, wie z. B. Geflügel-, Fleisch-, Waldorfsalat
- Sauce Hollandaise, warm aufgeschlagen

- Sauce Béarnaise, warm aufgeschlagen
- American Dressing
- Thousand Island Dressing
- Cocktailsoße
- Remouladensoße
- Tatarsoße
- Tiroler Soße
- rohe Fleischfarcen
- rohe Fischfarcen
- rosa gebratene Geflügelteile
- Tatar mit Hackfleisch und rohem Eigelb
- Frischkäsespeisen, mit Ei gebunden
- Eisparfait – Halbgefrorenes
- Flammeri – Dessertcreme aus rohen Eiern oder aus Eischnee
- Bayerische Creme
- Reis Trauttmansdorff
- Mousse au chocolat
- Sabayon – Weinschaum
- Tiramisu
- rohe Teige und Massen
- Meringuemasse – Baiser
- Eiweiß-Zuckergebäck nur getrocknet

Merkblatt des Verbandes der Köche Deutschlands e. V., Frankfurt, **www.vkd.com**
Abgedruckt mit freundlicher Genehmigung.

**Achtung:** Eierkartons bestehen aus Pappe und ziehen Feuchtigkeit an. Dazu kommt, dass das Ei evtl. mit Hühnerkot verunreinigt ist. Im Karton können diese Bakterien schnell wachsen. Eierkartons aus Kunststoff vermindern diese Gefahr.

## 3.3 Produktarten

### 3.3.1 Hinweise für eihaltige Speisen

„Das weiß ein jeder, wer´s auch sei – gesund und stärkend ist das Ei."
Leider hat Wilhelm Busch nicht in jedem Fall Recht.
Denn Salmonellen können sich nicht nur im Inneren des Eis, sondern auch auf der äußeren Schale befinden. Bei Salmonellen handelt es sich um Bakterien, die sich besonders gut in eiweißreichen Lebensmitteln wie z. B. Fleisch, Rohmilch oder Eiprodukten vermehren und bei Menschen unter anderem schwere Durchfallerkrankungen, Fieber, Magenkrämpfe und Darmentzündungen auslösen. Durch mangelhafte Hygiene können Salmonellen auch in bereits gegarte Speisen und andere, an sich unbedenkliche Lebensmittel, gelangen. Um das Risiko einer Salmonelleninfektion durch den Verzehr von salmonellenhaltigen Eiern, mit Rohei hergestellten Speisen oder durch Übertragung der Salmonellen auf an sich roheifreie Speisen zu mindern, sind die folgenden Hinweise sorgfältig zu beachten. Weitere Informationen hinsichtlich der Hygiene in der Küche können z. B. auch der Schriftenreihe des aid (Auswertungs- und Informationsdienst für Ernährung, www.aid.de) zur Küchenhygiene entnommen werden.

**Achtung: Salmonellen sieht und riecht man nicht!**

**Allgemeine Regeln für den Umgang mit Hühnereiern**
Vom Beginn der Lagerung bis zur Abgabe an den Verbraucher müssen Hühnereier vor jeder nachteiligen Beeinflussung geschützt werden. Sie dürfen weder Sonneneinwirkung, Verunreinigungen, Feuchtigkeit noch Witterungseinflüssen ausgesetzt werden. Eier sollten bei möglichst konstanter Temperatur aufbewahrt und befördert werden. Ab dem 18. Tag nach dem Legen müssen die Eier mit einer Temperatur zwischen +5 °C und +8 °C gelagert werden.
Beachten Sie auch das anschließend abgedruckte Merkblatt „Maßnahmen zur Vermeidung von Salmonellenvermehrung".
Beim Kauf von Eiern sollte man u. a. auf folgende Kennzeichnungen achten:
- Mindesthaltbarkeitsdatum
  Das Mindesthaltbarkeitsdatum bedeutet, dass die Eier bis zu dem angegebenen Datum unter angemessenen Aufbewahrungsbedingungen oder z. B. vorgeschriebenen Temperaturbedingungen haltbar sind bzw. ihre spezifischen Eigenschaften behalten. Als Grundsatz gilt: MHD abzüglich 28 Tagen = Legedatum. Eier, die das MHD überschritten haben, dürfen nur noch bei mind. 70 °C zubereitet werden.
- Daneben ist der Hinweis für den Verbraucher: „Bei Kühlschranktemperatur aufbewahren – nach Ablauf des Mindesthaltbarkeitsdatums durcherhitzen" zu finden.

- Eine EU-weite Kennzeichnungsverordnung soll für Klarheit sorgen. Ein einheitlicher Stempel lässt danach klar erkennen, aus welchem Land und aus welcher Haltungsform ein Ei stammt. Der Erzeugercode besteht aus den folgenden drei Stellen und wird direkt auf das Ei gestempelt:
  - Die erste Stelle bezeichnet die Art der Hennenhaltung. Die Zahlen 0 bis 3 stehen für Bio- (0), Freiland- (1), Boden- (2) und Käfighaltung (3).
  - Die zweite Stelle beschreibt das Herkunftsland. Die Buchstaben DE kennzeichnen Eier aus Deutschland.
  - Die dritte Stelle gibt mit einer Zahlenkombination aus sieben Ziffern den Legebetrieb und den Stall an.
  **Siehe auch: www.was-steht-auf-dem-Ei.de**

Werden die Eier im Einzelhandel lose abgegeben oder vom Erzeuger ab Hof, auf einem örtlichen Markt oder an der Tür verkauft, so muss das Mindesthaltbarkeitsdatum mit dem Hinweis auf Aufbewahrung und Durcherhitzen (siehe oben) auf einem Schild auf oder neben der Ware oder auf einem Begleitzettel angegeben werden.

**Achtung:** Beim Einkauf müssen auch die eigenen Lagerzeiten vor der Verarbeitung einkalkuliert werden!

### Lagerung der Eier

Die Eier sind grundsätzlich bei Kühltemperaturen von +5 °C bis +8 °C zu lagern. Sie sollten getrennt von anderen Roh- und Zwischenprodukten und getrennt von bereits zubereiteten Speisen aufbewahrt werden. Auch an der Außenseite der Eier können sich Bakterien befinden, die durch unsachgemäße Lagerung auf andere Lebensmittel übertragen werden können.

### Lebensmittel aus Eiern

Werden Lebensmittel aus rohen Eiern zubereitet, so müssen besondere Sorgfaltsregeln eingehalten werden. Die Hygiene ist hier äußerst wichtig. Die Eier sollten am Arbeitsplatz aufgeschlagen und unmittelbar verarbeitet werden. Hierbei sind saubere Gefäße, die ausschließlich für die Gewinnung und Aufbewahrung der Eimassen verwendet werden und dafür auch gekennzeichnet sind, zu benutzen. Die Eischalen und Verpackungen von Roheiern sind unverzüglich von der Arbeitsfläche zu entfernen und in einem verschließbaren Behälter zu sammeln. Sollen die Eimassen aufbewahrt werden, so müssen diese gekühlt werden und sollten spätestens 2 Stunden nach dem Aufschlagen verarbeitet werden. Danach sind die Eimassen nur noch für Produkte, die durcherhitzt werden, zu verwenden.

Lebensmittel, die aus Eiern bestehen und nicht durcherhitzt wurden (mind. 5 Min. bei 70 °C Kerntemperatur, vgl. Deutsches Lebensmittelbuch, sodass Salmonellen abgetötet werden können), dürfen nur an den Verbraucher abgegeben werden, wenn:

- die Lebensmittel zum unmittelbaren Verzehr an Ort und Stelle abgegeben werden **und**
- die Lebensmittel, die warm verzehrt werden, nicht später als 2 Stunden nach der Herstellung abgegeben werden oder
- die Lebensmittel, die kalt verzehrt werden, innerhalb von 2 Stunden nach der Herstellung
  - auf +7 °C abgekühlt, bei dieser oder einer niedrigeren Temperatur gehalten werden und innerhalb von 24 Stunden nach der Herstellung abgegeben werden oder
  - tiefgefroren und bei dieser Temperatur gehalten werden und innerhalb von 24 Stunden nach dem Auftauen abgegeben werden, wobei die Temperatur von +7 °C nicht überschritten werden darf.

Geben Sie roeihaltige Speisen ab (wenn Sie zum Beispiel Eischnee als Lockerungsmittel unter eine Creme ziehen), die dann nicht mehr erhitzt werden, müssen Sie nach aktuellem Recht eigene mikrobiologische Untersuchungen der Produkte in einem akkreditierten Labor prüfen lassen. Sehen Sie dazu: 3.5 Untersuchungspflicht durch Probennahme von selbst hergestellten Produkten nach der VO (EG) Nr. 2073/2005 (Seite 105).

### Hygiene, Reinigung und Desinfektion
Nach dem Kontakt mit rohen Eiern und der rohen Eimasse sollten die Hände gründlich gereinigt und desinfiziert werden. Auch für die Gefäße und andere Gegenstände, mit denen die rohe Eimasse bearbeitet, verarbeitet oder kurzzeitig aufbewahrt wurde, gilt: gründliche Reinigung unmittelbar nach Gebrauch und desinfizieren. Über das Deutsche Institut für Veterinärmedizin können Listen der Desinfektionsmittel für den Bereich Lebensmittel online gegen Gebühr eingesehen oder bestellt werden. Eine weitere Möglichkeit sind die folgenden Zulassungen für Desinfektionsmittel, die immer deutlich gekennzeichnet sind. RKI-Listung (Robert Koch Institut), DGHM (Deutsche Gesellschaft für Hygiene und Mikrobiologie) sowie die VAH (Verbund für angewandte Hygiene) (**www.dvg.net**).

### 3.3.2 Behandlung von Milch und Milchprodukten

Milch und Milchprodukte verderben durch unsachgemäße Lagerung schnell und können schon bei leichter Verschmutzung die Gesundheit des Menschen gefährden. Deshalb ist zu beachten:

- zur Aufbewahrung nur saubere, unbeschädigte Gefäße mit Deckel verwenden,
- die Gefäße nach jeder Verwendung reinigen,
- Milch und Milchprodukte vor Licht geschützt aufbewahren (Lichteinfluss bewirkt Geschmacksabweichung),
- Lagertemperatur von Milch und Butter soll 12 °C nicht überschreiten,
- offene Milch nicht in der Nähe von stark riechenden Lebensmitteln (wie z. B. Essig, Senf, Gurken, Fisch, Käse) und nicht bei Tabakwaren lagern (milchfeindliche Waren),
- offene Milch nach längerem Stehen durchrühren (Milch rahmt auf),
- Kondensmilch nach dem Öffnen in Porzellan- oder Glasgefäße umfüllen, da schon nach ein paar Tagen die Verzinnung so stark angegriffen wird, dass die Milch u. U. als verdorben beurteilt wird,
- Milch aus aufgewölbten Dosen nicht mehr verwenden,
- verdorbene Milch und Milcherzeugnisse, d. h. Produkte, die in ihrem Geruch, Geschmack und Aussehen so verändert sind, dass ihr Genuss und Gebrauchswert erheblich beeinträchtigt ist, dürfen nicht mehr verarbeitet oder Gästen serviert werden.

### 3.3.3 Fleisch

Fleischbeschau

Das Hauptziel der Fleischbeschau besteht darin, Gefahren für die öffentliche Gesundheit, z. B. über Lebensmittel übertragene Krankheitserreger oder chemische Kontaminanten in Fleisch, nachzuweisen und zu verhüten.

Durch das Fleischbeschaurecht soll sichergestellt werden, dass ausschließlich solches Fleisch, das für die menschliche Ernährung geeignet ist, verkauft und in Gaststätten dem Gast vorgesetzt wird. Fleisch von Affen, Hunden und Katzen darf zum Genuss für Menschen nicht gewonnen werden.

Alle Schlachttiere, vor allem Rinder, Schweine, Schafe, Ziegen, Pferde und Geflügel, müssen vor und nach der Schlachtung amtlich untersucht werden (Schlachttier- und Fleischbeschau). Verantwortlich hierfür ist der Schlachttierbesitzer. Entsprechendes gilt für Haarwild (= Säugetiere, die üblicherweise nicht als Haustiere gehalten werden und nicht ständig im Wasser leben), das auf andere Weise als durch Erlegen getötet wird. (Erlegen: Töten von Haarwild durch Abschuss nach jagdrechtlichen Vorschriften; als erlegtes Haarwild gilt auch durch andere äußere gewaltsame Einwirkungen getötetes Wild und Fallwild). Erlegtes Haarwild unterliegt nur der Fleischbeschau. Sie kann unterbleiben, wenn keine Bedenken gegen die Genusstauglichkeit für Menschen erkennbar sind und das erlegte Haarwild unmittelbar nach dem Erlegen in geringen Mengen an nahegelegene Gaststätten zur Abgabe zum Verzehr an Ort und Stelle geliefert wird. Schweine- und Wildschweinefleisch sowie einige andere Fleischarten sind darüber hinaus auf Trichinen zu untersuchen. Schlachttiere müssen am Ort der Schlachtung untersucht werden; Wildschweine können dagegen unzerlegt weitergegeben werden. Darauf muss der Gastwirt achten. Er muss sich vergewissern, z. B. durch den Jagdbegleitschein, ob der Jagdberechtigte die Trichinenschau schon durchgeführt hat. Untersuchtes und einwandfreies frisches Fleisch wird im innerstaatlichen Handelsverkehr in der Bundesrepublik gekennzeichnet durch einen runden Stempel mit 3,5 cm Durchmesser und dem Zusatz „tauglich". In der unteren Hälfte des Stempels muss die zuständige Behörde angegeben sein. Der Stempel hat zusätzlich einen Hinweis auf den Untersucher zu enthalten. Die Kennzeichnung kann mit einem Farb- oder Brennstempel auf dem Erzeugnis, der Umhüllung oder der Verpackung angebracht oder auf einem Etikett eingedruckt oder angebracht werden. Der Stempel muss beim Öffnen der Verpackung zerstört werden. Hiervon darf nur dann abgewichen werden, wenn die Verpackung beim Öffnen zerstört wird.

Das meiste Wild wird im Fell in die Kühl- und Gefrierhäuser gebracht. Unverpacktes Wild muss getrennt von unverpacktem Fleisch gelagert werden. Unter Kühlhausbedingungen hält sich Rehwild im Fell 29 Tage, ohne Fell nur 21 Tage. Ausgeweidete Hasen sind im Fell 30 Tage, ohne Fell 21 Tage haltbar. Die Kühlhäuser sollen hierbei eine Temperatur von 0 °C und eine relative Luftfeuchtigkeit bei Temperaturen von –18 bis –21 °C haben. Haarwild hat dann eine Haltbarkeit bis zu einem Jahr, Federwild bis zu sechs Monaten.

Pferdefleisch (dazu gehören auch Fette sowie Fleisch- und Wurstwaren vom Pferd) muss ebenfalls deutlich auf der Speisekarte gekennzeichnet sein.

## BSE-Problematik

Alle Rinder, die älter als 24 Monate sind, müssen einem BSE-Schnelltest unterzogen werden. Erst mit dem Vorliegen des negativen Diagnosebefundes ist das Inverkehrbringen des Fleisches erlaubt. Es können auch Rinder unter 24 Monaten freiwillig getestet werden. Die Bezeichnung von Fleisch mit „BSE-getestet" ist sehr umstritten und unter anderem aus Gründen des Verbotes der Irreführung nach dem Lebensmittel- und Bedarfsgegenständegesetz unzulässig.

**Folgende Informationen sind bei dem Kauf von Rindfleisch wichtig:**
Frisches, gekühltes und gefrorenes Rindfleisch muss wie folgt gekennzeichnet sein:

- Referenznummer
- „Geschlachtet in ..." (Name des Mitgliedstaates oder Drittlandes und Zulassungsnummer des Schlachtbetriebes)
- „Zerlegt in ..." (Name des Mitgliedstaates oder Drittlandes und Zulassungsnummer des Zerlegungsbetriebes)
- „Geboren in ..." (Name des Mitgliedstaates oder Drittlandes)
- „Gemästet in ..." (Namen sämtlicher Mitgliedstaaten oder Drittländer)

Rinderhackfleisch muss mit der Referenznummer, „geschlachtet in ..." und „hergestellt in ..." jeweils mit dem Namen des Mitgliedstaates oder Drittlandes gekennzeichnet werden. Sind Herkunfts- und Herstellungsland nicht identisch, so ist zusätzlich anzugeben „Herkunft ..." (Name des Mitgliedstaates oder Drittlandes).
Wenn das Fleisch von einem Tier stammt, das in einem Mitgliedstaat/Drittland geboren, aufgezogen und geschlachtet wurde, so ist es ausreichend, wenn die Kennzeichnung auf „Herkunft ..." (Name des Mitgliedstaates oder Drittlandes) lautet. Für englisches Rindfleisch stehen besondere Vorschriften in der sog. BSE-Verordnung.

**Rechtsgrundlagen:**
*Verordnung zur fleischhygienerechtlichen Untersuchung von geschlachteten Rindern auf BSE, Rindfleischetikettierungs-Verordnung (EG) 1760/2000, Rindfleischetikettierungs-Gesetz, BSE-Verordnung*

## 3.4 Hackfleisch und Fleischzubereitungen

Bei der Herstellung von Hackfleisch oder bei Fleischzubereitungen, wo man ohne einen Erhitzungsprozess Fleisch zerkleinert oder zermahlt (z. B. durch Schneiden oder durch den Fleischwolf), ist die biologische Gefahr besonders hoch. Mikroorganismen haben es schwer, sich im Innern von Muskelfleisch zu vermehren, da ein „Grundnahrungsmittel", der Sauerstoff, nur in geringen Mengen vorhanden ist. An der Oberfläche von Fleisch, wo Sauerstoff gut wirken kann, fühlen sich Mikroorganismen wieder sehr wohl und vermehren sich entsprechend. Steaks oder Bratenstücke werden hitzebehandelt. Dadurch wird an der Oberfläche die biologische Gefahr ausgeschlossen. Braten fängt zum Beispiel erst ab einer Temperatur von 135 °C an. Diese liegt weit über 65 °C, welche nach der Temperaturgefahrenzone die Mindesttemperatur für erhitzte und warmgehaltene Speisen sein soll. Ein „medium" gebratenes Filetsteak wird nun aber nur auf eine Kerntemperatur von 54 °C erhitzt und liegt damit innerhalb der Temperaturgefahrenzone. Bei „englisch" gebratenem Fleisch liegt die Kerntemperatur sogar bei 30-35 °C. Dies geht, weil der weitestgehend fehlende Sauerstoff die Vermehrung von Mikroorganismen hemmt. An der Oberfläche werden diese durch Braten oder Kochen abgetötet, bei frischem Fleisch sind sie im Innern kaum vorhanden.

Zerkleinert man nun Muskelfleisch, vergrößert man die Oberfläche und zerreißt die Fleischfasern, Fleischsaft tritt aus. Der Sauerstoff kann viel besser wirken und Nährstoffe für Mikroorganismen gibt es in Hülle und Fülle. Dies macht Hackfleisch nach wie vor zu einem sehr empfindlichen Lebensmittel. Denn Mikroorganismen benötigen zum Vermehren immer genügend Nahrung, Zeit und die richtige Temperatur.

Gerade wenn man Hackfleisch oder Fleischzubereitungen zum Rohverzehr abgeben möchte (Mett, Carpaccio etc.), muss man besonders vorsichtig und sicher arbeiten. Hier hat sich im Gegensatz zu der nicht mehr gültigen „Hackfleischverordnung" einiges verändert:

Die häufigsten Fragen sind:

**Muss man Hackfleisch immer noch innerhalb von 24 Stunden oder bis Betriebsschluss abgeben oder durcherhitzen?**
Es gibt auf EU-Basis oder im nationalen Recht keine Regelung mehr, was Verkehrsfristen angeht. Es heißt nur noch, dass das Produkt sicher sein muss. Die nicht mehr gültige Hackfleischverordnung kam aus einer Zeit, in der Kühlschränke noch mit Eisblöcken gekühlt wurden. Dass der Gesetzgeber in dieser Situation strenge Regeln hervorbrachte, erscheint aus heutiger Sicht logisch.

## Gibt es Temperaturvorschriften für Hackfleisch oder Fleischzubereitungen?

Wenn man die Vermehrungsgeschwindigkeit von Mikroorganismen reduzierten möchte, gilt vereinfacht gesagt: je kälter, desto besser. Vorschriften verlangen eine Aufbewahrungstemperatur von 2 °C. Die Tier-LMHV gestattet Einzelhandelsbetrieben für selbst hergestellte Produkte die Aufbewahrung von Hackfleisch bei 4 °C, allerdings nur mit einer Kopplung an die Tagesfristabgabe.

## Darf man Hackfleisch oder Fleischzubereitungen einfrieren?

Ja, wenn dies unmittelbar nach der Herstellung erfolgt. Allerdings sind davon eingekaufte Hackfleischvorräte und das Einfrieren von selbst hergestellten Restbeständen ausgenommen. Als die Hackfleischverordnung noch gültig war, wurde sogar die Einfriergeschwindigkeit geregelt. Hackfleisch musste unter „Schock" eingefroren werden. Dies bedeutete mindestens -70 °C bei stehender Kälte oder -40 °C bei umgewälzter Kälte und sollte eine Einfriergeschwindigkeit von 1 cm pro Stunde garantieren. Doch auch bei geänderter Rechtslage sollte der Einfrierprozess so schnell wie möglich vonstattengehen. Dies bedeutet, Hackfleisch oder Fleischzubereitungen in dünnen Schichten in geeigneten Kühlgeräten schnell durchfrieren zu lassen. Dicke Beutel mit 1–2 kg Inhalt entsprechen diesem Vorgang nicht, genauso wenig wie das Einfrieren in einem 1–2 Sterne-Kühlfach.

## Brauche ich für die Herstellung von Hackfleisch noch einen Sachkundenachweis oder eine spezielle Ausbildung?

Nein, dies gibt es nicht mehr. Wie alle Personen, die mit leicht verderblichen Lebensmitteln umgehen und keine entsprechende Berufsausbildung haben, brauchen auch Hackfleisch- oder Fleischzubereitungsproduzenten eine Schulung nach § 4 der Lebensmittelhygiene-Verordnung (LMHV) in Verbindung mit der Anlage 1. Bei der Auswahl der Schulung sollte man neben den vorgebebenen Schulungsthemen in der Anlage 1 der LMHV erfragen, ob auf dem Hackfleisch- und Fleischzubereitungsbereich ein ausreichender Fokus liegt.

## Wie müssen die Geräte gereinigt werden, mit denen Hackfleischerzeugnisse hergestellt werden?

Der Fleischwolf ist **mindestens** einmal pro Arbeitstag zu reinigen, wenn eine durchgehende Benutzung erfolgt. Wird bei der Herstellung von Hackfleisch auf Kundenwunsch oder durch eigenen Bedarf der Fleischwolf während des ganzen Tages mit Unterbrechungen verwendet, bedeutet dies, dass eine Reinigung nicht nur einmal täglich, sondern in regelmäßigen Abständen nach der Benutzung erfolgen muss. Damit eine negative Beeinflussung nachgeschobener Ware nicht stattfinden kann.

Es empfiehlt sich, die Geräte zur Hackfleischherstellung zu kühlen oder auch selbstkühlende Geräte zu kaufen.

**Müssen wöchentlich Proben meines Hackfleisches oder meiner Fleischzubereitungen mikrobiologisch untersucht werden?**

Nach der Verordnung (EG) Nr. 2073/2005 Anhang 1 Kapitel 3 ist ein wöchentliches Untersuchungsintervall für Hackfleisch und Fleischzubereitungen vorgesehen, wenn diese zum Rohverzehr abgegeben werden. Diese Vorschrift gilt nicht für Produkte, die **durcherhitzt** abgegeben werden. In der Gastronomie wird meistens Mett oder Carpaccio roh verkauft. Im Einzelhandel fällt die marinierte Grillpfanne, die erst im häuslichen, privaten Bereich erhitzt wird, unter diese Vorschrift.

Es kann eine Ausnahme geben für Betriebe, die nur in kleinen Mengen produzieren. Kleine Mengen sind nach der Verordnung nicht mehr als 2,5 Tonnen Hackfleisch pro Woche und/oder 5 Tonnen Fleischzubereitungen pro Woche. Dies gilt hauptsächlich für Hersteller auf Einzelhandelsebene.

Die Ausnahmegenehmigung muss bei der zuständigen Lebensmittelüberwachungsbehörde beantragt werden. Die Entscheidung, ob eine Ausnahme erteilt wird, die dann in der Regel auf ein jährliches Untersuchungsintervall reduziert wird, hängt von verschiedenen Kriterien ab. Folgendes wird zum Beispiel geprüft:

- Gibt es eine Risikoanalyse?
- Wurden schon Eigenuntersuchungen durchgeführt?
- Gibt es ein praktiziertes Eigenkontrollsystem nach HACCP-Grundsätzen?
- Werden gegebenenfalls Schulungen nach § 4 der Lebensmittelhygieneverordnung durchgeführt?
- Erfolgt eine sachgerechte Auswahl der Rohstoffe zur Herstellung von Hackfleisch und Fleischzubereitungen?
- Sind die Produktionsräume in einem hygienischen Zustand?

Weitergehende Informationen gibt es in der „Leitlinie für Gute Verfahrenspraxis zur Anpassung der Probenahmehäufigkeit in Betrieben, die kleine Mengen Hackfleisch und Fleischzubereitungen herstellen" vom Bund für Lebensmittelrecht und Lebensmittelkunde e. V. (www.BLL.de).

## 3.5 Untersuchungspflicht durch Probennahme von selbst hergestellten Produkten nach der VO (EG) Nr. 2073/2005

Können Sie sicherstellen, dass ihre Lebensmittel mikrobiell nicht verunreinigt sind, schützt das nicht nur Ihre Kunden. Sie können die Nutzdauer ihrer Speisen evtl. gar verlängern und sicherstellen, dass sie dadurch auch qualitativ gut sind. Dies werden auch die Kunden zu schätzen wissen.

Die VO (EG) Nr. 2073/2005 regelt verschiedene Verfahren zur Sicherstellung des Herstellungsprozesses. Darin werden Lebensmittel aufgeführt, die mikrobiologisch anfällig sind und nach solchen Kriterien untersucht werden sollen.
Diese vorbeugenden Untersuchungen sind prozessorientiert und können eine Alternative zu Rückstellproben darstellen.

Im Folgenden sehen Sie einen Ausschnitt der Lebensmittel, die in der Verordnung für die Probennahme aufgeführt sind und worauf und bei welcher Gelegenheit sie untersucht werden.. Bei Fragen zur Probenhäufigkeit und Probenmenge können Sie ihr zuständiges Veterinär- oder Verbraucherschutzamt befragen. Denn dies ist noch nicht abschließend geklärt und auch die Anforderungen an die Betriebe schwanken von Bundesland zu Bundesland.
Siehe auch Kapitel 3.4 Hackfleisch und Fleischzubereitungen.

## Müssen wöchentlich Proben meines Hackfleisches oder meiner Fleischzubereitungen mikrobiologisch untersucht werden?

Hackfleisch/Faschiertes und Fleischzubereitungen, die zum Rohverzehr bestimmt sind:

| Salmonella | In Verkehr gebrachte Erzeugnisse während der Haltbarkeitsdauer |
|---|---|

Hackfleisch/Faschiertes und Fleischzubereitungen aus Geflügelfleisch, die zum Verzehr in durcherhitztem Zustand bestimmt sind:

| Salmonella | In Verkehr gebrachte Erzeugnisse während der Haltbarkeitsdauer |
|---|---|

Fleischerzeugnisse, die zum Verzehr in rohem Zustand bestimmt sind, außer Erzeugnisse, bei denen das Salmonellenrisiko durch das Herstellungsverfahren oder die Zusammensetzung des Erzeugnisses ausgeschlossen ist:

| Salmonella | In Verkehr gebrachte Erzeugnisse während der Haltbarkeitsdauer |
|---|---|

Fleischerzeugnisse aus Geflügelfleisch, die zum Verzehr in durcherhitztem Zustand bestimmt sind:

| Salmonella | In Verkehr gebrachte Erzeugnisse während der Haltbarkeitsdauer |
|---|---|

Eiscreme (nur Speiseeis, das Milchbestandteile enthält), außer Erzeugnisse, bei denen das Salmonellenrisiko durch das Herstellungsverfahren oder die Zusammensetzung des Erzeugnisses ausgeschlossen ist:

| Salmonella | In Verkehr gebrachte Erzeugnisse während der Haltbarkeitsdauer |
|---|---|

Verzehrfertige Lebensmittel, die rohes Ei enthalten, außer Erzeugnisse, bei denen das Salmonellenrisiko durch das Herstellungsverfahren oder die Zusammensetzung des Erzeugnisses ausgeschlossen ist:

| Salmonella | In Verkehr gebrachte Erzeugnisse während der Haltbarkeitsdauer |
|---|---|

**Eiprodukte, außer Erzeugnisse, bei denen das Salmonellenrisiko durch das Herstellungsverfahren oder die Zusammensetzung des Erzeugnisses ausgeschlossen ist:**

| | |
|---|---|
| Salmonella | In Verkehr gebrachte Erzeugnisse während der Haltbarkeitsdauer |

**Vorzerkleinertes Obst und Gemüse (verzehrfertig):**

| | |
|---|---|
| Salmonella | In Verkehr gebrachte Erzeugnisse während der Haltbarkeitsdauer |
| E. coli | Während der Herstellung |

**Nicht pasteurisierte Obst- und Gemüsesäfte (verzehrfähig):**

| | |
|---|---|
| Salmonella | In Verkehr gebrachte Erzeugnisse während der Haltbarkeitsdauer |
| E. coli | Während der Herstellung |

**Hackfleisch und Faschiertes:**

| | |
|---|---|
| Aerobe mesophile Keimzahl (gilt nicht für Hackfleisch und Faschiertes, das auf Einzelhandelsebene erzeugt ist, sofern die Haltbarkeitsdauer des Erzeugnisses weniger als 24 Stunden beträgt) | am Ende des Herstellungsprozesses |
| E. coli | am Ende des Herstellungsprozesses |

**Speiseeis und vergleichbare gefrorene Erzeugnisse auf Milchbasis (nur Speiseeis, das Milchbestandteile enthält):**

| | |
|---|---|
| Enterobacteriaceae | am Ende des Herstellungsprozesses |

**Eiprodukte:**

| | |
|---|---|
| Enterobacteriaceae | am Ende des Herstellungsprozesses |

## 3.6 Zum Rohverzehr bestimmter Fisch, Sushi, Fischtatar & Co.

Das Lebensmittelrecht schreibt vor, dass zum Rohverzehr oder fast Rohverzehr bestimmte Fische vor der Zubereitung für mindestens 24 Stunden bei -20 °C eingefroren werden müssen. Zu finden ist dies in der VO (EG) Nr. 853/2004 in Anhang III, Kapitel III Vorschriften für Betriebe, Buchstabe D. Zu dokumentieren ist dies durch ein eigens dafür angelegtes Kontrollblatt im Eigenkontrollsystem nach HACCP-Grundsätzen.

Beispiel: Gefrierdokumentation für Fisch zum Rohverzehr (tägliche Messung)
Betrieb:
Prüfer:

| Datum | Produkt | Eingefroren am | Temperatur Kühlgerät | Korrekturmaßnahme | Prüfer |
|---|---|---|---|---|---|
| 1 | | | | | |
| 2 | | | | | |
| 3 | | | | | |
| 4 | | | | | |
| 5 | | | | | |
| 6 | | | | | |
| 7 | | | | | |
| 8 | | | | | |
| 9 | | | | | |
| 10 | | | | | |
| 11 | | | | | |
| 12 | | | | | |
| 13 | | | | | |
| 14 | | | | | |
| 15 | | | | | |
| 16 | | | | | |
| 17 | | | | | |
| 18 | | | | | |
| 19 | | | | | |
| 20 | | | | | |
| 21 | | | | | |
| 22 | | | | | |
| 23 | | | | | |
| 24 | | | | | |
| 25 | | | | | |
| 26 | | | | | |
| 27 | | | | | |
| 28 | | | | | |
| 29 | | | | | |
| 30 | | | | | |
| 31 | | | | | |

Kritische Grenzen:
Temperaturen:          -20 °C für 24 Stunden
Korrekturmaßnahme: bei Abweichung der Temperatur, Temperaturanpassung und Verlängerung der Einfrierzeit, Verwerfen der Ware

Nematoden, die so genannten Fischwürmer, sind der Hauptgrund, warum dieses Verfahren vorgeschrieben ist. Beim Menschen können sie Übelkeit und Erbrechen sowie Bauchkrämpfe verursachen. Alle Seefische können damit befallen sein. Auch Süßwasserfische können befallen sein, diese werden aber üblicherweise gekocht verzehrt. Die Nematoden werden allerdings bis zu einem Zentimeter groß und sind dann mit bloßem Auge erkennbar. Ein wesentliches Merkmal, worauf beim Einkauf geachtet werden kann. Bei dunklem Fischfleisch, wie beim roten Lachs, wird die optische Kontrolle allerdings schwierig.

Eiskristalle zerstören die Zellen der Nematoden. Dadurch werden die Fischwürmer sicher abgetötet. Am häufigsten kommen die Nematoden in den Bauchlappen oder in den Verdauungstrakten der Fische vor. Seltener werden sie in Muskelfleisch gefunden. Will man rohen Fisch marinieren, wie z. B. bei sauer eingelegten Heringen, bei Graved Lachs oder Kalträuchern, muss der Fisch vorher ebenfalls wie oben beschrieben eingefroren werden.
Auch durch das Erhitzen (65-70 °C im Kern) sterben die Nematoden ab. Fisch sollte stets gut durchgegart werden.

## 3.7 Mindestanforderungen an kaltes oder kalt-warmes Buffet, Salattheke oder Brunch-Buffets

Die Angebotsform von kalten Buffets oder Brunch-Aktionen ist für Gast und Gastwirt gleichermaßen attraktiv, birgt jedoch auch Gefahren für die Hygiene. Daher gilt hier ebenfallst die Grundregel, physikalische, chemische und biologische Gefahren auszuschalten oder auf ein akzeptables Maß zu reduzieren. Auch an die Eigenschaften „glatt, leicht zu reinigen und ggf. zu desinfizieren" sei hier noch mal erinnert.

1. **Stellen Sie nur so viele Waren auf den Buffettisch, wie auch gegessen werden können**
Zum einen dürfen Sie einmal präsentierte Waren von einem Buffet nicht mehr weiterverwenden, da die biologische Gefahr durch Gästekontakt (Mikroorganismen, ausgehustete Viren, Verschmutzungen von der Kleidung etc.) zu groß ist. Außerdem geht es um Ihren Geldbeutel, denn weggeworfene Ware ist Verlust. Des Weiteren sind lange Standzeiten, evtl. auch ohne ausreichende oder nicht vorhandene Kühlung, eine gute Grundlage für die Vermehrung von Mikroorganismen (Temperaturgefahrenzone), die bei ausreichender Populationsbildung Menschen krank machen können.

2. **Beachten Sie die „Stundenregel"**
Können empfindliche, kühlpflichtige Lebensmittel nicht ausreichend gekühlt werden, müssen Sie die so genannte Stundenregel beachten. Dies bedeutet, dass empfindliche Lebensmittel/Speisen innerhalb einer Stunde verzehrt werden, und dass dann aus der Kühlung (Kühlschrank/Kühlhaus) nachgelegt/ausgetauscht wird. Auf ein Nachfüllen auf dieselbe Platte, dieselbe Karaffe etc. sollte verzichtet werden. Hierbei geht man davon aus, dass sich maximal 4 Vermehrungsschritte von Mikroorganismen pro Stunde ergeben, die bei frischen und einwandfreien Produkten noch nicht gesundheitsschädlich sind. Darüber hinaus kann es aber gefährlich werden.

3. **Geeignete Materialien auswählen**
Die Auswahl an Zubehör für kalte und warme Buffets in Gastronomiebetrieben ist groß. Heizbare Wasserbäder mit Strom oder Brennpaste, selbstkühlende Servierplatten, Servierplatten mit Kühlakkueinschub usw. Demnach eignen sich dickwandige Tongefäße und Glasplatten nicht zum Kühlen, sie bergen außerdem eine physikalische Gefahr. Rissiges Holz sollte aufgrund der biologischen und physikalischen Gefahr nicht verwendet werden.

## 4. Anhusteschutz, Anhauchschutz

Früher war das klar in Hygieneverordnungen geregelt, heute ist dies in den allgemeinen Hygieneanforderungen aufgegangen. Also steht es nicht mehr klar im Gesetz. Allerdings ist es eine allgemeine Hygieneanforderung, Lebensmittel auf allen Stufen der Erzeugung, Verarbeitung und des Vertriebs vor Verunreinigungen (Kontamination) zu schützen. Durch eine „feuchte Aussprache", Niesen oder Husten oder auch dem Anfassen der Ware kann dies schnell passieren. Deshalb fordern einige Lebensmittelkontrolleure auch an kalten Buffets einen „Anhusteschutz" anzubringen. Allerdings hat dieser „Anhusteschutz" durch die klassische Präsentationsform meistens keine wirkliche Wirkung. Deshalb sollte dieser Punkt mit der Lebensmittelüberwachung abgesprochen werden. Die meisten werden mit der in Punkt 2 beschriebenen „Stundenregel" zufrieden sein und der Beachtung dieser zusammengefassten Punkte akzeptieren.

## 5. Kellen, Löffel, Gabeln

Eine biologische Gefahr entsteht, wenn die Hände von Personal oder Gästen mit den angebotenen Speisen in Berührung kommen. Daher sollte verhindert werden, dass das Servierbesteck am Buffet in die Speisen fällt.

## 6. Aufteilung der Speisen

Ein kaltes Buffet hat viel mit Präsentation zu tun. Es sollte viele abwechslungsreiche Speisen bieten. Das Angebot sollte so gestaltet sein, man sich unkompliziert und leicht bedienen kann (siehe Punkt 5). Die angebotenen Speisen sollten auch nicht zu dicht nebeneinander gestellt werden, da es sonst passieren kann, daß etwas von dem einen Produkt in das andere kleckert. Außerdem sieht das Büffet so nach kurzer Zeit wie ein Schlachtfeld aus, was aus gastwirtschaftlicher bzw. gastronomischer Sicht nicht wünschenswert ist.

## 7. Überwachung

Eine geeignete, geschulte Person (meist ein Kellner oder ein Koch hinter dem Buffet) muss gerade bei der Umsetzung der „Stundenregel" das Buffet dauerhaft im Blick haben. Zum einen, um die Gäste glücklich zu machen durch ein immer vorhandenes Angebot und ein gepflegtes Buffet sowie dem Vorhandensein eines Ansprechpartners bei Problemen oder Fragen. Zum anderen, um Beanstandungen bei der Lebensmittelüberwachung vorzubeugen. Legt ein Kellner vor oder schneidet zum Beispiel von einem Schinken ab, braucht dieser, wenn er keine gastronomische Ausbildung hat, eine Schulung nach § 4 der Lebensmitelhygiene-Verordnung.

## 8. Kennzeichnung von Allergenen und Zusatzstoffen

Bitte achten Sie auch auf eine Kennzeichnung der Allergene und Zusatzstoffe. Diese können in Papierform oder digital kenntlich gemacht werden. Weitere Informationen zu der Kennzeichnung von Allergenen und Zusatzstoffen erhalten Sie am Ende dieses Buches.

## 3.8 Mindestanforderungen an mobile Verkaufsstände für Lebensmittel auf Volksfesten, Märkten etc.

1. Verkaufsstände müssen vor Witterungseinflüssen (Regen, Schnee, Wind und Staub) geschützt sein; ein überdachter Stand, am besten dreiseitig geschlossen, ist wichtig. Der Standplatz muss befestigten Boden haben, keinen Sand-, Schotter- oder Rasenboden. Im Bedarfsfall eine stabile, geeignete Unterlage beschaffen. Das Risiko der Kontamination, insbesondere durch Schädlinge und Tiere, muss vermieden werden.

2. Arbeits- und Verkaufstische müssen glatt, riss- und spaltenfrei sowie leicht zu reinigen und ggf. zu desinfizieren sein (Resopal, Stahl o. ä.). Sie müssen entsprechend aus glattem, abriebfestem, korrosionsfestem und nichttoxischem Material bestehen. Völlig ungeeignet sind Biergartentische. Unverpackte Lebensmittel, auch Pfannen, Grills, Waffeleisen usw. mit einem ausreichend hohen Aufsatz zur Kundenseite hin schützen (sog. "Hustenschutz"). Außerdem kann ein mind. 1 m breiter Tisch vor den Stand gestellt werden, um den Kunden auf Abstand zu halten. Unfallgefahr/Spritzschutz bei heißem Fett.

3. Eine Handwaschgelegenheit im Stand ist unbedingt erforderlich! Benötigt wird fließendes Warm- und Kaltwasser. Außerdem sind Handwaschgelegenheit mit Pumpseifenspender/ggf. Händedesinfektionsspender und Einmalhandtüchern auszustatten.

4. Separate Toiletten für die im Stand Beschäftigten müssen vorhanden sein. Die Toiletten sind dem Personenkreis, die mit Lebensmitteln umgehen, vorzubehalten. Sie dürfen dem Publikum nicht zugänglich sein. Die Toiletten müssen mit Handwaschgelegenheiten (wie Punkt 3) ausgestattet sein. Die Nutzung der Toiletten, die von umliegender Gastronomie betrieben werden, kann genehmigt werden.

5. Personalhygiene beachten: Personen im Stand müssen helle, waschbare Berufskleidung tragen (Kittel/Latzschürzen/Kochkleidung und Kopfbedeckung). Hand- und Armschmuck ablegen. Händewaschen vor Arbeitsbeginn und nach Toilettenbesuch muss selbstverständlich sein! Im Stand herrscht Rauchverbot! Personen mit offenen Wunden an den Händen nicht mit Lebensmitteln beschäftigen.

6. Der Stand und seine Einrichtung sind vor Inbetriebnahme gründlich zu säubern. Lebensmittel und deren Behältnisse nicht auf den Boden stellen, für ausreichende Ablagen und Platz ist zu sorgen, Standgröße nicht zu knapp bemessen! Lebensmittel abgedeckt und geschützt aufbewahren. Empfindliche und kühlpflichtige Lebensmittel

sind entsprechend kühl zu lagern! Es ist ein geeignetes System zum Überwachen von temperaturbedingten Lebensmitteln einzurichten und durchzuführen (Eigenkontrollsystem nach HACCP-Grundsätzen).

7. Hackfleisch sollte nicht selbst hergestellt, sondern vom Fachbetrieb bezogen werden. Hierbei ist es unbedingt notwendig, die Herstellerangaben bezüglich Temperatur und Lagerbedingungen einzuhalten (vorgebrühte Bratwürste). Es wird empfohlen tiefgefrorene Erzeugnisse, z. B. Hamburger, auch tiefgefroren zu verarbeiten. Aus Sicherheitsgründen wird empfohlen, auf die Abgabe roher Hackfleischzubereitungen zu verzichten. Grundsätzlich ist es schwierig, bei Verkaufsständen die hygienischen Voraussetzungen dafür zu schaffen, dass bei der Zubereitung und dem Verkauf von Hackfleisch und Fleischzubereitungen, die mikrobiologisch besonders empfindlich sind, die Lebensmittelsicherheit gewährleistet wird. Hier kommt es maßgeblich auf die Beschaffenheit und Einrichtung des Verkaufsstandes und das betriebliche Eigenkontrollkonzept an.

8. Es ist darauf zu achten, dass das fließende Wasser Trinkwasserqualität aufweist. Durch einen für Lebensmittel tauglichen Schlauch (in der Regel innen weiß und außen blau beschichtet) ist die Wasserzufuhr zu gewährleisten.

9. Es müssen angemessene Vorrichtungen (hygienisch einwandfrei), z. B. verschließbare Müllbehälter, Altfetttonnen zum Entsorgen von gesundheitlich bedenklichen Abfällen, wie Altfett oder Lebensmittelabfälle, vorhanden sein.

10. Die Vorgaben der VO(EG) 852/2004 über Lebensmittelhygiene sind einzuhalten.

11. Getränke und Speisen korrekt auf Preistafeln auflisten, Qualitätsangaben (z. B. Orangensaft/-nektar) und Füllmengen bei Getränken angeben. Zusatzstoffe kenntlich machen (z. B. Phosphat, Konservierungsstoffe, Geschmacksverstärker usw.); Etiketten und Angaben des Vorlieferanten beachten.

12. Am 01.01.2001 trat das Infektionsschutzgesetz (IfSG) in Kraft, welches das Bundesseuchengesetz abgelöst hat. Im Hinblick auf Tätigkeiten im Lebensmittelbereich bedeutet dies:
Gesundheitszeugnisse nach §§ 17,18 Bundesseuchengesetz werden seit dem 01.01.2001 nicht mehr erstellt. Vor dem 01.01.2001 erstellte Gesundheitszeugnisse nach dem Bundesseuchengesetz behalten ihre Gültigkeit.

Ersetzt werden die o. g. Zeugnisse durch die Bescheinigung des Gesundheitsamtes über durchgeführte Belehrungen nach § 43 IfSG.

Im Einzelnen ist zu beachten:
Eine Bescheinigung nach § 43 IfSG benötigen alle Arbeitnehmer und Mitarbeiter, die mit Lebensmitteln gemäß § 42 (2) IfSG umgehen, vor erstmaliger Aufnahme einer solchen Tätigkeit.

Diese Bescheinigung darf zu diesem Zeitpunkt nicht älter als drei Monate sein. Nach § 43 (4) IfSG sind Arbeitgeber verpflichtet, ihre Mitarbeiter nach Aufnahme ihrer Tätigkeit und im Weiteren alle zwei Jahre zu belehren und dies zu dokumentieren. Weitere Fragen beantwortet Ihr zuständiges Gesundheitsamt.

## 3.9 Herstellung, Behandlung und Kennzeichnung von Speiseeis

Da Speiseeis nach der Herstellung keinen Erhitzungsprozess mehr durchläuft, ist es wie ein Dessert oder ein Salat ein Lebensmittel, bei dem die biologische Gefahr nur noch durch Kühlen auf ein akzeptables Maß reduziert werden kann. Im Nachfolgenden finden Sie die wichtigsten Punkte, die Sie bei der Produktion und Abgabe beachten müssen:

1. Temperaturen für den „Eismix"
   Das für die Herstellung von Speiseeis produzierte und ggf. pasteurisierte Gemisch (Eismix) muss möglichst schnell auf eine Temperatur von 5 °C abgekühlt und bis zum Gefrieren bei dieser Temperatur gehalten werden.

2. Temperaturen zur Abgabe
   Nach der Herstellung darf Speiseeis zur Abgabe, also im Verkaufstresen, bei einer Temperatur von -10 °C verkauft werden. Diese Temperatur darf kurzfristig sogar um 3 °C unterschritten werden. Dies bedeutet, dass kurzfristig Eis auch bei -7 °C abgegeben werden darf, wenn zum Beispiel ein automatischer Enteisungsprozess des Kühlgerätes stattfindet.

3. Temperaturen zur Lagerhaltung
   Wird Speiseeis zur Vorratshaltung, also nicht zur direkten Abgabe an den Kunden, gelagert, ist hierfür eine Mindesttemperatur von –18 °C notwendig, um die Keimvermehrung zu stoppen. Kälter ist besser. Diese Temperatur kann nicht die Abgabetemperatur sein, da man sich sonst bei natürlich hergestellten Produkten den Arm beim Kugelabrollen brechen würde.

4. Eisbecher, Waffeln, Speiseeis
   Verkaufsbehälter, wie Pappeisbecher, Glasschalen aber auch Waffeln, müssen so gelagert werden, dass eine nachteilige Beeinflussung ausgeschlossen ist. Dies bedeutet in der Praxis, Geschirr in verschlossenen Schränken zu lagern, um diese vor dem Herausfallen, aber auch vor Staub oder anderen biologischen Gefahren zu schützen. Zudem ist das Eis zur Abgabe mit einem Anhusteschutz zu versehen und Verpackungsmaterial abgedeckt (verpackt) zu lagern und immer nur eine kleine Menge, entsprechend dem zu erwartenden Verbrauch, zu verwenden.

5. Portionierer
   Portionierer oder auch Eislöffel sollten in Gefäßen mit durchlaufendem Trinkwasser gelagert werden. Das reduziert eine eventuelle biologische Gefahr. Dieser Idealzu-

stand ist aber nicht immer möglich. Wenn Sie einen Behälter mit heißem Wasser füllen (weit über 65 °C) und dieses Wasser jede Stunde durch ebenfalls heißes Wasser austauschen, geht das auch und fällt unter die schon beschriebene „Stundenregel" bei dem Punkt „Kaltes Buffet". Auf keinen Fall sollte man die Eislöffel auf Tüchern oder schwammartigen Unterlagen lagern. Die Erfahrung aus mikrobiologischen Gutachten hat bisher gezeigt, dass hier die meisten Keime sitzen, insbesondere dann, wenn die Tücher nicht kurzfristig ausgetauscht werden.

Bei der Auswahl der Portionierer sollte man der Regel „glatt, leicht zu reinigen, ggf. zu desinfizieren" folgen. Eisportionierer mit vielen Zahnrädern und Abstreifern etc. erfüllen diesen Standard nicht. Hingegen Eisportionierer aus einem Stück Metall oder lebensmitteltauglichem Kunststoff erfüllen diese Anforderung, sind definitiv leichter zu reinigen und gehen auch nicht so schnell kaputt. Das Problem ist jedoch nicht nur die Hygiene, sondern auch bedingt durch die LMIV 1169 die Übertragung von allergischen Lebensmitteln/Zutaten. Verwenden Sie einen Portionierer in einem Behälter, auch bei der oben beschriebenen Stundenregel, geht Ihre Allergenkennzeichnung flöten. Für einen Allergiker, der bei Ihnen Eis kauft, kann das sehr böse Folgen haben. Weitere Informationen erhalten Sie später in dem Kapitel über Allergene.

## 6. Verkaufsmöbel, Verkaufstresen

Die Verkaufsmöbel für Speiseeis müssen glatt, leicht zu reinigen und ggf. desinfizierbar sein. Von ihnen dürfen keine physikalischen, chemischen oder biologischen Gefahren auf das Produkt übergehen. Des Weiteren müssen die Kühlmöbel die gewünschte Temperaturen erreichen. Auch der Aufstellungsort ist wichtig. Die pralle Sonne macht zwar Lust auf Eis, bringt aber auch moderne Kühlmöbel oft an ihre Grenzen. Tiefergehende Anforderungen sind auch in der DIN 10501 „Verkaufsmöbel für gefrorene und tiefgefrorene Lebensmittel sowie Speiseeis" gegeben.

## 7. Ortsveränderliche Verkaufsstellen, Verkaufswagen

Verkaufswagen oder Verkaufsstände brauchen einen Trinkwasseranschluss, um die oben beschriebenen Anforderungen zu gestalten. Ist dies nicht möglich, gibt es transportable Systeme, die mindestens 10 l Trinkwasser mit sich führen und dies auch erhitzen können. Ein 10-l-Auffangbehälter für das Schmutzwasser muss dann ebenfalls vorhanden sein. Ist kein Geschirrspüler vorhanden, benötigen Sie eine Doppelspüle mit fließendem Heiß- und Kaltwasser zum Reinigen des Geschirrs sowie ein Handwaschbecken an Bord, ebenfalls mit fließendem Heiß- und Kaltwasser, einem Seifenspender sowie einem Spender für Einweghandtücher mit dazugehörigem Abfalleimer. Die Wasserbehälter sind unmittelbar vor Beginn des Geschäftes zu reinigen und zu befüllen.

## 8. Softeismaschinen

Softeismaschinen dürfen im Freien nur betrieben werden, wenn das Produkt ohne nachteilige Beeinflussung, wie zum Beispiel Staub, Vogelkot, Schmutz, abgegeben werden kann. Dies bedeutet zum Beispiel, dass man für eine ausreichende Überdachung sorgt.

## 9. Verkaufsautomaten für Speiseeis

Verkaufsautomaten für Speiseeis dürfen nur mit Speiseeis in Fertigpackungen versehen werden. Selbst hergestellte Eisbecher oder anderes loses, nicht verpacktes Speiseeis ist in Verkaufsautomaten verboten.

## 10. Personal

Alle Menschen, die mit der Produktion oder der Abgabe von Speiseeis beschäftigt sind, benötigen vor der Arbeitsaufnahme die Erstbelehrung nach § 43 Infektionsschutzgesetz und eine Hygieneschulung nach § 4 der Lebensmittelhygiene-Verordnung (LMHV), sofern diese keine Berufs- oder wissenschaftliche Ausbildung haben, die dieses Wissen vermittelt hat.

## 11. Eissorten

Bei Sortenangaben (z. B. Fruchteis, Milcheis) müssen die in den Leitsätzen für Speiseeis und Speiseeishalberzeugnisse genannten Anforderungen hinsichtlich ihrer Zusammensetzung eingehalten werden.

## 12. Kennzeichnung: Zusatzstoffzulassungsverordnung und die VO (EG) NR.1333/2008

In der Zusatzstoffzulassungsverordnung findet man verpflichtende Kennzeichnungselemente, die auch für die Gestaltung von Speisekarten wichtig sind. Für Speiseeis sind dies zusammengefasst die häufigsten Elemente:
Die Kennzeichnungselemente sind auf dem Eisschild (Produktname, z. B. Erdbeereis) und/oder auf der Speisekarte anzugeben. Die in den Anführungszeichen geschriebenen Bezeichnungen sind jeweils anzugeben:

- Werden Farbstoffe verwendet „mit Farbstoff".
- Werden Konservierungsstoffe verwendet: „mit Konservierungsstoff" oder „konserviert".
- Zusatzstoffe, die zum Süßen verwendet werden: „mit Süßungsmittel".
- Wird Aspartam als Süßungsmittel verwendet: „enthält eine Phenylalaninquelle".
- Wird mehr als 100g Zuckeraustauschstoff (Isomalt, Xylit, Maltit, Sorbit oder Mannit) pro Kilo Eis verwendet: „kann bei übermäßigem Verzehr abführend wirken".

- Werden geschwefelte Produkte eingesetzt (z. B. Rosinen, Aprikosen, Trocken-
früchte etc.), muss bei einem errechneten Gehalt von mehr als 10 mg pro Liter
oder Kilo **„geschwefelt"** angegeben werden.

Eine besondere Kennzeichnungspflicht ergibt sich aus der VO (EG) Nr. 1333/2008
für besondere Farbstoffe, die meist in der Lebensmittelindustrie Verwendung finden.
Schauen Sie auf die Etiketten, wenn Sie zum Beispiel Fertigprodukte verwenden, um
der Kennzeichnungspflicht gerecht zu werden:
Folgende Farbstoffe sind betroffen und müssen nebst der E-Nummer oder der
Bezeichnung mit folgendem Warnhinweis „Kann Aktivität und Aufmerksamkeit bei
Kindern beeinträchtigen" angegeben werden:

- E 102      Tartrazin
- E 104      Chinolingelb
- E 110      Gelborange S
- E 122      Azorubin
- E 124      Cochenillerot
- E 129      Allurarot AC

Wird als Überzugsmasse, Soße oder kakaohaltige Pflanzenfettraspeln (z. B. für
Stracciatella-Eis) anstelle von Schokoladensoße oder Schokoladensplittern verwendet, muss folgendes Kennzeichnungselement angebracht sein:

- „mit kakaohaltiger Fettglasur"
- „mit kokosfetthaltiger Kakaomasse"
- „mit kakaohaltiger Fettmasse", „mit kakaohaltigen Fettsplittern"

Vanilleeis darf sich nur dann „Vanilleeis" nennen, wenn natürliche Vanille verwendet
worden ist. Ist dies nicht der Fall, lautet die korrekte Bezeichnung „Eis mit Vanillege-
schmack".

## 3.10 Frittieren

### Richtiges Frittieren

Frittierfette sind empfindliche Lebensmittel. Werden sie zu hoch oder zu lange erhitzt, verderben sie. **Verdorbenes Frittierfett und darin zubereitete Lebensmittel sind nicht verkehrsfähig.** Zur Erzielung einer optimalen Produktqualität, aber auch zur Vermeidung von Beanstandungen, sollten Betreiber von Frittiereinrichtungen die folgenden Punkte beachten.

### 1. Auswahl der Fritteuse

Elektrisch beheizte Fritteusen aus nicht rostendem Stahl mit einstellbarer Temperaturregelung und Temperaturbegrenzer sind empfehlenswert. Moderne Geräte verfügen über eine Fettschmelzstufe mit verringerter Heizleistung, um ein gleichmäßiges Aufschmelzen des Fettes ohne thermische Schädigung unmittelbar an der Heizfläche zu gewährleisten. Der Boden der Fritteuse soll sich nach unten verjüngen und einen Auslauf haben, damit das Fett abgelassen und der Bodensatz täglich entfernt werden kann. Bei neueren Geräten werden auch kontinuierliche Verfahren zur Filtration eingesetzt, die das Frittiermedium schon während des Frittierprozesses reinigen.

### 2. Richtige Fettauswahl

Am besten eignen sich geschmacksneutrale **pflanzliche Fette**, die **speziell zum Frittieren** angeboten werden. Sie können fest, flüssig oder halbflüssig sein. Pflanzenöle mit einem höheren Gehalt an mehrfach ungesättigten Fettsäuren und dabei insbesondere Öle mit einem Gehalt der 3-fach ungesättigten Fettsäure, Linolensäure von mehr als 2 %, wie z. B. Sojaöl und Rapsöl, sind zum Frittieren in der Regel weniger gut geeignet, weil häufig tranig-fischige Aromanoten entstehen können und der Fettverderb schneller einsetzt. Tierische Fette wie Schmalz und Rindertalg sollten aus ernährungsphysiologischen Gründen nicht verwendet werden.

### 3. Richtiges Beschicken mit Frittiergut

Nasse Lebensmittel sind vor dem Frittieren grob abzutrocknen. Zur Minimierung des Überganges von Partikeln in das Frittierfett sollte bei paniertem Frittiergut die Panade zuvor gut abgeklopft werden. Angebrannte Partikel beschleunigen den Fettverderb. Das Frittiergut sollte erst nach dem Frittieren und nicht über der Fritteuse gesalzen und gewürzt werden. Ein überfüllter Frittierkorb verursacht eine starke Abnahme der Frittiertemperatur und bewirkt dadurch eine mangelhafte Krustenbildung und eine unnötige Fettaufnahme durch das Frittiergut. In der Regel sollte das Verhältnis Frittiergut/Frittieröl deshalb nicht über 1:10 liegen.

## 4. Temperatur/Temperaturkontrolle

Die Frittiertemperatur sollte über 160 °C, aber **nicht höher als 175 °C** sein! Treten im Tagesbetrieb längere Ruhephasen auf, in denen die Fritteuse nicht verwendet wird, dann sollte die Temperatur nicht unter 130 °C liegen, da im Temperaturbereich zwischen 70 und120 °C Reaktionen auftreten, die das Fett nach der erneuten Temperaturerhöhung negativ beeinflussen können. In den Pausen sollte die Fritteuse abgedeckt werden, wobei darauf zu achten ist, dass auf der Unterseite der Abdeckung kein Kondenswasser entsteht.

Eine regelmäßige **Kontrolle** der Temperatur ist erforderlich; die Kontrolle sollte dokumentiert werden. Zu hohe Temperaturen bewirken einen schnelleren Fettverderb; zu niedrige Temperaturen verhindern die gewünschte Krustenbildung und das Frittiergut nimmt zu viel Fett auf.

## 5. Gebrauchsdauer von Frittierfett

Die mögliche Gebrauchsdauer eines Frittierfettes hängt von den Betriebsbedingungen (Fritteusetyp, Betriebstemperatur etc.), dem Frittiergut, dem Fett und der Sorgfalt bei der Reinigung der Fritteuse ab. Fett- und eiweißhaltige Lebensmittel wie Fisch oder Fleischerzeugnisse belasten das Fett in stärkerem Maße als stärkehaltige Lebensmittel wie Pommes frites.

Sollen unterschiedlich zusammengesetzte Lebensmittel frittiert werden, empfiehlt sich daher die Anschaffung und Verwendung getrennter Frittierbecken.

**Die Gebrauchstauglichkeit des Fettes muss laufend überprüft werden!**

Die Überprüfung auf Gebrauchstauglichkeit sollte dokumentiert werden.

## 6. Erkennen des Fettverderbs

Der beginnende Verderb des Fettes kann an folgenden Merkmalen erkannt werden:

- unangenehmer **Geruch** (stechend, brandig, stark bratig, „firnisartig") bitterer, kratzender, stark bratiger, brandiger oder firnisartiger **Geschmack (regelmäßig verkosten!)**
- **Rauchentwicklung** bei 175 °C (zur leichteren Erkennung Absaugvorrichtung abschalten)
- häufig: deutliche **Dunkelfärbung** und **Trübung** des Fettes (Ausnahmen möglich!)
- Zunahme der **Zähigkeit** (Viskosität) des heißen Fettes, erkennbar am fadenziehenden Abtropfen; verstärktes **Schäumen** des Fettes; festes Fett bleibt (auch) **im kalten Zustand zähflüssig** und wird nicht mehr fest
- Ergebnis von chemischen **Schnelltests** oder **Schnelltestgeräten** (z. B. Testgeräte, die den Anteil an polaren Bestandteilen (TPM [%]) indirekt messen) als Orientierungshilfe. Bitte vergessen Sie nicht, die Dokumentation hierzu zu führen.

## 7. Auswechseln des Fettbades

Bei beginnendem Fettverderb muss die **Gesamtmenge** des Fettes abgelassen und nach der Reinigung der Fritteuse erneuert werden! Unabhängig davon kann gebrauchtes, **aber noch einwandfreies** Fett mit frischem Fett ergänzt werden, um den Sollfüllstand der Fritteuse wieder zu erreichen. Bei einem sorgfältigen Fritteusen-Management kann die Verwendbarkeit des Fettes mit einer solchen Verfahrensweise sogar verlängert werden. Der Fettwechsel und die Reinigung sollten dokumentiert werden.

## 8. Pflege des Fettbades, Reinigung der Fritteuse

Angebrannte Frittierrückstände können gesundheitsschädlich sein und beschleunigen den Fettverderb. Deshalb muss das **Fett täglich abgelassen und filtriert werden.** Fritteuse und besonders die Heizschlangen müssen beim ersten Auftreten von zähen, braunen Fettrückständen gründlich gereinigt werden. Frittierkörbe müssen regelmäßig gründlich gereinigt werden. Vor dem neuen Befüllen muss die Fritteuse vollständig trocken sein. Sämtliche Pflege- und Reinigungsmaßnahmen sollten dokumentiert werden.


### Was tun, wenn die Fritteuse brennt?

Fettbrände in überhöhten Fritteusen können zu einer schlagartigen Brandausbreitung führen, Personen gefährden und hohe Brand- und Folgeschäden verursachen.

Löschhinweise für Fritteusenbrände:

- Feuerwehr alarmieren, **Notruf 112.**
- Hochsiedendes brennendes Fett bzw. Öl mit Abdeckplatte aus nicht brennbarem Material oder Löschdecke nach DIN14155/DIN EN 1869 abdecken. Damit werden die Flammen erstickt. Solche Decken sind im Fachhandel für Brandschutz erhältlich.
- Wärmezufuhr abstellen.
- Alternativ: Feuer mit geeignetem Kleinlöschgerät (Kohlendioxidlöscher $CO_2$ nach DIN 14406 oder DIN EN 3) bekämpfen.
- Feuerlöscher und Löschdecke sollten zusammen in unmittelbarem Bereich der Fritteusen gut sichtbar angebracht sein.
- **Nicht mit Wasser löschen!** Es besteht die Gefahr der Fettexplosion (die heißen Fette werden eruptionsartig aus dem Behälter herausgeschleudert).

## 3.11 Informationen zum Einbau von Fettabscheideranlagen gemäß DIN EN 1825 Teil 1 und 2, DIN 4040-100

Warum sind Fettabscheider sinnvoll?
Fettabscheideranlagen reinigen gewerbliche Abwässer, bevor das Wasser in die Kanalisation abfließt. Fettablagerungen führen zu Verstopfungen in Abwasserleitungen und der Kanalisation. Fette können trotz ihrer natürlichen Herkunft umweltgefährdend sein und müssen deshalb getrennt entsorgt werden. Folgende Punkte sollen helfen, eine angemessene Entscheidung zu treffen:

1. Abwasser in Restaurants und Gaststätten ist grundsätzlich über eine Fettabscheideranlage zu leiten. Die Mindestgröße gemäß der als technische Regel anzuwendenden DIN EN 1825 ist NS (Nenngröße) 2 mit einem vorgeschalteten Schlammfang von 200 l. Diese Regelung gilt auch für Altanlagen. Restaurants und Gaststätten ohne oder mit nicht ausreichend bemessenem Fettabscheider sind durch Betriebsüberwacher der Umweltämter zu überprüfen. Gegebenenfalls ist der Betreiber durch eine Anordnung zum Einbau einer entsprechenden Fettabscheideranlage aufzufordern.

2. Bei allen Hotels mit Restaurantbetrieb (Ausnahme: „Hotel-Garni") ist eine Fettabscheideranlage erforderlich.

3. Für Kindertagesstätten, Heime und kleine Kantinen von Gewerbetreibenden ist bei folgender Betriebsweise eine Fettabscheideranlage erforderlich:
   • Zubereitung der Speisen und Abwasch:      ab etwa 30 Essen pro Tag.
   • Anlieferung der Speisen und nur Abwasch:      ab etwa 50 Essen pro Tag.

4. Bei kleinen Restaurantbetrieben wie:
   • kleinen Gaststätten mit Speisenangebot,
   • Imbissbetrieben
   mit Sitzplätzen, Geschirr und Speisekarte muss ebenfalls ein Fettabscheider eingebaut werden.

5. Bei Fleischereien, Fleischzubereitung in Supermärkten und Fischgeschäften ist in der Regel eine Fettabscheideranlage NS2 bzw. NS4 einzubauen. Bei Fischgeschäften entfällt der vorgeschaltete Schlammfang.

6. Bei folgenden Einrichtungen muss die Entscheidung jeweils im Einzelfall getroffen werden:
   - Cafés und Eisdielen
   - Bäckereien
   - Partyservice
   - Kleine Imbissbetriebe (Abweichung von Punkt 4)
   - Pizzerien mit Stehplätzen und/oder nur Außerhausverkauf
   - Vereinshäuser ohne gewerblichen Kantinenbetrieb

7. Gaststätten und Bars ohne Speisenangebot benötigen in der Regel keinen Fettabscheider.

Die Regelung der Entsorgung von Altfetten ist grundsätzlich bei den Umweltämtern angesiedelt. Diese helfen weiter, wenn Sie Fragen haben.

# 3.12 Bio/Öko in der Gastronomie

In der biologischen (oder auch ökologischen) Landwirtschaft werden Boden, Pflanzen und Tiere besonders schonend genutzt. Gentechnisch veränderte Futtermittel oder Saatgut dürfen nicht verwendet und Lebensmittel dürfen nicht mit ionisierenden Strahlen behandelt werden. Auch für die Herstellung und Verarbeitung gelten Vorschriften, so sind z. B. Geschmacksverstärker sowie künstliche Farb- und Aromastoffe nicht zugelassen. Ausführliche Informationen zur Öko-Landwirtschaft finden Sie auf **www.oekolandbau.de**.

## Rechtliche Grundlagen

Um die Anforderungen an Bioprodukte zu schützen und den Handel zwischen den Mitgliedstaaten zu erleichtern, werden die Grundregeln für Erzeugung, Verarbeitung und Import von Bio-Lebensmitteln in der EU-Öko-Verordnung (Verordnung (EG) Nr. 834/2007 und Durchführungsverordnungen) gesetzlich geregelt. Produkte, die mit Bio oder Öko beworben oder gekennzeichnet werden, müssen nach den Vorgaben der EU-Öko-Verordnung erzeugt, verarbeitet und etikettiert werden. Im deutschen Öko-Landbaugesetz (ÖLG) ist festgelegt, dass auch das Zubereiten von Speisen in der Gastronomie und sonstiger Außer-Haus-Verpflegung dem Kontrollverfahren gemäß der EU-Öko-Verordnung unterliegt. Aus diesem Grunde müssen auch die Unternehmen am Kontrollverfahren teilnehmen, die eine Kennzeichnung ihrer Produkte mit Öko, Bio oder Ähnlichem vornehmen oder in der Werbung darauf hinweisen möchten.

## Gründe für Kontrolle und Zertifizierung

Die Begriffe Öko und Bio sind durch die EU-Öko-Verordnung gesetzlich geschützt. Wo sie verwendet werden, will man sicherstellen, dass sie auch gesetzeskonform verwendet werden. Sprich: Wo Bio draufsteht, muss auch Bio drin sein. Drei Aspekte sind in diesem Zusammenhang besonders hervorzuheben:

**Verbraucherschutz**: Bio-Produkte sind teurer als konventionell erzeugte Produkte. Damit konventionelle Produkte beim Käufer nicht den Anschein erwecken können, ökologisch erzeugt zu sein, ist ein Kontrollsystem notwendig, um dem Käufer die Sicherheit zu geben, dass in dem teureren Bioprodukt auch tatsächlich Bio ist.

**Lauterer Wettbewerb**: Werden konventionelle Produkte als teurere Bioprodukte verkauft, kommt es zu unlauterem Wettbewerb. Das Kontrollsystem ist notwendig, um einen lauteren Wettbewerb zu garantieren.

**Transparenz**: Eine stärkere Transparenz in der Erzeugung und Verarbeitung von Lebensmitteln wird immer wichtiger. Das in Bioprodukte gesetzte hohe Vertrauen soll durch Kontrollen geschützt werden.

## Kontrollpflicht

Jeder Betrieb, der Außer-Haus-Verpflegung anbietet, muss am Kontrollverfahren der EU-Öko-Verordnung teilnehmen, sofern das Angebot ökologischer Produkte über den Verkauf von vorverpackten Lebensmitteln oder Getränkeflaschen hinausgeht. Sobald eine Bioauslobung von unverpackten oder selbst verarbeiteten Speisen oder Getränken an Tafeln, Speisenausgaben oder Speisekarten vorgenommen wird, ist der Betrieb kontrollpflichtig. Weder die Häufigkeit, noch der Anteil am Umsatz sind hier relevant.

## Biozertifizierung

Nach Auswahl einer zugelassenen Kontrollstelle durch den Betrieb wird der Kontrollvertrag abgeschlossen. Die vom Betrieb ausgefüllte Meldung nach Art. 28 EU-Öko-Verordnung leitet die Kontrollstelle weiter an die zuständige Behörde und vereinbart einen Termin zur Erstkontrolle. Ist bei dieser Prüfung alles in Ordnung, wird die Bescheinigung nach Art. 29 EU-Öko-Verordnung längstens bis zum 31.12. des Folgejahres ausgestellt. Daraufhin finden jährliche Kontrollen statt, für die jeweils eine Folgebescheinigung ausgestellt wird, sofern die Voraussetzungen weiterhin erfüllt sind. Die Kosten lagen in den vergangenen Jahren (abhängig von Betriebsgröße und -struktur) bei einigen 100 € und müssen vom überprüften Betrieb getragen werden.

## Möglichkeiten der Auslobung

Verwendet ein Betrieb Bioprodukte, ist es sinnvoll, diese (bei Teilnahme am Kontrollverfahren) auch auszuloben, da Bio sehr positiv besetzt ist und die Käufer in der Regel bereit sind, einen höheren Preis zu bezahlen. Ein pauschaler Hinweis „Die Zutaten sind überwiegend aus dem ökologischen Landbau" ist nicht möglich. Stattdessen gibt es (§ 6, Abs. 4 ÖLG) folgende Möglichkeiten der Auslobung:

**Bio-Speise:** Ein komplettes Gericht (z. B. Bio-Pizza) darf dann Bio genannt werden, wenn mindestens 95 % der Zutaten aus biologischem Anbau stammen. Die restlichen Zutaten aus konventionellem Anbau müssen in den entsprechenden Anhängen (Positivlisten) der Durchführungs-Verordnung (EG) Nr. 889/2008 aufgeführt sein.

**Bio-Komponente:** Beilagen wie Kartoffeln oder Hauptkomponenten wie Steak können einzeln als Bio ausgelobt werden. Alle Zutaten für diese Komponente und deren Zubereitung müssen dann jedoch 100 % Bio enthalten.

**Bio-Zutaten (Rohstoffe):** Es werden ausschließlich Eier, Kartoffeln oder Schweinefleisch etc. aus ökologischer Erzeugung verwendet. In diesem Fall muss jedoch komplett auf Bio-Eier etc. umgestellt werden.

## Trennung konventionell/ökologisch

Werden parallel konventionelle und ökologische Produkte eingekauft, gelagert und zubereitet, ist die Trennung zwischen konventionellen und ökologischen Rohstoffen wichtig, um eine Verwechslung zu vermeiden. Es ist nicht notwendig, eigene Lagerräume zu schaffen, farblich gekennzeichnete Behälter und Regale reichen hier aus.

## Wareneingang

Wareneingangsprüfungen gehören in der Gastronomie zur guten fachlichen Praxis. Beim Einsatz von Bioprodukten ist hier Folgendes zu beachten: Der Lieferant muss eine aktuell gültige Art.-29-Bescheinigung vorlegen und auf den Lieferscheinen muss eine eindeutige Biokennzeichnung sowie die Kontrollstellen-Codenummer des Lieferanten stehen. Die Lieferscheine sind nach Überprüfung und Abzeichnung zu archivieren und werden bei den Biokontrollen überprüft. Zusätzlich müssen Bioprodukte mit Folgendem etikettiert sein: Name und Anschrift des Erzeugers oder Inverkehrbringers, Bezeichnung des Produkts mit Bio-Hinweis und Codenummer der Öko-Kontrollstelle (des Letztverarbeiters).

## Rechtliche Grundlagen:

*Verordnung (EG) Nr. 834/2007 des Rates vom 28. Juni 2007 über die ökologische/biologische Produktion und die Kennzeichnung von ökologischen/biologischen Erzeugnissen und zur Aufhebung der Verordnung (EWG) Nr. 2092/91*

*Verordnung (EG) Nr. 889/2008 der Kommission vom 5. September 2008 mit Durchführungsvorschriften zur Verordnung (EG) Nr. 834/2007 des Rates über die ökologische/ biologische Produktion und die Kennzeichnung von ökologischen/biologischen Erzeugnissen hinsichtlich der ökologischen/biologischen Produktion, Kennzeichnung und Kontrolle*

*Gesetz vom 7. Dezember 2008 zur Anpassung von Vorschriften auf dem Gebiet des ökologischen Landbaus an die Verordnung (EG) Nr. 834/2007 über die ökologische/biologische Produktion und die Kennzeichnung von ökologischen/biologischen Erzeugnissen und zur Aufhebung der Verordnung (EWG) Nr. 2092/91 – (Artikel 1: Öko- Landbaugesetz – ÖLG)*

*Abdruck dieses Merkblattes mit freundlicher Erlaubnis von Michael Gertz , Behörde für Wirtschaft, Verkehr und Innovation.*

# 4. Leitsätze des Deutschen Lebensmittelbuches

## 4.1 Das Deutsche Lebensmittelbuch

Das Deutsche Lebensmittelbuch ist eine Sammlung von Leitsätzen, die Herstellung, Beschaffenheit oder sonstige Merkmale von Lebensmitteln beschreiben. Die wichtigste Aufgabe des Lebensmittelbuches besteht darin, durch die Leitsätze über die übliche Zusammensetzung und Eigenschaften der beschriebenen Lebensmittel zu unterrichten und mit dem heutigen Stand der Technik bekannt zu machen.

Die in den Leitsätzen des Lebensmittelbuches vorgesehenen Bezeichnungen haben nach der Lebensmittel-Kennzeichnungsverordnung folgende Bedeutung: Lebensmittel, deren Bezeichnung nicht durch Rechtsvorschriften festgelegt ist, müssen entsprechend den Vorschriften der Lebensmittel-Kennzeichnungsverordnung entweder mit der nach allgemeiner Verkehrsauffassung üblichen Bezeichnung oder einer Beschreibung versehen werden. Die in den Leitsätzen vorgesehenen Bezeichnungen entsprechen der allgemeinen Verkehrsauffassung und genügen deshalb in jedem Fall den Anforderungen der Lebensmittel-Kennzeichnungsverordnung. Es ist jedoch erlaubt, an ihrer Stelle Beschreibungen zu gebrauchen.

Im ersten Teil enthalten die Leitsätze jeweils allgemeine Beurteilungsmerkmale (Begriffsbestimmungen und Angaben über Herstellung und Bezeichnung); der zweite Teil befasst sich mit besonderen Beurteilungsmerkmalen für einzelne Erzeugnisse (Begriffsbestimmung, Herstellung, Bezeichnung und Qualitätsmerkmale). Erzeugnisse, die von der in den Leitsätzen beschriebenen üblichen Zusammensetzung abweichen, müssen entsprechend kenntlich gemacht werden. Verstöße hiergegen werden nach dem Lebensmittel- und Futtermittelgesetzbuch geahndet. Die erarbeiteten Leitsätze werden jeweils im Bundesanzeiger veröffentlicht.

Folgende Leitsätze sind bisher ergangen:
- Leitsätze für Fleisch und Fleischerzeugnisse
- Leitsätze für Fische, Krebs- und Weichtiere und Erzeugnisse daraus
- Leitsätze für tiefgefrorene Fische, Krebs- und Weichtiere und Erzeugnisse daraus
- Leitsätze für Fruchtsäfte
- Leitsätze für verarbeitetes Obst
- Leitsätze für tiefgefrorenes Obst und Gemüse
- Leitsätze für verarbeitetes Gemüse
- Leitsätze für pasteurisierte Gurkenkonserven aus frischer Rohware
- Leitsätze für Gemüsesaft und Gemüsenektar

- Leitsätze für Pilze und Pilzerzeugnisse
- Leitsätze für Speisefette und Speiseöle
- Leitsätze für Brot und Kleingebäck
- Leitsätze für „Feine Backwaren"
- Leitsätze für Pudding, andere süße Desserts und verwandte Erzeugnisse
- Leitsätze für Ölsamen und daraus hergestellte Massen und Süßwaren
- Leitsätze für Speiseeis und Speiseeishalberzeugnisse
- Leitsätze für Honig
- Leitsätze für Erfrischungsgetränke
- Leitsätze für Gewürze und andere würzende Zutaten
- Leitsätze für Tee, teeähnliche Erzeugnisse, deren Extrakte und Zubereitungen
- Leitsätze für Feinkostsalate
- Leitsätze für Teigwaren
- Leitsätze für weinähnliche und schaumweinähnliche Getränke
- Leitsätze für Kartoffelerzeugnisse

Den Inhalt der Leitsätze sollte der Gastwirt unbedingt kennen
**www.bmelv.de**

Die Leitsätze für Fleisch und Fleischerzeugnisse werden im Folgenden auszugsweise abgedruckt.

## 4.2 Leitsätze für Fleisch und Fleischerzeugnisse

Rechtsgrundlage: § 15 Lebensmittel- und Futtermittelgesetzbuch
Die einzelnen Arten von Rindfleisch, Kalbfleisch und Schweinefleisch werden neben den sonst bei der Verarbeitung anfallenden Bestandteilen von Tieren aufgeführt. Fleischerzeugnisse und Erzeugnisse mit einem Zusatz von Fleisch oder Fleischerzeugnissen, in deren Bezeichnung nicht auf eine besondere Tierart hingewiesen wird, werden aus Teilen von Rindern und/oder Schweinen hergestellt. Bei Fleischerzeugnissen, die Teile einer sonst nicht üblichen Tierart in geringeren Mengen enthalten, kann die Bezeichnung z. B. lauten „Salami mit 5 % Hirschfleisch" oder „Fleischwurst mit 5 % Geflügelfleisch". Fleischerzeugnisse mit hervorhebenden Hinweisen wie Delikatess-, Feinkost-, Gold-, prima, extra, spezial, fein sind aus besonders ausgewähltem Material hergestellt. Schließlich lassen sich aus den besonderen Beurteilungsmerkmalen in den Leitsätzen noch die Materialien ersehen, aus denen die einzelnen Wurstarten hergestellt sind.
In den Leitsätzen für „Fleisch und Fleischerzeugnisse" werden Produkte beschrieben, die in der Gastronomie eine wichtige Rolle spielen. Beschrieben wird z. B. die Beschaffenheit von speziellen Fleischteilstücken und speziellen Fleischgerichten, wie Filet, Roastbeef, Kotelett und Steak. Von besonderer Bedeutung für die Herstellung sind die Leitsätze auch bei den Erzeugnissen aus gewolftem oder ähnlich zerkleinertem Fleisch. Es handelt sich um Hacksteak, „Deutsches Beefsteak", Hamburger, Schnitzel, Geschnetzeltes und Rouladen.

- **Braten** sind zum Braten geeignete, in natürlichem Zustand belassene, bratfertig zugeschnittene Fleischteile, auch in gebratenem oder gegrilltem Zustand. Die Verwendung von fettgewebereichem Schweinefleisch wird entsprechend kenntlich gemacht (z. B. „gebratener Schweinebauch"). Rollbraten ist ein im Zusammenhang belassenes, gerolltes oder von einem Netz umgebenes Fleisch, auch hier wird die Tierart angegeben (z. B. „Schweinerollbraten").
  Für Erzeugnisse aus zerkleinertem Fleisch wird die Bezeichnung „Braten" nur dann in Wortverbindungen gebracht, wenn sich aus der Bezeichnung zweifelsfrei ergibt, dass kein in natürlichem Zusammenhang belassenes Fleisch vorliegt (z. B. „Hackbraten", auch „Falscher Hase"), oder bei bestimmten Groben Brühwürsten, sofern der Charakter des Erzeugnisses erkennbar ist (z. B. „Römerbraten", „Wienerbraten").
- **Filet, Lende, Lungenbraten, Schlachtbraten**, beim Schwein auch Lummel, Lummer, ist bei warmblütigen Tieren mit Ausnahme des Geflügels die von Knochen abgetrennte und von größeren Fettgewebsauflagerungen befreite innere Lendenmuskulatur (innere Hüftmuskulatur, Psoasmuskulatur, Rückenbeugemuskulatur). Beim Geflügel ist „-filet" von Haut und Knochen befreite („filetierte") Brustmuskulatur

(z. B. Truthahnfilet).

Sofern die Tierart nicht angegeben ist, handelt es sich um Filet eines Rindes. Filet vom Kalb sowie von anderen Tierarten wird entsprechend gekennzeichnet (z. B. Kalbsfilet, Schweinefilet (Schweinsfilet), Hirschfilet, Putenfilet).

- **Filetkopf** ist der beckenseitige, stumpfe Teil eines Filets.
- **Filetspitze** ist der brustseitige spitze Teil eines Filets. Filet mignon sind Scheiben aus der Filetspitze.
- **Filetmedaillons** sind Scheiben aus Kalbsfilet.
- **Chateaubriand, „Doppeltes" Filetstück, „Doppeltes" Lendenstück** sind etwa 5 cm dicke Scheiben aus dem Kopf oder dem Mittelstück eines Rinderfilets.
- **Filetsteak, Tournedo, Tenderloin-Steak** sind Scheiben Filet.
- **Filet Stroganoff** besteht ebenso wie Filetgulasch Stroganoff aus Rinderfiletstücken. Für Boeuf Stroganoff wird zartes, sehnenarmes Rindfleisch verwendet.
- **Falsches Filet, Bugfilet, Schulterfilet** sind der kopfwärts auf der äußeren Seite des Schulterblattes befindliche Muskel des Rindes.
- **Hasenrücken- und Kaninchenrückenfilet** ist die ausgelöste Muskulatur des Rückens. Die innere Lendenmuskulatur – isoliert auch als Hasen- oder Kaninchenfilet bezeichnet – kann beigefügt werden.
- **Roastbeef, flaches Roastbeef, Lende, Rostbraten, Contre-Filet** ist die von den Lendenwirbeln und den letzten vier Brustwirbeln gelöste äußere Lendenmuskulatur (hintere rückenseitige Rückenstreckmuskulatur) des Rindes.
- **Rundes Roastbeef** sind beim Rind der im Bereich der Hochrippe liegende Teil des langen Rückenstreckers und der kappenartig darauf sitzende Dornmuskel, die zusammen als das „Auge" einer Hochrippe (Rib-Eye, Hochrippen-Medaillon) angesprochen werden. Rib-Eye-Steak, Delmonico-Steak ist eine Scheibe rundes Roastbeef.
- **Lendenschnitte, Lendensteak** sind Scheiben flaches oder rundes Roastbeef oder Rinderfilet (Rindsfilet).
- **Entrecôte** umfasst Hochrippe und flaches Roastbeef. Auch eine Scheibe aus dem Entrecôte wird als Entrecôte bezeichnet.
- **Rumpsteak, Sirloin-Steak** sind Scheiben aus einem Roastbeef oder dem unmittelbar anschließenden Teil einer Hüfte.
- **Club-Steak** ist eine Scheibe aus dem vorderen Teil eines Roastbeefs oder dem hinteren Teil einer Hochrippe.
- **Große Lende, Schoß, Nierenstück** sind die gesamte Lende (innere und äußere Lendenmuskulatur des Rindes – Filet und Roastbeef – mit Knochen).
- **T-Bone-Steak und Porterhouse-Steak** sind knochenhaltige Scheiben einer Großen Lende (stets Filet einschließend).

- **Kotelett** ist eine knochenhaltige Scheibe aus der rückenseitigen Stamm-Muskulatur, dem Kotelettstrang (beim Rind aus dem hinteren Brustwirbelbereich, der Hochrippe (6.–10. Rippe), bei Kalb, Schaf und Schwein aus dem Lenden- und dem Brustwirbelbereich, beim Schwein auch aus dem Halsbereich).
- Bei als Kotelett ggf. unter Angabe der Tierart (vgl. Absatz 4) bezeichnetem Fleisch herrscht der lange Rückenstrecker, das „Auge" des Koteletts, vor; Scheiben, in denen mehrere Muskeln das Bild beherrschen, werden beim Schwein (Hals- und vorderer Brustwirbelbereich bis zur 3. Rippe) als Kammkotelett, Nackenkotelett, Hals-(grat)kotelett, bei Kalb und Schaf (vorderer Brustwirbelbereich) unter gleichzeitiger Angabe der Tierart als Halskotelett bezeichnet. Als Herz-, Rippen-, Mittel- und Stielkotelett, Karree, Karbonade werden Scheiben aus dem Kotelettstrang des Brustbereiches ab 3. Rippe bezeichnet, als Filet-, Lummer- oder Lendenkotelett – soweit Filet eingeschlossen ist – Scheiben aus dem Lendenbereich des Kotelettstranges. Zum Kotelett zählen beim Schwein nicht Fettgewebsauflagungen über 1,0 cm und Schwarten sowie Rippen und Fleisch- sowie Fettgewebsanteile, die das Kotelett-„Auge" um mehr als 5 cm überragen. Sofern die Tierart nicht angegeben ist, handelt es sich um Kotelett vom Schwein (Schweinekotelett, Schweinskotelett). Koteletts von anderen Tieren werden in jedem Fall entsprechend gekennzeichnet, z. B. Kalbskotelett, Rinderkotelett (Rindskotelett), Rib-Steak, Lammkotelett, Halskotelett vom Hammel, Hirschkotelett, Rinderlendenkotelett.
- **Côte de boeuf, Rib of Beef** am Stück ist die Hochrippe mit Rippen, jedoch ohne Wirbelkörper und Dornfortsätze.
- **Falsches Kotelett** ist eine Scheibe Schweinebauch auch mit Knochen. Wenn Kotelett oder „Falsches" Kotelett paniert wird, werden höchstens 20 % Panade, bezogen auf das Gesamtgewicht, aufgetragen. Das erhitzte Fertigerzeugnis enthält nicht mehr als 35 % Panade.
- **Hüfte, Huft, Spitze, kurzes Schweifstück, Rosenspitz, Mürbschoß, Mürbbraten** ist die bei Rindern an das Roastbeef anschließende, an der Außenfläche des Beckenknochens liegende und zum Kreuzbein reichende äußere Hüftmuskulatur. Die Spitze der in die Hüfte reichenden Unterschale wird als Tafelspitz bezeichnet.
- **Hüftsteak, Huftsteak, Point-Steak** sind Scheiben aus einer Hüfte.
- **Kluftsteak** ist eine Scheibe aus sehnenarmer, zum Kurzbraten geeigneter Muskulatur der Keule.
- **Steak** ist eine zum Kurzbraten oder Grillen geeignete (mürbe), nicht zu dünne, in der Regel quer zu den Fasern geschnittene Scheibe aus in natürlichem Zusammenhang belassenem sehnenarmem Fleisch, meist mit anhaftendem Fettgewebe, ohne Knochen, ausgenommen Porterhouse-Steak und T-Bone-Steak, zum Teil auch Club-Steak

und Sirloin-Steak.

Sofern die Tierart nicht angegeben ist, handelt es sich wie bei Beefsteak, Rinderstück (Rindsstück) und Rindersteak (Rindssteak) um Steak eines Rindes. Steaks von anderen Tieren werden in jedem Fall entsprechend gekennzeichnet (z. B. Hirschsteak, Kalbssteak, Schweinesteak (Schweinssteak), Hammelsteak, Putensteak). Dies gilt auch bei Hinweisen auf Würzung und Zubereitung (z. B. Paprikasteak, Kalb, Jägersteak, Schwein).

Bezeichnungen wie Filetsteak, Rumpsteak, Lendensteak, Rückensteak, Rib-Eye-Steak, Hüftsteak und Kluftsteak weisen auf die Verwendung bestimmter Fleischteile des Rindes hin.

- **Schweinenackensteak** (Schweinsnackensteak) ist eine Scheibe aus dem Schweinenacken.
- **Holzfällersteak** ist ein Nacken- bzw. Lammkotelett oder auch eine Scheibe aus der Schweineschulter mit oder ohne Knochen.
- **Lamb Chops** sind sehnenarme Lammfleischscheiben ohne Knochen.
- **Schnitzel** ist bei warmblütigen Tieren eine zum Kurzbraten oder Grillen geeignete Scheibe von in natürlichem Zusammenhang belassenem sehnen- und fettgewebsarmem Fleisch.

Scheiben aus dem Schweinenacken werden auch als Nackenschnitzel bezeichnet. Sofern die Tierart nicht angegeben oder auf andere Weise erkennbar ist, handelt es sich um Schweinefleischscheiben. Schnitzel von anderen Tieren werden entsprechend gekennzeichnet (z. B. Kalbsschnitzel, Rinderschnitzel [Rindsschnitzel], Rehschnitzel, Putenschnitzel).

- **Wiener Schnitzel** ist ein paniertes Kalbsschnitzel.
- **Schnitzel à la Holstein** ist ein unpaniertes Kalbsschnitzel mit Garnierung (Sardellen usw.) und Spiegeleiauflage.
- **Rahmschnitzel** stammt ebenfalls vom Kalb.
- **Cordon bleu** besteht aus zwei gleich großen Schnitzeln (evtl. in Form einer Tasche), dazwischen Schinken und Käse, meist paniert. Ohne Angabe der Tierart handelt es sich um Kalbsschnitzel.
- **Medaillons** sind kleine, aus sehnenarmem Fleisch quer zu den Fasern geschnittene, zum Kurzbraten geeignete Scheiben; die Tierart wird angegeben, z. B. Kalbsmedaillons, Kalbsnüsschen, Rindermedaillons (Rindsmedaillons), Putenmedaillons.

Wenn Schnitzel paniert wird, werden höchstens 20 % Panade, bezogen auf das Gesamtgewicht, aufgetragen. Das erhitzte Fertigerzeugnis enthält nicht mehr als 35 % Panade.

- **Geschnetzeltes, Schnetzel, Schnitzelchen, Geschnitzeltes** sind ohne Angabe der Tierart kleine dünne, quer zu den Fasern geschnittene Scheiben oder Streifen aus sehnen- und fettgewebsarmem Kalbfleisch.

- **Rouladen, Fleischröllchen, Fleischvögel** sind dünne zusammenhängende, unter Einschluss von Füllung gerollte, zum Braten geeignete Scheiben aus sehnen- und fettgewebsarmem Fleisch. Sofern die Tierart nicht angegeben ist, handelt es sich um Rindfleisch.

  Die Füllung besteht i. d. R. aus Speckstreifen, Gurkenstreifen, Zwiebeln, Pilzen, Schinkenstreifen oder anderen geschmackgebenden Zutaten; z. T. wird zur Füllung auch Brät oder gewolftes Fleisch verwendet, das in der Qualität der Grundlage für Hacksteak entspricht. Kalbsrouladen, Kalbsvögel werden nicht nur aus Kalbfleisch hergestellt, sondern auch vorwiegend mit Kalbsbrät und gekochtem Ei gefüllt.

- **Frikassee, Ragout, Ragout fin** und **Fleischspieße** werden in den Leitsätzen im Einzelnen wie folgt beschrieben:

  **Frikassee** enthält Stücke von gegartem Skelettmuskelfleisch vom Kalb oder Geflügel sowie weitere stückige Zutaten wie Spargel und Champignons in einer hellen, mild gewürzten Soße. Sofern nicht sehnenarmes Formfleisch verwendet wird, können zur Sicherung der Saftigkeit Fleischeinlagen bei Kenntlichmachung bis zu einem Viertel aus einer sehnenarmen Farce (z. B. in Form von Klößchen) bestehen. Wird auf eine Tierart hingewiesen (z. B. Hühnerfrikassee), so ist nur Fleisch dieser Tierart verwendet worden. Die Mitverwendung von Geflügelhaut ist nicht üblich.

  **Ragout** (... pfeffer) besteht aus gebratenen Fleischstücken, in einer gewürzten Soße und weiteren Zutaten, wie Gemüse und Pilzen. Wird auf eine Tierart hingewiesen (z. B. Schweineragout, Kalbsragout, Hasenpfeffer), so ist nur das Fleisch dieser Tierart verwendet worden. Auf die Verwendung von Innereien oder von sonstigen Tierkörperteilen ist hinzuweisen (z. B. Zungenragout, Nierenragout).

  **Ragout fin** ist ein Ragout aus Kalbfleisch mit einem Zusatz Geflügelfleisches (Brust, Keule ohne Haut), teilweise auch Kalbszunge. Sofern kein Formfleisch verwendet wird, kann der Fleischanteil bis zu 40 % aus einer sehnenarmen Farce bestehen, die unter Verwendung von Sahne und Hühnerei bzw. -eigelb aus Kalbfleisch und Geflügelfleisch (auch mit anteilmäßiger Haut) hergestellt wird. Als Zutaten werden Champignons verwendet. Bei „Ragout-fin", bei dem in der Bezeichnung auf die Verwendung von Geflügelfleisch hingewiesen wird, überwiegt der Geflügelfleischanteil. Der Fleischanteil beträgt im Fertigerzeugnis 35 %. Eine Verwendung von Formfleisch oder von Farce wird nicht kenntlich gemacht.

- **Fleischspieße** (Zigeunerspieße, Dragonerspieße, Jägerspieße) enthalten Stücke grob entsehnten Rindfleisches und grob entfetteten Schweinefleisches sowie würzende Beigaben (z. B. Zwiebeln, Paprikaschoten, Gurken). Für den Fleischanteil von Filetspießen werden nur Teile aus dem Filet verwendet.

  In rohem Zustand bestehen die Spieße mindestens aus 2/3 Fleisch und höchstens 1/3 aus würzenden Beigaben.

Geflügelfleisch- und Wildfleischspieße bestehen in rohem Zustand durchschnittlich zu 65 % aus Geflügel- bzw. Wildfleisch, zu 15 % aus Speck und zu 20 % aus würzenden Beigaben.

**Schaschlik** enthält neben Stücken grob entsehnten Rindfleisches und grob entfetteten Schweinefleisches auch fettgewebereiches Schweinefleisch oder Speck (meist ungerötet), würzende Beigaben, z. T. auch Leber und Nieren.

In rohem Zustand enthält Schaschlik einen Anteil an grob entsehntem Rindfleisch und/oder Nieren und/oder grob entfettetem Schweinefleisch von mindestens 30 %, Speck sowie würzende Beigaben, ggf. Leber.

- **Gulasch** ist gestückeltes, gegartes Rindfleisch in gewürzter Soße. Das Fleisch ist von groben Sehnen und Sehnenplatten, größeren Ansammlungen von Fettgewebe und lockerem Bindegewebe sowie von gelber Bauchhaut befreit; es kann von Sehnen durchzogen sein. Knochenputz, Kopffleisch oder Innereien werden nicht verwendet. Die ausschließliche oder teilweise Verwendung von Fleisch anderer Tierarten wird in unmittelbarer Wortverbindung mit der Bezeichnung „Gulasch" angegeben (z. B. Kalbsgulasch, gemischter Gulasch). Der Fleischanteil entspricht einer Frischfleischmenge von über 50 %. Szegediner Gulasch (Szekler Gulasch) ist ein überwiegend aus Sauerkraut hergestelltes Erzeugnis mit einem Zusatz von Schweinefleisch. Der Fleischanteil entspricht einer Frischfleischmenge von über 30 % (vgl. Anlage 1 Nr. 1 Fleischverordnung). Bei anderen Gulasch-Erzeugnissen werden Zutaten wie Kartoffelstücke oder Sauerkraut in Verbindung mit der Verkehrsbezeichnung angegeben.

# 5. Diätetische Lebensmittel

Diätetische Lebensmittel sind Lebensmittel, die dazu bestimmt sind, besonderen Erfordernissen in der Ernährung zu dienen. Lebensmittel dienen einem besonderen Ernährungszweck, wenn sie den besonderen Erfordernissen folgender Verbrauchergruppen entsprechen: Bestimmte Gruppen von Personen, deren Verdauungs- oder Resorptionsprozess oder Stoffwechsel gestört ist oder die sich in besonderen physiologischen Umständen befinden und deshalb einen besonderen Nutzen aus der kontrollierten Aufnahme bestimmter in der Nahrung enthaltener Stoffe ziehen können.

Diätetische Lebensmittel sind auch

- Kochsalzersatz,
- Fruktose, Mannit, Sorbit und Xylit als Zuckeraustauschstoffe,
- Süßstoffe (Saccharin, Cyclamat).

Diätetische Lebensmittel dürfen nur in Fertigpackungen verkauft werden. Dies gilt mit Ausnahme von Süßstoffen nicht, sofern sie zum Verzehr an Ort und Stelle abgegeben werden. Ausnahme: Bestimmte diätetische Fleischerzeugnisse und frische Backwaren dürfen auch lose abgegeben werden. Süßstoff darf auch in der Gaststätte nur mittels Fertigpackung abgegeben werden. Wenn diätetische Lebensmittel zum Verzehr an Ort und Stelle unverpackt in den Verkehr gebracht werden, sind auf den Speisenkarten etc. deutlich sichtbar in leicht lesbarer Schrift bestimmte Angaben zu machen:

- Die zur Bezeichnung gehörenden besonderen ernährungsbezogenen Eigenschaften (z. B. eiweißreich, balaststoffreich) oder der besondere Ernährungszweck (z. B. „für Diabetiker"). Allgemeine Angaben wie „Diät", „Schonkost" genügen nicht, ebenso wenig allgemeine Bemerkungen wie „bekömmlich", „verträglich".
- Es muss die besondere Zusammensetzung oder der besondere Herstellungsprozess angegeben werden, durch die das Erzeugnis die besonderen ernährungsbezogenen Eigenschaften oder die Eignung für den besonderen Ernährungszweck erhält.
- Der durchschnittliche Gehalt an verwertbaren Kohlenhydraten, Fett- und Eiweißstoffen in g/100 g bzw. 100 ml oder in Prozent, sofern der Gehalt je Nährstoff nicht weniger als 1 % beträgt. Darunter liegende Gehalte dürfen angeführt werden.
- Der durchschnittliche Brennwert in Kilojoule (kJ) und Kilokalorien (kcal) pro 100 g oder 100 ml.

Besondere Kennzeichnungsvorschriften gelten für

- diätetische Lebensmittel, denen als Kochsalzersatz zugelassene Zusatzstoffe beigefügt worden sind, die Angabe: „Mit Kochsalzersatz",
- diätetische Lebensmittel, denen jodierter Kochsalzersatz zugesetzt worden ist, Angabe: „Mit jodiertem Kochsalzersatz".

Zusätzlich besteht die Verpflichtung zur Angabe der zu ernährungsphysiologischen oder diätetischen Zwecken zugelassenen Zusatzstoffe (§ 7 Diätverordnung). Anzugeben ist grundsätzlich die Menge des zugesetzten Stoffes, nicht nur des diätetisch oder ernährungsphysiologisch wirksamen Teils (z. B. die Menge an Eisensaccharat, nicht nur des darin enthaltenen Eisens). Für Vitaminzusätze besteht eine Sonderregelung, die bestimmt, dass „davon abweichend" für die Kenntlichmachung zugesetzter Vitamine die Vitaminverordnung gilt.

**Rechtsgrundlage:**
*Die Verordnung über diätetische Lebensmittel ist abrufbar unter:*
**www.gesetze-im-internet.de/di_tv/index.html**

# 6. Aufbewahrung von Lebensmitteln – Lebensmittel in Konservendosen

Hinweise der Chemischen Untersuchungsanstalten

Lebensmittel wie Fruchtsäfte, Obst- und Gemüsekonserven, Kondensmilch, Fischpräserven, Fleisch- und Wurstkonserven usw. werden im In- und Ausland vielfach in Dosen verpackt.

Als Dosenmaterial werden lackierte, daneben aber auch unlackierte Blechdosen mit einer Zinnauflage verwendet (Weißblechdosen).

Diese Hinweise sollen gastronomische Betriebe, Kantinen, Großküchen usw. auf mögliche falsche Handhabung aufmerksam machen und sollen so Beanstandungen bei Betriebskontrollen durch die Lebensmittelüberwachung vorbeugen sowie gesundheitliche Gefahren verhüten. Dies verlangt das Lebensmittel- und Bedarfsgegenständegesetz.

## 1. Welche Gefahren gibt es bei der unlackierten Dose?

Durch falsche und zu lange Lagerung und falsche Verwendung geht von der Dosenwand in unzulässiger Menge Zinn in das Füllgut über und wird mit dem Lebensmittel verzehrt. Bereits verhältnismäßig geringe Zinnmengen können Geruch und Geschmack der Lebensmittel beeinträchtigen oder Vitamine zerstören. Bei größeren Zinnmengen (ab 250 Milligramm je Kilogramm) wird das Lebensmittel als verdorben nach dem Lebensmittel- und Bedarfsgegenständegesetz beurteilt und ist nicht mehr verkehrsfähig. Der Verzehr solcher Lebensmittel kann auch – vor allem bei Kindern oder empfindlichen Personen – zu Gesundheitsschäden, nämlich zu Übelkeit und Erbrechen führen. Deshalb muss die Zinnablösung so gering wie möglich gehalten werden.

## 2. Gekaufte Ware überprüfen

Bei stark verbeulten Dosen ist die Gefahr der Zinnablösung größer, weil der Lack von lackierten Dosen Risse bekommen und stellenweise abspringen kann. Die Verzinnung liegt dann frei und kann vom Lebensmittel angegriffen werden. Deshalb stark verbeulte Dosen an den Lieferanten zurückgeben. Aufgewölbte Dosen (Bombage) sind in jedem Fall nicht mehr in Ordnung und zu verwerfen. Durch bakterielle Zersetzung des Inhaltes kann dessen Genuss schwere Gesundheitsschäden zur Folge haben.

## 3. Die richtigen Lagerbedingungen

Lebensmittelkonserven in Weißblechdosen halten sich bei kühler und trockner Lagerung besser. Weil die Ablösung des Zinns auch von der Temperatur abhängt, niemals in warmen Lagerräumen lagern (auf Heizungsrohre oder sonstige Wärmequellen achten). Der Lagerraum sollte auf der Nordseite des Gebäudes liegen. Soll Dosenware für längere Zeit gelagert werden, dann muss in regelmäßigen Zeitabständen stichprobenweise überprüft werden, ob Dosenmaterial und Inhalt noch in Ordnung sind. Lebensmittelhalbkonserven (sog. Präserven) wie Bismarckheringe, Lachsersatz usw. verlangen sogar eine Lagerung im Kühlschrank oder Kühlraum, um die vom Hersteller garantierte Haltbarkeit zu gewährleisten. Meist werden Lagertemperaturen von 4–6 °C vom Hersteller angegeben.

## 4. Geöffnete unlackierte Dosen sofort umfüllen
Aus einer geöffneten unlackierten Dose sollen die Lebensmittel sofort in einwandfreie, geeignete und saubere Gefäße (z. B. Glas, Porzellan, Edelstahl, Kunststoff) umgefüllt werden und während der Lagerung im Kühlschrank oder Kühlraum abgedeckt werden.

In einer geöffneten unlackierten Dose wird durch den vermehrten Einfluss des Luftsauerstoffes das Zinn sehr viel stärker angegriffen und abgelöst. Nach wenigen Tagen schon ist diese Korrosion mit bloßem Auge durch eine deutliche Grauverfärbung der Doseninnenwand sichtbar. Obstkonserven sind dabei besonders gefährdet. Aber auch Kondensmilch nimmt aus angebrochenen Dosen so viel Zinn auf, dass es bei Kleinkindern zum Erbrechen kommen kann. Außerdem bekommt Kaffee durch eine solche Milch die bekannte unansehnliche Graufärbung. Aber auch aus lackierten Dosen sollen nach dem Öffnen Lebensmittel möglichst umgefüllt werden. Denn die Lackschicht hat Poren, durch die Zinn herausgelöst wird. Zudem kann der Lack in der geöffneten Dose eine Geruchs- und Geschmacksbeeinträchtigung des Inhaltes bewirken.

## 5. Lebensmittel aus geöffneten Dosen bald verarbeiten
Dies ist vor allem bei Halbkonserven (sog. Präserven) wichtig, da sie offen sehr rasch verderben. Die Verwendung verdorbener Lebensmittel ist strafbar. Aber auch die Vollkonserven haben offen nur noch eine begrenzte Haltbarkeit.

## 6. Dosenmaterial nicht mehr für Lebensmittel verwenden
Das Dosenmaterial ist nur für die einmalige Verwendung gedacht. Aus bereits gebrauchten Dosen können bei Neubefüllung bedenkliche Zinnmengen herausgelöst oder die Lebensmittel in anderer Weise beeinträchtigt werden.

*Merkblatt der Chemischen Untersuchungsanstalten und -ämter Baden-Württembergs, abgedruckt mit freundlicher Genehmigung des Ministeriums für ländlichen Raum Baden-Württemberg.*

# 7. Getränke

## 7.1 Bierrecht*

Die wohl älteste lebensmittelrechtliche Vorschrift der Welt ist das Reinheitsgebot. Das vom bayerischen Herzog Wilhelm IV. im Jahre 1516 erlassene Braugesetz findet sich bei uns heute im Vorläufigen Biergesetz und seiner Durchführungsverordnung wieder. Es besagt, dass Bier ausschließlich aus Malz, Hopfen, Wasser und Hefe gebraut werden darf. Dies gilt weiterhin für alle deutschen Biere, unabhängig vom Urteil des Europäischen Gerichtshofes aus dem Jahre 1987. Zusatzstoffe und Malzersatzstoffe dürfen in der Bundesrepublik Deutschland bei der Herstellung von Reinheitsgebotsbier nicht verwendet werden. Abweichend hiervon dürfen außerhalb des Geltungsbereiches der Bierverordnung hergestellte gegorene Getränke, die nicht dem Reinheitsgebot entsprechen, unter der Bezeichnung „Bier" in den Verkehr gebracht werden, wenn sie im jeweiligen Herstellungsland unter der Bezeichnung Bier oder einer dieser Bezeichnung entsprechenden Verkehrsbezeichnung vermarktet werden. Diese Getränke dürfen allerdings nur unter der Bezeichnung „Bier" in den Verkehr gebracht werden, wenn sie weiteren Anforderungen entsprechen. Sämtliche Abweichungen vom Reinheitsgebot müssen auf den Fertigpackungen deutlich gemacht werden.

### 7.1.1 Die Stammwürze

Die Stammwürze ist der Extraktgehalt der unvergorenen Bierwürze. 12 % Stammwürze bedeuten zum Beispiel, dass in 1000 g Bierwürze – das ist etwa ein Liter – vor dem Gären 120 g „Extrakt" enthalten waren: Malzzucker, Eiweiß, Mineralien, Vitamine und Aromastoffe.

Die Stammwürze ist aber nicht mit dem Alkoholgehalt gleichzusetzen. Nur ca. 40 % der Stammwürze wird durch Gärung in Alkohol umgewandelt. So hat beispielsweise Pils einen Stammwürzegehalt von ca. 11,7 % und einen Alkoholgehalt von ca. 4,7 %.

---

*  Überarbeitung durch den Deutschen Brauer-Bund e.V., www.brauer-bund.de und die Berufsgenossenschaft Nahrungsmittel und Gaststätten, Dynamostr. 7–11, 68165 Mannheim. Über den Brauer-Bund kann ein Faltblatt über die räumliche Gestaltung der Schankanlage angefordert werden. Ebenso erhalten Sie weitere Informationsmaterialien rund um Bier und Schankanlagen.

## 7.1.2 Biergattungen

In der Bier-Verordnung wird unser Bier in vier Gattungen eingeteilt; sie unterscheiden sich nach dem Stammwürzegehalt:

- Bier mit niedrigem Stammwürzegehalt: unter 7 % Stammwürzegehalt
- Schankbier: 7 % bis unter 11 % Stammwürzegehalt
- Starkbier: über 16,0 % Stammwürzegehalt und mehr

Das in der Bier-Verordnung nicht ausdrücklich erwähnte Vollbier liegt zwischen Schankbier und Starkbier, also größer/gleich 11 % und unter 16 % Stammwürze.

## 7.1.3 Bierarten

Bei den Bieren unterscheidet man nach unter- und obergärigen Bieren:

- Bei untergärigen Bieren setzt sich die Hefe nach der Hauptgärung am Boden ab.
- Die bekannten Biersorten Pils, Export, Hell und Märzen sind untergärige Biere.
- Bei obergärigen Bieren setzt sich die Hefe beim Gärprozess an der Oberfläche ab.
- Zu den obergärigen Bieren gehören die Biersorten Alt, Kölsch, Malztrunk, Weiß- bzw. Weizenbier, Berliner Weiße.
- Bock- und Doppelbockbier gibt es unter- und obergärig.

## 7.1.4 Malzgetränke, Diabetiker-Bier, alkoholfreies Bier, Leichtbier

Malzbier ist ein obergäriges Bier, das unter Zuckerzusatz und mit Zuckerkulör hergestellt werden kann. In Bayern und Baden-Württemberg darf so hergestelltes Bier nur unter der Bezeichnung Malztrunk in Verkehr gebracht werden.

Für diätetische Lebensmittel – so auch für Diätbiere – bestehen besondere Vorschriften (siehe Kapitel „Diätetische Lebensmittel"). Nach der Verordnung über diätetische Lebensmittel darf Bier nur mit einem Gehalt von nicht mehr als 0,75 g der in der Diätverordnung genannten Kohlenhydrate in 100 ml hergestellt und in den Verkehr gebracht werden. Auch darf der Gehalt an Alkohol in Diätbieren nicht höher als der in vergleichbaren Bieren sein.

Weitere Biersorten sind z. B. das alkoholfreie Bier mit einem Alkoholgehalt unter 0,5 Vol. %. Leichtbiere haben einen Brennwert (und/oder Alkoholgehalt) von mindestens 30 % unter den Werten üblichen Bieres, je nachdem, worauf sich die Aussage „30 % leichter als ..." bezieht. Bei Leichtbieren müssen dann die Bestimmungen der Nährwertkennzeichnungsverordnung beachtet werden.

Als besonderes Kennzeichnungselement besteht bei Diabetiker-Bier der Hinweis „nur nach Befragen des Arztes" in Verbindung mit der Angabe des Alkoholgehalts in Volumenprozenten.

### 7.1.5 Bezeichnungs- und Kennzeichnungspflichten

Es besteht eine Reihe von Kennzeichnungspflichten:

- Voll- und Starkbier muss nicht wörtlich bezeichnet werden; so ist z. B. für Vollbier die bloße Bezeichnung „Bier" zulässig. Alle gängigen Sorten – Pils, Export, Märzen, Alt, Kölsch, Weizen – sind Vollbiere.
- Bier mit niedrigem Stammwürzegehalt und Schankbier müssen als solches gekennzeichnet sein.
- Als „Bockbier" darf nur Starkbier bezeichnet werden.
- Bier, das in Fertigpackungen abgegeben wird, z. B. Flaschenbier, muss das Mindesthaltbarkeitsdatum aufweisen, d. h. die unverschlüsselte Angabe „mindestens haltbar bis ..." unter Angabe von Tag, Monat und Jahr in dieser Reihenfolge. Ebenso muss der Alkoholgehalt angegeben werden, dies gilt nicht für Biere unter 1,2 Vol. alc.
- Alle Biere müssen auf dem Etikett ein Verzeichnis der Zutaten enthalten.

**Rechtsgrundlagen:**

*Vorläufiges Biergesetz und Durchführungsverordnung, Lebensmittel- und Futtermittelgesetzbuch, Bierverordnung, Lebensmittel-Kennzeichnungs-Verordnung, Diät-Verordnung, Fertigpackungs-Verordnung, Zusatzstoff-Zulassungsverordnung.*

## 7.2 Deutsches und EU-Weinrecht*

Mit der Schaffung einer „gemeinsamen Marktorganisation für Wein in der EU" im Jahre 1970 musste der deutsche Gesetzgeber Regelungsbefugnisse abgeben und das nationale Weingesetz wurde den Bestimmungen der EU immer wieder angepasst und entsprechend ergänzt. Die aktuelle Ratsverordnung wird durch zahlreiche Durchführungsverordnungen der Kommission ergänzt und auf Bundesebene regeln Weingesetz und Weinverordnung die weinrelevanten Fragen. Zahlreiche Ermächtigungen sind vom Bund auf die weinbautreibenden Länder übertragen worden. Die zusammengestellten Infos geben einen ersten Einblick.

Nach dem EU-Bezeichnungsrecht und dem deutschen Weingesetz gibt es verschiedene Herkunftskategorien und Qualitätsstufen:

### 7.2.1 Deutscher Wein (Wein ohne geschützte Herkunftsangabe)

Diese Gruppe der einfachen Trink- und Tischweine darf ohne nähere Herkunftsangabe in der Etikettierung die Angabe von Rebsorte und Jahrgang tragen. Für die wichtigsten deutschen Rebsorten besteht damit die Möglichkeit, dass die Hersteller übergebietlich Grundweine zu einer Cuvee zusammenführen und beispielsweise einen Verschnitt aus Baden, Pfalz und Rheinhessen als „Deutscher Wein – Spätburgunder" oder eine Rieslingcuvee aus dem Rheingau, aus Württemberg und von der Mosel als „Deutscher Wein – Riesling" in Verkehr bringen.

### 7.2.2 Landweine (Weine mit geschützter geographischer Angabe)

Unter bestimmten Voraussetzungen können deutsche Weine als „Landwein" mit einer geographischen Angabe bezeichnet werden. Dieser Wein weist einen gebietstypischen Charakter auf und muss von Weintrauben stammen, die in dem umschriebenen Gebiet geerntet worden sind; zum Beispiel „Pfälzer Landwein" oder „Landwein der Mosel". Landweine müssen der Geschmacksrichtung „trocken" oder „halbtrocken" entsprechen. Für die Landweine sind in Deutschland 19 Gebietsnamen festgelegt.

Für Landwein, der ausschließlich aus Trauben eines Erntejahres hergestellt wurde, darf die Bezeichnung „Der Neue" verwendet werden, wenn das Erntejahr angegeben ist und er zwischen dem 10. November des Erntejahres und dem 15. Januar des der Ernte folgenden Jahres an Letztverbraucher abgegeben wird.

---

* Ausarbeitung von Herrn Albrecht Ehses, Industrie- und Handelskammer Trier, abgedruckt mit freundlicher Genehmigung

## 7.2.3 Qualitätswein bestimmter Anbaugebiete
## (Weine mit geschützter Ursprungsbezeichnung)

Deutscher Wein darf als „Qualitätswein b. A." nur gekennzeichnet werden, wenn 100 Prozent des Weines aus dieser benannten Weinregion stammen und für ihn auf Antrag eine amtliche Prüfungsnummer zugeteilt worden ist. Aus diesen Erfordernissen lässt sich bereits ableiten, dass diese Weinkategorie besondere Qualitätsanforderungen erfüllen muss:

- Die verwendeten Weintrauben müssen in einem einzigen „bestimmten Anbaugebiet" geerntet worden sein. In Deutschland gibt es 13 Anbaugebiete (Ahr, Hessische Bergstraße, Mittelrhein, Mosel-Saar-Ruwer, Nahe, Rheingau, Rheinhessen, Pfalz, Franken, Württemberg, Baden, Saale-Unstrut, Sachsen). Diese gelten alle als „geschützte Ursprungsbezeichnung" und sind international registriert und geschützt.
- Der von den Ländern für jedes Anbaugebiet festgelegte natürliche Mindestalkoholgehalt muss eingehalten werden und der vorhandene Alkoholgehalt muss mindestens 7 % Vol. = 56 g/Liter betragen und der Wein einen Mindestgesamtalkoholgehalt von 9 % = 71 g/Liter aufweisen.
- Alle Qualitätsweine müssen eine Sinnprüfung absolvieren und bei dem 5-Punkte-Schema eine Mindestpunktzahl von 1,5 erreichen. Dabei werden Geruch, Geschmack und Harmonie der Weine bewertet.

## 7.2.4 Qualitätswein mit Prädikat

Innerhalb der weinbaubetreibenden Länder in Europa haben Deutschland und Österreich besondere Gütestufen ausgewiesen. Die „Qualitätsweine mit Prädikat" bilden hier eine Besonderheit, die beispielsweise die Weinbauregionen Italiens, Frankreichs und Spaniens nicht kennen. Für alle nun nachfolgend aufgeführten Qualitätsstufen gilt, dass eine künstliche Erhöhung des Alkoholgehaltes (Anreicherung) nicht vorgenommen worden ist.

### Kabinett
Wein, der je nach Rebsorte und Anbaugebiet einen bestimmten Reifegrad hat.

### Spätlese
Die Weintrauben müssen in einer späten Lese und im vollreifen Zustand geerntet sein.

### Auslese
Bei der Auslese dürfen nur vollreife oder edelfaule Weintrauben unter Aussonderung von den kranken und unreifen Beeren verwendet werden.

## Beerenauslese

Bei der Beerenauslese dürfen nur edelfaule oder wenigstens überreife Beeren verwendet werden. Eine aufwendige Selektion ist erforderlich.

## Trockenbeerenauslese

Wein aus weitgehend eingeschrumpften edelfaulen Beeren, der nur in besonders guten Jahren erzeugt werden kann.

## Eiswein

Ausschließlich aus Weintrauben erzeugt, die bei ihrer Lese und Kelterung gefroren sein müssen und deren Ausgangsmostgewicht mindestens den für Beerenauslesen festgesetzten Wert erreicht.

Erstmals mit der Ernte 2000 können bei Qualitätsweinen b. A. die beiden Begriffe „Classic" und „Selection" in Verbindung mit bestimmten ausgewählten Rebsortenangaben verwendet werden.

„Classic" steht für einen Qualitätswein gehobener Güte, der einen Gesamtalkoholgehalt von mindestens 12 % Vol. (Ausnahme Mosel-Saar-Ruwer 11,5 % Vol.) aufweist, und dessen Geschmacksprofil im „international-trockenen" Bereich liegt (Säure x 2, maximal 15 g/Liter Restzucker). Die Geschmacksangabe „trocken" darf nicht verwendet werden.

Bei dem Begriff „Selection" ist die Messlatte der Qualität noch höher gelegt. Hier muss bei den Mindestalkoholgehalten mindestens „Auslesequalität" erreicht werden. Auch Selectionsweine sind auf bestimmte Rebsortenweine beschränkt, entsprechen dem internationalen Geschmacksbild für „trocken" (bei der Rebsorte Riesling bis 12 g/Liter Restzucker) und müssen im Vergleich zu „Classic" zusätzlich höhere Anforderungen bei der Sinnenprüfung erfüllen.

### 7.2.5 Das Weinbezeichnungsrecht

Die EU-Weinmarktorganisation sieht mit der Einführung des sog. Missbrauchsprinzips eine gewisse Liberalisierung im Bezeichnungsrecht (zuvor galt das Verbotsprinzip, d. h. was nicht ausdrücklich zugelassen war, durfte nicht in der Etikettierung verwendet werden). Es gilt nun eine Einteilung in „obligatorische Angaben" und „fakultative Angaben". Die „obligatorischen Angaben" sind zwingend vorgeschrieben.

Die „fakultativen Angaben" müssen wahrheitsgemäß sein, dem Informationsbedürfnis des Verbrauchers dienen können und dürfen nicht zur Täuschung geeignet sein. Für die Größe der Schriftzeichen in der Etikettierung sind – ausgenommen Nennvolumen, vorhandener Alkoholgehalt und EG-Verpackungszeichen „e" – keine Millimeterangaben vorgeschrieben. Die vorgeschriebenen Angaben müssen zusammen im gleichen Sichtbereich auf dem Behältnis leicht lesbar und unverwischbar in ausreichend großen Schriftzeichen angebracht sein.

**Zu den „obligatorischen Angaben" zählen:**

- Wein, Landwein (geschützte geographische Angabe), Qualitätswein (geschützte Ursprungsbezeichnung)
- Herkunft des Weines (z. B. Europäischer Gemeinschaftswein; Wein aus Deutschland; Anbaugebiet; Landweingebiet)
- Nennvolumen (Flascheninhalt)
- Name (Firma) des Abfüllers sowie Mitgliedstaat, Gemeinde (Ortsteil) des Hauptsitzes bzw. Angabe des tatsächlichen Abfüllungsortes
- Vorhandener Alkoholgehalt (z. B. 10 % vol)
- Loskennzeichnung (Bei Qualitätsweinen mit amtlicher Prüfungsnummer ersetzt diese die Loskennzeichnung.)
- Allergenkennzeichnung: enthält Sulfite, enthält Schwefeldioxid

**Zu den „fakultativen Angaben" zählen:**

- engere geografische Herkunftsangaben (beispielsweise Lagenbezeichnungen: Wehlener Sonnenuhr, Deidesheimer Hofstück, ...)
- eine oder mehrere Rebsorten
- Jahrgang
- eine Marke
- Weingut, Erzeugerabfüllung, Gutsabfüllung (Diese Begriffe dürfen nur von demjenigen gebraucht werden, der den Wein ausschließlich aus von ihm erzeugten Weintrauben herstellt und auch abfüllt.)
- Geschmacksangaben
  - Trocken, wenn der Wein einen Restzuckergehalt bis höchstens 9 g/Liter aufweist und der in g/l ausgedrückte Gesamtsäuregehalt höchstens 2 g/Liter niedriger ist als der Restzuckergehalt (Formel: Säure + 2 bis zur Höchstgrenze 9).
  - Halbtrocken, wenn der Wein einen Restzuckergehalt bis höchstens 18 g/Liter aufweist und der in g/Liter Weinsäure ausgedrückte Gesamtsäuregehalt höchstens 10 g/Liter niedriger ist als der Restzuckergehalt (Formel: Säure + 10 bis zur Höchstgrenze 18).
  - Lieblich, wenn der Wein einen Restzuckergehalt aufweist, der die für „halbtrocken" festgelegten Werte übersteigt, aber höchsten 45 g/Liter erreicht.
  - Süß, kann nur gebraucht werden, wenn der Restzuckergehalt mindestens 45 g/Liter beträgt.

- Auszeichnungen bei Prämierungen, Verleihungen von Gütezeichen, soweit diese ausdrücklich zugelassen sind
- EU-Verpackungszeichen „e"
- Angabe „im Barrique gereift" ist nur zulässig, wenn mindestens 75 Prozent des Weines in dem Holzbehältnis ausgebaut oder gereift sind, die Dauer der Reifung in dem Holzbehältnis mindestens sechs Monate bei Rotwein und mindestens vier Monate bei Weiß- und Roséwein betragen hat und das Barrique-Fass ein Fassungsvermögen von nicht mehr als 350 Liter hat.
- Angabe „im Holzfass gereift" darf verwendet werden, sofern mindestens ein Teil des Weines in einem Barrique-Fass mit einem Fassungsvermögen von 350 Litern gelagert worden ist und der Wein zum Zeitpunkt der Zuteilung einer Amtlichen Prüfungsnummer die für die Reifung im Barrique-Fass typischen sensorischen Merkmale aufweist.
- Zusatzinformationen über Analysedaten, den Wein charakterisierende Eigenschaften, Empfehlungen an den Verbraucher, Angaben zur Geschichte des Weins oder des Abfüllbetriebs, natürliche und technische Weinbaubedingungen, Lagerungsbedingungen, Lieferantenhinweise, Erläuterungen bestimmter gesetzlicher Begriffe können verwendet werden, soweit es nicht irreführende Angaben sind.

### 7.2.6 Weitere Erzeugnisse aus Wein

**Perlweine** sind schaumweinähnliche Getränke. Unterschieden wird zwischen „Perlwein", dessen Kohlensäure durch Gärung im Wein selbst entstanden ist, und „Perlwein mit zugesetzter Kohlensäure". Der Hauptunterschied des Perlweines zum Schaumwein liegt im geringeren Kohlensäuredruck (1 bis 2,5 bar). Eine Abfüllung in Formflaschen wird bevorzugt; Sektflaschen sind verboten, desgleichen die Verkleidung des oberen Flaschenteils mit Metallfolie oder die Verwendung von Agraffen, wie es bei Schaumweinen üblich ist.

Für Qualitätsschaumwein wurde im Jahre 1925 in Deutschland erstmals offiziell die Bezeichnung **„Sekt"** eingeführt. Beruht der Kohlendioxidgehalt ganz oder teilweise auf künstlichem Zusatz, so muss auf dem Etikett „mit Zusatz von Kohlensäure" vermerkt werden. Die Qualität von Sekt wird wesentlich durch die Grundweine (Cuvee) bestimmt, aus denen er hergestellt wird. Die Technologie der Sektherstellung beruht generell darauf, dass nach der ersten Gärung beim Stillwein durch Zucker- und Hefezusatz eine zweite kohlendioxidbildende Gärung ausgelöst wird. Dabei werden drei Verfahren unterschieden: Großraum- oder Tankgärung, Flaschengärung (Transvasierverfahren) und traditionelle oder klassische Flaschengärung. Qualitätsschaumweine/Sekte erreichen ihr Optimum nach 6–12 Monaten Lagerung. Innerhalb der EU werden die Sekte nach der

Höhe der Dosage in Brut, Extra Trocken, Trocken, Halbtrocken und Mild unterteilt. Diese Geschmacksangaben sind verpflichtend anzugeben. Besondere Qualitätskriterien gelten für die Bezeichnung „Cremant".

„**Kalte Ente**" ist ein weinhaltiges Getränk. Es wird hergestellt durch Vermischung von Wein, Perlwein oder Perlwein mit zugesetzter Kohlensäure, mit Schaumwein oder Schaumwein mit zugesetzter Kohlensäure unter Zusatz von natürlichen Zitronenbestandteilen oder deren Auszügen, die geschmacklich deutlich wahrnehmbar sein müssen. Der Anteil des Schaumweines oder Schaumweines mit zugesetzter Kohlensäure muss mindestens 25 % des fertigen Getränkes betragen.

Als **Schorle** darf ein weinhaltiges Getränk bezeichnet werden, wenn es durch Vermischen von Wein, Perlwein oder Perlwein mit zugesetzter Kohlensäure mit kohlensäurehaltigem Wasser hergestellt wird. Der Anteil an Wein oder Perlwein muss mindestens 50 % betragen. Bei Verwendung von Wein darf das weinhaltige Getränk auch als Weinschorle bezeichnet werden

**Glühwein** wird ausschließlich aus Rotwein oder Weißwein, Zucker und würzenden Stoffen hergestellt. Ist Weißwein verwendet worden, so ist der Wein zu bezeichnen als „Glühwein aus Weißwein".

Daneben gibt es auch noch weitere „**Wein-Aperitif**"-Bezeichnungen, „Weinmischgetränke" und „alkoholfreien und alkoholreduzierten Wein" oder Schaumwein. Sowohl in den Getränkekarten als auch in der Etikettierung der Produkte müssen diese Angaben deutlich gekennzeichnet werden. Ebenfalls ist der Alkoholgehalt hier anzugeben. Je nach Mischungsverhältnis können auf diese Weise Getränke hergestellt werden, deren Alkoholgehalt mit 1,5 bis 5,0 Volumenprozent deutlich unter dem des Weines anzusiedeln ist.

## 7.3 Spirituosen/alkoholhaltige Getränke

Als Spirituose gilt die alkoholische Flüssigkeit, die zum menschlichen Verbrauch bestimmt ist, besondere organoleptische Eigenschaften und – abgesehen vom Eierlikör (14 % Vol.) – einen Mindestalkoholgehalt von 15 % Vol. aufweist und durch bestimmte Verfahren gewonnen wird. Im Einzelnen können Spirituosen u .a. eingeteilt werden in Brände, Geiste, aromatisierte Spirituosen und Liköre usw.

Bränden ist gemein, dass sie durch Vergärung der Rohstoffe und anschließende Destillation gewonnen werden. Die EG-Spirituosenverordnung definiert als „Brände": Rum, Whisky, Korn bzw. Kornbrand, Getreidebrand, Branntwein, Weinbrand/Brandy, Tresterbrand, Korinthenbrand, Obstbrand sowie Brand aus Apfel- oder Birnenwein (z. B. Calvados). Produkte, die den gesetzlichen Anforderungen im Einzelnen nicht entsprechen, dürfen die oben genannten Bezeichnungen nicht tragen. Beachten Sie, dass z. B. die frühere Bezeichnung wie Doppelkorn (Mindestalkoholgehalt 37,5 % Vol.) heute als Verkehrsbezeichnung nicht mehr ausreichend ist. Sie muss durch Kornbrand ergänzt werden. Als deutscher Weinbrand darf eine Spirituose beispielsweise nur bezeichnet werden, wenn u. a. die Produktionsphase, in der sie ihren Charakter und ihre endgültigen Eigenschaften erhalten hat, im geografischen Gebiet der Bundesrepublik Deutschland stattgefunden hat und den national festgelegten Mindestalkoholgehalt von 38 % Vol. aufweist.

Geiste, wie z. B. Himbeergeist, werden durch Einmaischen ganzer, nicht vergorener Früchte in Neutralalkohol und anschließender Destillation gewonnen. In der Regel werden Geiste in Deutschland aus zuckerarmen Beerenfrüchten hergestellt. Während für einen Himbeergeist ohne geografische Angabe der Mindestalkoholgehalt 37,5 % Vol. beträgt, muss z. B. der in der EG-Spirituosenverordnung geschützte „Schwarzwälder Himbeergeist" mindestens 40 % Vol. aufweisen. Entsprechendes gilt für Schwarzwälder Kirschwasser oder auch Schwarzwälder Zwetschgenwasser, Schwarzwälder Wiliamsbirne bzw. Schwarzwälder Mirabellenwasser. Das französische Erzeugnis Mirabelle de Lorraine muss beispielsweise den erhöhten Mindestalkoholgehalt von 45 % Vol. aufweisen.

Aromatisierte Spirituosen werden zumeist auf der Grundlage von Neutralalkohol hergestellt und nach verschiedenen Verfahren aromatisiert. Dies gilt z. B. für Gin, Genever. Aquavit z. B. wird gewonnen, indem Neutralalkohol mit einem Kräuterdestillat oder Gewürzdestillat aromatisiert wurde. Durch EG-Recht ist Steinhäger zu einer Herkunftsangabe geworden, d. h. jeder Steinhäger muss in Steinhagen hergestellt worden sein. Ausgangsbasis für die Herstellung ist Wacholder-Lutter, der in Brennblasen aus vergorener Wacholderbeermaische destilliert wird und einen Alkoholgehalt von mind. 10 bis max. 15 % Vol. aufweist. Der Mindestalkoholgehalt von Steinhäger selbst beträgt 38 % Vol.

Liköre sind Spirituosen, die einen Mindestzuckergehalt von 100 g/Liter aufweisen. Bei einem Enzianlikör braucht dieser nur 80 g/Liter und bei einem Kirschlikör, dessen Alkohol ausschließlich aus Kirschbrand stammt, 70 g/Liter betragen. Zur Herstellung können Neutralalkohol, Destillate, Spirituosen und zu einem geringen Teil auch Wein oder aromatisierte Weine verwendet werden. Zur Erzielung der gewünschten Geschmacksnote können Rahm, Milch, Sahne verwendet werden. Die Bezeichnung „-creme" mit der jeweiligen Fruchtbezeichnung ist zulässig, soweit der Likör einen Mindestzuckergehalt von 250 g/Liter. hat. Der Einsatz von naturidentischen Aromastoffen ist – abgesehen von gewissen Ausnahmen (z. B. Kirschlikör) – gestattet. Eierlikör (oder auch Advokat, Advocaat, Advocat) wird aus einer Mischung aus zuvor homogenisiertem hochwertigen Eigelb (mind. 140 g/Liter), Neutralalkohol, Zucker oder Honig (mind. 150 g/Liter), geringen Spuren von Eiweiß und evtl. weiteren aromatisierenden Zutaten hergestellt. Diese Mischung wird unter ständigem Rühren auf 60°C erhitzt (emulsiert). Der Mindestalkoholgehalt beträgt 14 % Vol.

Folgende Mindestalkohole sind u. a. festgesetzt worden:
- für Whisky/Whiskey und Pastis 40 %
- für Rum, Rum-Verschnitt, Branntwein, Tresterbrand, Brand aus Obsttrester, Korinthenbrand, Obstbrand, Brand aus Apfel- oder Birnenwein, Enzian, Gin (destillierter Gin), Akvavit/Aquavit, Wodka, Grappa, Ouzo, Kornbrand 37,5 %
- für Weinbrand/Brandy 36 %
- für Getreidespirituosen/Getreidebrand, Anis 35 %
- für Korn 32 %
- für Kümmel oder Spirituosen mit Kümmel (ausgenommen Akvavit/Aquavit) 30 %
- für Obstspirituosen 25 %
- für Spirituosen mit Anis (ausgenommen Ouzo, Pastis, Anis) 15 %

Als zwingend vorgeschrieben sind auf dem Etikett die Verkehrsbezeichnung (z. B. Weinbrand, Korn etc.), die Nennfüllmenge sowie der vorhandene Alkoholgehalt. Diese Angaben müssen im gleichen Sichtfeld erfolgen. Des Weiteren muss der Hersteller oder Abfüller zusammen mit seiner Anschrift genannt werden. Insgesamt müssen diese Angaben an gut sichtbarer Stelle, leicht verständlich und deutlich lesbar sein. Bei Deutschem Weinbrand muss die Prüfnummer aufgeführt werden.
Andere als die vorgeschriebenen Angaben sind grundsätzlich zulässig, sofern sie nicht gegen Anforderungen für die Benutzung zulässiger Bezeichnungen oder das Irreführungsverbot verstoßen. Geografische Herkunftsangaben (z. B. Cognac, Brandy de Jerez, Scotch Whisky) setzen voraus, dass die Spirituose auch tatsächlich aus dem genannten Gebiet stammt. Spirituosen, die nicht den einzelnen geschützten Spezifikationen

entsprechen, müssen als „Spirituose" bzw. „alkoholische Getränke" bezeichnet werden (z. B. Verschnitte, Ausnahme: Rum-Verschnitt).

**Links:**
1. EG-Spirituosen-Verordnung:
   europa.eu.int/eur-lex/de/consleg/pdf/1989/de_1989R1576_do_001.pdf
2. Lebensmittel- und Futtermittelgesetzbuch:
   www.gesetze-im-internet.de/lfgb/index.html
3. Lebensmittel-Kennzeichnungsverordnung:
   www.gesetze-im-internet.de/lmkv/
4. Los-Kennzeichnungsverordnung:
   www.gesetze-im-internet.de/lkv/
5. Eichgesetz:
   bundesrecht.juris.de/eichg/
6. Fertigpackungsverordnung:
   www.gesetze-im-internet.de/fertigpackv_1981/

## 7.4 Getränkeschankanlagenrecht

Hygiene und Sauberkeit gehören zu den obersten Geboten für den Wirt. Die Schankanlage unterliegt deshalb genau festgelegten Bestimmungen, für deren Einhaltung immer der Wirt verantwortlich ist.

Getränkeschankanlagen sind Anlagen, aus denen mit oder ohne Betriebsüberdruck Getränke zum Endverbrauch ausgeschenkt werden, jedoch nicht Anlagen, die mit Wasserdampf oder Heißwasser (z. B. Kaffeemaschinen) betrieben werden oder bei denen die Auslaufvorrichtung direkt mit dem Behälter verbunden ist und keine Druckbeaufschlagung erfolgt (sog. „bayerischer Anstich").

### 7.4.1 Rechtsgrundlagen

Bis zum 31. Dezember 2002 waren der Bau, die Errichtung und der Betrieb von Getränkeschankanlagen in der Getränkeschankanlagenverordnung (SchankV) und den zu dieser Verordnung erlassenen Technischen Regeln für Getränkeschankanlagen (TRSK) geregelt. Diese Vorschriften und Regeln für Getränkeschankanlagen legten Anforderungen an die Sicherheit und Hygiene bei Schankanlagen fest.
Die sinnvolle Zusammenfassung der Vorschriften für Getränkeschankanlagen in einer Verordnung wurde am 1. Januar 2003 aufgegeben. Ab diesem Datum wurden die sicherheitstechnischen Anforderungen in der Getränkeschankanlagenverordnung außer Kraft gesetzt, um sie fortan in der Betriebssicherheitsverordnung (BetrSichV) zu regeln.

**Wo wird nun die Hygiene bei Getränkeschankanlagen geregelt?**[*]
Da es seit dem 30. Juni 2005 keine Spezialvorschrift für Getränkeschankanlagen mehr gibt, ist die allgemein verbindliche Lebensmittelhygieneverordnung anzuwenden. Diese Verordnung war zwar auch bisher schon zu beachten, nur enthält sie wenig Konkretes über Getränkeschankanlagen. Da rechtzeitig zu erkennen war, dass die SchankV ersatzlos wegfallen würde, hat der Normenausschuss „Getränkeschankanlagen" zwischenzeitlich mehrere Normen erarbeitet, die nun konkrete Aussagen über die Hygiene bei Getränkeschankanlagen machen. Normen sind zwar nicht verbindlich wie Vorschriften, beschreiben jedoch den derzeitigen Stand der Technik. Normen haben gegenüber einer Verordnung den Vorteil, dass sie schneller und flexibler dem jeweiligen Stand der Technik angepasst und auf den technischen Fortschritt eingestellt werden können.

---

[*] BGN, Die hygienischen Anforderungen – Getränkeschankanlagenrecht. Deutscher Brauer-Bund e. V., Schankanlagen Dokumentation – Serviceunterlagen für die Getränkeschankanlage

## Was sollte der Betreiber einer Getränkeschankanlage beachten, wenn es um die Hygiene seiner Getränkeschankanlage geht?

Die verbindliche Vorschrift des § 11 der Getränkeschankanlagenverordnung gibt es nicht mehr. Danach mussten Getränkeschankanlagen nach Bedarf, mindestens jedoch die Getränkeleitungen einschließlich der Zapfarmaturen alle zwei Wochen gereinigt werden. Es liegt nun in der alleinigen Verantwortung des Betreibers, in welchen Fristen er seine Schankanlage reinigt. Er hat sich aber dabei an dem Stand der Technik zu orientieren, wenn er seiner Verantwortung gerecht werden will, d. h. an den Orientierungswerten für Reinigungsintervalle in der DIN 6650-6. Dort ist festgelegt, dass die regelmäßige Reinigung der Getränkeschankanlagen (u. a. Zapfkopf, Getränkeleitungen, Zapfarmatur) sich an bestimmten, unterschiedlichen Intervallen orientieren soll. Die Dokumentation für Zapfarmatur, Lochgitter und Ablauf ist zu führen und zu dokumentieren.

## Wo sind die Anforderungen an die Getränkeschankanlage konkret zu finden?

Die Schankanlagen fallen gemäß § 2 Abs. 7 Nr. 7 Geräte- und Produktionssicherheitsgesetz (GPSG) unter die überwachungsbedürftigen Anlagen. Die Regelungen hierzu finden sich in den §§ 14 ff. GPSG. Die zentrale Verordnung in diesem Zusammenhang stellt die Betriebssicherheitsverordnung (BetrSichV) dar, die die sicherheitstechnischen Anforderungen regelt, so z. B., dass die Schankanlage nach dem Stand der Technik errichtet und vor Inbetriebnahme durch eine befähigte Person* geprüft werden muss; das Ergebnis ist aufzuzeichnen.

Die hygienischen Anforderungen werden durch die Lebensmittelhygieneverordnung (LMHV) sowie durch das Lebensmittel- und Bedarfsgegenständegesetz (LMBG) geregelt. Dabei ist es egal, ob der Betreiber seine Schankanlage selbst reinigt oder eine Fachfirma damit beauftragt. Jedoch ist der Betreiber immer für den hygienisch einwandfreien Zustand seiner Schankanlage sowie die einwandfreie Pflege der Gläser und Gläserspüleinrichtungen selbst verantwortlich. Die Bestimmungen finden Sie unter: http://www.gesetze-im-internet.de/aktuell.html.

## Wo ist der Stand der Technik zu erfahren?

Da die hygienerechtlichen Vorschriften in der LMHV und dem LMBG wenig Konkretes über Schankanlagen enthalten, wurden vom Normenausschuss Getränkeschankanlagen mehrere Normen (DIN 6650) erarbeitet, die konkrete Aussagen über die Hygiene bei Schankanlagen machen. DIN-Normen sind zwar nicht verbindlich wie Vorschriften (Gesetze und Verordnungen), sie beschreiben jedoch den derzeitigen Stand der Technik.

---

\* Eine befähigte Person ist eine Person, die durch ihre Berufsausbildung, ihre Berufserfahrung und ihre zeitnahe berufliche Tätigkeit über die erforderlichen Fachkenntnisse zur Prüfung der Schankanlage verfügt (§ 2, 7 BetrSichV).

Nach DIN 6650-6 soll sich die regelmäßige Reinigung der Schankanlage (Zapfkopf, Getränkeleitungen, Zapfarmatur) an folgenden Intervallen orientieren:

| Getränk | Intervall |
|---|---|
| Fruchtsaft, Fruchtnektar, Fruchtsaftgetränke | täglich |
| Stilles Wasser, alkoholfreies Bier | 1–7 Tage |
| Bier (außer alkoholfreies Bier) | alle 7 Tage |
| Wein, kohlensäurehaltiges, alkoholfreies Erfrischungsgetränk, kohlensäurehaltiges Wasser | 7–14 Tage |
| Getränkegrundstoff, Spirituosen | 30–90 Tage |

Bezugsquelle für DIN-Normen: Beuth Verlag GmbH, Burggrafenstr. 6, 10787 Berlin, www.beuth.de.

Des Weiteren wird der Stand der Technik durch die BG-Regel „Sicherheit und Gesundheitsschutz bei Einrichtung und Betrieb von Getränkeschankanlagen" und die „Arbeits-Sicherheits-Informatinonen" (ASI) der Berufsgenossenschaft Nahrungsmittel und Gaststätten (BGN) beschrieben.

Die BG-Regel „Sicherheit und Gesundheitsschutz bei Einrichtung und Betrieb von Getränkeschankanlagen" richtet sich in erster Linie an den Unternehmer und soll ihm Hilfestellung bei der Umsetzung seiner Pflichten aus staatlichen Arbeitsschutzvorschriften und/oder Unfallverhütungsvorschriften geben sowie Wege aufzeigen, wie Arbeitsunfälle, Berufskrankheiten und arbeitsbedingte Gesundheitsgefahren vermieden werden können.

Von den Arbeits-Sicherheits-Informationen liegen insb. Folgende vor:

- Handlungsanleitung für die Gefährdungsbeurteilung bei Getränkeschankanlagen. Sie beinhaltet Auszüge aus der BetrSichV und ein Beispiel für die Durchführung einer Gefährdungsbeurteilung.
- Reinigung von Getränkeschankanlagen. Hier werden die gängigen Reinigungsverfahren beschrieben und die Vorschriften zur Reinigung erläutert.
- Druckgase zur Versorgung von Getränkeschankanlagen. Hier werden alle sicherheitsrelevanten Informationen zu Schankgasen wie Kohlensäure, Stickstoff und Mischgas gegeben.

*Bezugsquelle für BG-Regel und ASI: Berufsgenossenschaft Nahrungsmittel und Gaststätten (BGN), www.bgn.de, Stichwort/ Suchbegriff: Schankanlage*

## Weitere nützliche Informationen

- Die CD-ROM „Alles aus einer Hand – Die BGN" beinhaltet Informationen zur Organisation des Arbeitsschutzes im Betrieb, Praxishilfen und Formulare, Fachinformationen zu einzelnen Arbeits- und Gesundheitsschutzthemen, alle relevanten Arbeitsschutzvorschriften und weitere Informationen zur Berufsgenossenschaft Nahrungsmittel und Gaststätten. Bezugsquelle: www.bgn.de, Stichwort/Suchbegriff: Schankanlage.

- Der „Leitfaden Schankanlagen - Planung, Errichtung, Betrieb" versteht sich als Nachschlagewerk für alle, die Fassbier ausschenken oder mit der Planung und Errichtung bzw. Wartung von Schankanlagen zu tun haben. Entwickelt wurde das Nachschlagewerk von Experten aus Brauereien und Brauereiverbänden unter Federführung des Deutschen Brauer-Bundes. Ziel ist dabei, die Qualität des in Deutschland ausgeschenkten Fassbieres weiter zu steigern. Bezugsquelle: www.brauer-bund.de.

- Der Deutsche Brauer-Bund e. V. hat u. a. folgende Unterlagen als PDF zum Thema:
  - Schankanlagen Dokumentation – Serviceunterlagen für die Getränkeschankanlage,
  - Informationsblatt zur professionellen Reinigung,
  - Reinigungsplan,
  - Mustervertrag Schankanlagenreinigung,
  - Reinigungsnachweise.

  Diese können Sie unter www.brauer-bund.de, Rubrik: Gastronomie, Professioneller Bierausschank kostenlos herunterladen.

**Muss der Behörde die Inbetriebnahme der Getränkeschankanlage angezeigt werden und ist die Getränkeschankanlage weiterhin alle 2 Jahre durch den Sachkundigen auf Hygiene zu prüfen?**

Nein! Weder eine Anzeige an die zuständige Behörde noch eine hygienische Überprüfung der Schankanlage durch den Sachkundigen ist erforderlich. Den Sachkundigen für Getränkeschankanlagen gibt es rechtlich gesehen nicht mehr, da die Rechtsgrundlage für den Sachkundigen entfallen ist.

### 7.4.2 Was gehört zur Schankanlage?

Zu den Getränkeschankanlagen gehören mit Ausnahme der Druckgasbehälter (z. B. $CO_2$-Gasflaschen), Druckbehälter für Druckgas und Verdichter, alle Bauteile der Anlage einschließlich Handpumpen sowie Schanktische mit Spülvorrichtungen und Räume für die an die Getränkeschankanlagen angeschlossenen Getränke oder Grundstoffbehälter. Zu den Getränkeschankanlagen gehören ferner Räume, in denen Verdichter, Druckgasbehälter oder Druckbehälter für Druckgas angeschlossen oder bereitgestellt werden.

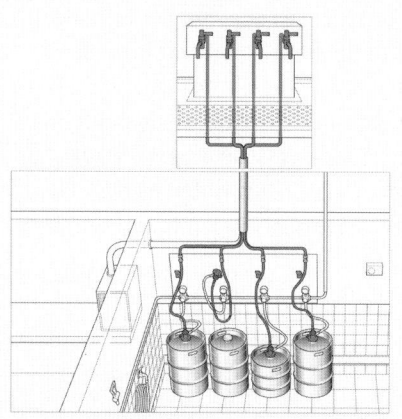

Schankbereich

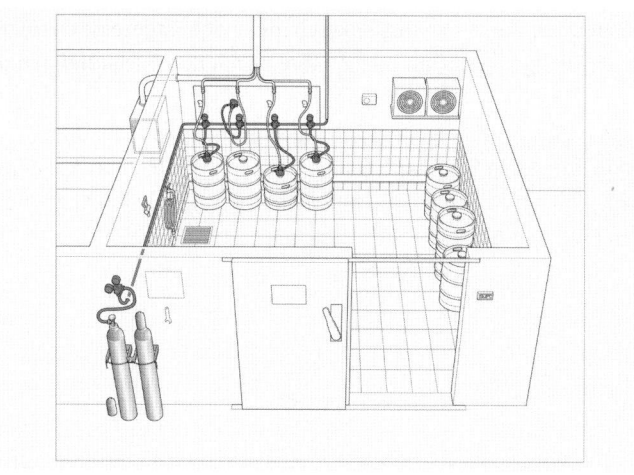

Druckgasbereich

### 7.4.3 Wechseln eines Druckgasbehälters (Reihenfolge unbedingt einhalten)

- Der zu wechselnde Druckgasbehälter (1) darf erst nach Schließen des Druckgasbehälterventils (9), Abschrauben des Druckminderers (4) an der Überwurfmutter (7) und Aufschrauben der Schutzkappe (2) aus der Halterung (3) gelöst werden.
- Der anzuschließende Druckgasbehälter (1) mit Schutzkappe (2) ist mit einer geeigneten Halterung, z. B. Wandhalterung (3), aufrecht so zu befestigen, dass ein Umfallen ausgeschlossen ist.
- Schutzkappe (2) des Druckgasbehälters entfernen.
- Den Druckminderer (4) mit geeignetem Werkzeug mittels der Dichtring-Überwurfmutter (7) an den Druckgasbehälter (1) fest anschrauben. Dabei auf die Dichtung achten.
- Absperrhahn (8) schließen, Druckgasbehälterventil (9) ganz öffnen, Dichtheit überprüfen!
- Absperrhahn (8) öffnen, wenn die Hinterdruckgasleitung (11) angeschlossen ist.
- Nachfolgende Leitungen auf Dichtheit prüfen.

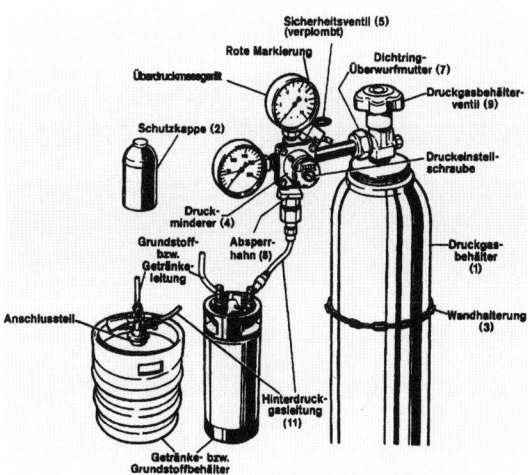

Druckgasbereich

Zur Vertiefung können Merkblätter über die Berufsgenossenschaft, www.bgn.de, zum Umgang mit Kohlensäureflaschen im Gastgewerbe, Aufstellung von Druckgasflaschen zur Versorgung von Getränkeschankanlagen, Reinigung von Getränkeschankanlagen und Gefährdungsbeurteilung, bezogen werden.

### 7.4.4 Die Schankgefäße

Die Eichordnung bestimmt, welches Nennvolumen die Trinkgefäße haben dürfen. Nach der Eichordnung sind Schankgefäße zum Trinken nur mit einem Nennvolumen von 1, 2, 4, 5 oder 10 Zentiliter oder 0,1; 0,2; 0,25; 0,3; 0,4; 0,5; 1,5; 2; 3; 4 oder 5 Liter zulässig. Beim Einschenken ist darauf zu achten, dass z. B. das Bier ohne den Schaumanteil bis zum jeweiligen Füllstrich reicht. Der Gast hat das Recht, ein unzureichend gefülltes Schankgefäß zurückzuweisen.

Weitere Erläuterungen gibt das Lebensmittel- und Bedarfsgegenständegesetz:

- Keine Trinkgefäße aus gesundheitsschädlichem Material verwenden.
- Keine beschädigten oder hygienisch nicht einwandfreien Gläser verwenden.
- Keine Spülmittel verwenden, welche Stoffe enthalten, die der Gesundheit schaden und die Eigengeschmack entwickeln. Gläserspülmittel müssen geschmacks- und geruchsneutral sein. Bei Spülmitteln für Biergläser ist insbesondere darauf zu achten, dass der Bierschaum nicht beeinträchtigt wird. Werden Schankgefäße per Hand gereinigt, muss das unter fließenden Trinkwasser geschehen oder mit einem Spülboy.

*Weitere Informationen finden Sie z. B. auch bei dem Verband der Lebensmittelkontrolleure Saar: www.lmk-saar.de/fachbeitraege/getraenkeschacht.html.*

## 7.5 Richtiger Ausschank

Die beste Schankanlage ist noch keine Garantie für ein hervorragendes Bier vom Fass. Sie muss auch richtig bedient, gewissenhaft gereinigt und regelmäßig gewartet werden. Sauberkeit ist oberstes Gebot. Das gilt für die Biergläser und natürlich genauso für die Schankanlage. Dabei ist es egal, ob der Wirt seine Bierleitungen, Bierhähne usw. selbst reinigt oder ob er eine Firma damit beauftragt. Er, als Betreiber, ist immer für den hygienisch einwandfreien Zustand seiner Schankanlage verantwortlich. In diesem Zusammenhang sei erwähnt, dass die ausschließlich mechanische Reinigung der Bierleitungen nur mit Wasser und Schwamm heutzutage nicht mehr als ausreichend betrachtet werden kann. Eine regelmäßige chemische oder chemisch-mechanische Reinigung ist unerlässlich.

Die verwendeten Gläserspülmittel müssen speziell für die Reinigung von Biergläsern geeignet sein. Haushaltsspülmittel sind nicht geeignet. Sie enthalten schaumzerstörende Tenside, die nicht ausreichend ausgespült werden können. Die Herstellerangaben bezüglich der Dosierung müssen unbedingt beachtet werden. Gespülte und ungespülte Gläser dürfen nur von außen angefasst werden. Gläser dürfen auf keinen Fall innen mit einem Geschirrtuch o. ä. abgetrocknet oder poliert werden, da sonst schaumzerstörende Reinigungsmittelreste und Textilfasern im Glas haften bleiben können. Falsch behandelte Gläser erkennt man daran, dass sich beim Ausspülen auf der Glasoberfläche Tropfen statt eines geschlossenen Wasserfilms bilden. In einem richtig behandelten Glas erkennt man nach dem Austrinken noch die Schaumabsätze.

Die Aufbewahrung der trockenen Gläser sollte aufrecht mit der Mündung nach oben, nicht auf dem Kopf stehend, erfolgen. Dafür eignen sich geschlossene Schränke, deren Material keine geruchs- oder geschmacksaktiven Substanzen (z. B. Holzbehandlungsmittel) ausdünsten. Hier werden die Gläser nicht den Küchengerüchen, Fettdunst und Tabakqualm ausgesetzt.

Das richtige Zapfen ist schnell erklärt, wenn man sich das gewünschte Ziel vor Augen hält: Das Bier soll zügig gezapft werden, um einen möglichst unveränderten Kohlensäuregehalt und eine angenehme Trinktemperatur zu gewährleisten. Andererseits wird gerade bei Pilsbieren eine stabile, feinporige Schaumkrone erwartet, was ein bis zwei „Ruhepausen" zum Setzen des Schaums erfordert.

In der Praxis hat sich daher eine Zapfdauer von maximal drei Minuten bewährt. Die richtigen Schritte im Einzelnen:

- Halten Sie das saubere, nochmals mit der Gläserdusche nachgespülte und dadurch gekühlte, Glas schräg unter den voll geöffneten Zapfhahn, sodass das Bier die Wandung entlang läuft.

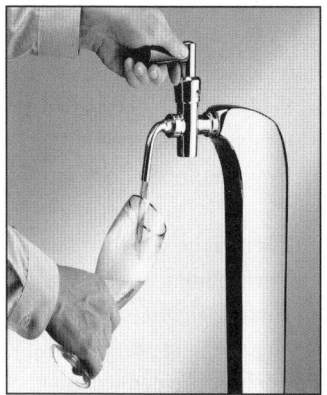 

- Lassen Sie das zur Hälfte gefüllte Glas etwa eine Minute lang stehen. (s. o.)
- Nun können Sie nachzapfen. Achten Sie bitte hierbei darauf, dass der Hahnauslauf nicht in das Bier eintaucht. Hierdurch kommt es zu unnötigen Kohlensäureverlusten.
- Im Anschluss an das Nachzapfen bleibt das Glas nochmals etwa eine Minute stehen.
- Nun wird dem Bier die „Krone" aufgesetzt. Beim Kükenhahn erreicht man dies durch schnelle Auf-und-Zu-Bewegung. Beim Kolben- oder Kompensatorhahn wird der Griff in die Schaumposition, also üblicherweise nach hinten gedrückt. Es versteht sich von selbst, dass das Bier nun schnell serviert werden sollte.
- Der ganze Zapfvorgang hat bei einer richtig konzipierten und eingestellten Schankanlage nicht länger als drei Minuten gedauert.


### Fehler, die beim Bierausschank auftreten können

### Bier läuft nicht
- Das Fass ist leer. → Neues Fass anschließen.
- Der Leitungsabsperrhahn für die Getränkeleitung ist geschlossen.
  → Absperrhahn öffnen.
- Die Bierleitung ist verstopft (z. B. durch Reinigungsbällchen). → Fremdkörper beseitigen.

- Die Bierleitung ist geknickt. → Knick beseitigen.
- Die Bierleitung ist eingefroren. → Zunächst Kühlmaschine abstellen und Leitung auftauen lassen. Technischen Service verständigen.
- Das Keg ist eingefroren. → Dringendst eingestellte Temperatur im Kühlraum und korrekte Funktion der Kühlung überprüfen.
- Der Keg-Zapfkopf ist falsch zusammengebaut. → Auseinandernehmen und richtig zusammenbauen.
- Die Kohlensäureflasche ist leer. → Neue Druckgasflasche anschließen.
- Der Leitungsabsperrhahn für die Druckgasleitung ist geschlossen. → Absperrhahn öffnen.
- Der Kohlensäuredruck ist zu gering. → Korrekten Druck einstellen (hierfür sollte so bald wie möglich ein Fachmann, z. B. vom Getränkelieferanten, zu Rate gezogen werden).
- Die Lippenventile im Bierfänger sind verklebt, deswegen gelangt keine Kohlensäure in das Fass. → Dringende Reinigung erforderlich. Möglichst Lippenventile erneuern.
- Die Kohlensäureleitung ist undicht. → Unbedingt Undichtigkeit beseitigen bzw. den technischen Service verständigen. Achtung! Ausströmendes CO2-Gas ist farb- und geruchlos und kann zu gesundheitlichen Schäden und sogar zum Tode führen!

**Bier läuft trüb**
- Es ist ein trübes Bier, z. B. Hefeweizen, Zwickelbier etc. angeschlossen. → Weiterzapfen.
- Die Bierleitungen wurden vertauscht. → Leitungen tauschen und vor erneutem Anschluss reinigen.
- Die Bierleitungen oder Armaturen sind nicht sauber. → Es wird allerhöchste Zeit, eine gründliche, chemische bzw. chemisch-mechanische Reinigung durchzuführen. Die Reinigungsintervalle sollten verkürzt werden.
- Das Bier hat eine Kältetrübung. → Temperatur korrekt einstellen (lassen).
- Die Schankanlage hat zuviel $CO_2$-Druck. → Korrekten Druck einstellen (lassen). Hierfür sollte ein Fachmann, z. B. vom Getränkelieferanten, zu Rate gezogen werden.

**Bier schäumt zu stark**
- Das Bier ist zu warm. → Am wahrscheinlichsten ist, dass das Fass nach der Anlieferung nicht ausreichend lange (bis zu 48 Stunden werden für ein 50 l Keg benötigt) im Kühlraum durchkühlen konnte und zu schnell angeschlossen wurde. Also sollte der Anlieferrhythmus überprüft werden. Es ist auch möglich, dass die Kühlraumtemperatur falsch eingestellt wurde und herabreguliert werden muss. Eine konstante Temperatur im Bereich von 5 – 8 °C ist hierbei anzustreben. Schwierig

wird es, wenn die Kälteanlage z. B. wegen tropischer Außentemperaturen überlastet ist. Dann ist die Installation eines zusätzlichen oder eines leistungsfähigeren Aggregates zu überlegen.

- Das Bier erwärmt sich in der Leitung. → Die Getränkeleitung sollte mindestens mit einer Isolierung oder noch besser mit einer Leitungsbegleitkühlung versehen werden. Falls schon vorhanden, muss der Zustand der Isolierung bzw. die Funktion der Leitungsbegleitkühlung überprüft bzw. die Temperatur korrekt eingestellt werden.
- Die Gläser sind zu warm oder trocken. → In jedem Fall vor dem Zapfen die Gläser mit kaltem Wasser vorspülen. Bei Verwendung einer Gläserspülmaschine die Gläser vor dem nächsten Befüllen zunächst außerhalb der Maschine abkühlen lassen.
- Das Bier wird aus der Leitung gequetscht, d. h. der Hahn wird beim Zapfen nicht ganz geöffnet. → Beim Zapfen den Bierhahn immer ganz öffnen. Sicherstellen, dass der Hahntyp richtig bedient wird (Schaumtaste?).
- Die Bierleitung ist geknickt. → Knick beseitigen.
- In den Leitungen ist Belag von Bierstein. → Es wird höchste Zeit, eine chemische bzw. chemisch-mechanische Grundreinigung durchzuführen.
- Fremdkörper zwischen Fitting und Zapfkopf. → Zapfkopf abnehmen und überprüfen.
- Das Bier fließt zu schnell. → Wahrscheinlich ist die Anlage falsch konzipiert. Unbedingt einen Fachmann zu Rate ziehen.
- Der Kohlensäuredruck ist über längere Zeit zu hoch gewesen, das Bier ist daher aufkarbonisiert. → Für die Leerung dieses Fasses muss der Druck noch weiter heraufreguliert werden. Das Getränk ist jedoch verfälscht. Für die Einstellung eines korrekten Druckes für weitere Fässer sollte so schnell wie möglich ein Fachmann, z. B. vom Getränkelieferanten, zu Rate gezogen werden.
- Kohlensäuredruckminderer ist defekt oder verstellt. → Vom Fachmann austauschen bzw. einstellen lassen.
- Kohlensäuredruck ist zu niedrig, die biereigene Kohlensäure entbindet zu Gasblasen, welche beim Kompensatorhahn zur Schaumbildung führen. → Korrekten Druck einstellen. Hierfür sollte ein Fachmann, z. B. vom Getränkelieferanten, zu Rate gezogen werden. Es sollte überprüft werden, ob ein Kompensatorhahn bei dieser Anlage überhaupt sinnvoll ist.

### Bier schäumt zu wenig
- Das Bier ist zu kalt. → Die Kühlraumtemperatur ist falsch eingestellt und muss heraufreguliert werden. Eine konstante Temperatur im Bereich von 5 – 8 °C ist anzustreben.
- Das Bier fließt zu langsam. → Wahrscheinlich ist die Anlage falsch konzipiert. Unbedingt einen Fachmann zu Rate ziehen.

- Die Gläser sind nicht sauber. → Gründlich reinigen und ggf. wirksamere Reinigungsmethode anwenden z. B. Spülmaschine. Evtl. Spülbürsten austauschen bzw. Spülgerät reinigen. Ggf. zum Schutz vor fettigen Küchendünsten etc. einen anderen Ort für die Gläseraufbewahrung wählen. Niemals, auch nicht bei ungespülten Gläsern, mit den Fingern in die Gläser hineingreifen. Gläser während des Betriebes nicht polieren.
- Es wurden schaumzerstörende Reinigungsmittel verwendet. → Nur spezielle Reinigungsmittel für Biergläser verwenden.
- Der Kohlensäuredruck ist über längere Zeit zu niedrig gewesen. → Das Bier hat einen Teil seiner eigenen Kohlensäure verloren und kann keinen Schaum mehr aufbauen. Es ist somit verfälscht und sollte nicht mehr ausgeschenkt werden. Für die Einstellung eines korrekten Druckes sollte ein Fachmann, z. B. vom Getränkelieferanten, zu Rate gezogen werden.
- Die Kohlensäureleitungen sind zu klein dimensioniert. → Vom Fachmann Leitung mit größerem Durchmesser installieren lassen.
- Die Kohlensäurezufuhr wird unterbrochen. → Leitungsweg überprüfen und Defekt ggf. vom Fachmann beheben lassen.

### Der Bierschaum ist grobporig und fällt sofort zusammen
- Die Biergläser weisen Fettspuren auf .→ Auch bei den ungespülten Gläsern niemals mit den Fingern in die Gläser hineingreifen. Spezielle Spülmittel für Biergläser verwenden. Erfolg der Reinigung regelmäßig überprüfen. Generell Hinweise zur Gläserpflege in dieser Broschüre beachten.
- Es wurden schaumzerstörende Reinigungsmittel verwendet. → Nur spezielle Reinigungsmittel für Biergläser verwenden.
- Fettspuren in der Bierleitung oder an Armaturen. → Bierweg überprüfen und gründlich reinigen.
- Der flexible Teil der Bierleitung wurde mit ungeeigneten Mitteln gereinigt und ist daher unbrauchbar. → Leitung austauschen.

### Das Bier schmeckt untypisch
- Kunststoffschläuche ungeeignet. → Austauschen und auf SK-Kennzeichnung der Schläuche achten.
- Ungeeignete Reinigungsmittel. → Geeignetes Reinigungsmittel verwenden und ggf. Leitungen erneuern.
- Leitungen verlaufen nicht ausreichend geschützt durch kritische Bereiche. → Leitungen ersetzen und in Schutzrohr verlegen lassen.

## Das Bier schmeckt schal

- Kohlensäureverluste beim Zapfen durch falsche Zapftechnik. → Typische Erscheinung bei den Anhängern des „Sieben-Minuten-Pils". Bitte informieren Sie sich, wie man ohne Kohlensäureverluste und ohne den Gast verdursten zu lassen, ein Bier mit schöner Schaumkrone zapfen kann.

- Der eingestellte Kohlensäuredruck ist zu niedrig. → In Abstimmung mit einem Fachmann heraufregeln.

- Das Fass befand sich längere Zeit ohne bzw. ohne ausreichenden Kohlensäure-Gegendruck im Anschluss. Die biereigene Gärungskohlensäure ist daher entwichen. → Fass austauschen. Sofort den Druck und $CO_2$-Leitungsweg überprüfen.

- Kohlensäureverluste in der Druckleitung. → Dringend Leitungsweg auf Undichtigkeiten überprüfen!

*Ausarbeitung des Deutschen Brauer-Bundes, www.brauer-bund.de, abgedruckt mit freundlicher Genehmigung.*
*Zum Thema Bierausschank siehe auch www.anstich.de, www. zapfhahn.de, www.dagsch.de*

# 8. Kennzeichnung

Auch im Gast- und Beherbergungsgewerbe muss der Verbraucher über die Preise und Zusatzstoffe der angebotenen Speisen und Getränke oder Leistungen informiert werden. Dies erfolgt in Gaststätten und Beherbergungsbetrieben durch Preisverzeichnisse. Diese Vorschriften gelten für alle Speise- und Schankwirtschaften, Beherbergungsbetriebe, Selbstbedienungsgaststätten, Erfrischungshallen, Kioske, Stehbierhallen, Bierzelte, Schnellimbissstuben, Kaffeeausschankfilialen etc.

In den genannten Gaststätten und ähnlichen Betrieben, in denen Speisen und Getränke angeboten werden, müssen die Preise in Preisverzeichnissen angegeben werden. Die Preisverzeichnisse müssen entweder

- auf den Tischen ausliegen oder
- jedem Gast vor der Bestellung vorgelegt werden und auf Verlangen des Gastes erneut bei der Abrechnung oder
- gut lesbar in der Gaststätte oder in den anderen genannten Betrieben angebracht werden (z. B. große Tafel über der Theke oder an der Wand etc., die für jeden Gast ohne Probleme lesbar ist).

Besteht kein Gastraum, muss der Gastwirt das Preisverzeichnis außen gut sichtbar anbringen, so z. B. am Kiosk. Werden die Speisekarten auf den Tischen ausgelegt, so müssen diese in ausreichender Anzahl in der Gaststätte vorhanden sein. Jeder Gast muss sich ohne große Wartezeiten über das Angebot und die Preise der Speisen und Getränke informieren können. In den Preisverzeichnissen müssen alle angebotenen Speisen und Getränke aufgelistet sein. In der Nähe des „nicht öffentlichen" Telefons, das den Gästen zur Benutzung zur Verfügung steht, ist der für die Benutzung geforderte Preis für eine Gebühreneinheit anzubringen.

Die Preisverzeichnisse müssen immer die **Endpreise** enthalten. Bedienungsentgelt, die Mehrwertsteuer und andere Zuschläge, wie zum Beispiel Zuschlag zu Speisen und Getränke wegen einer Musikdarbietung, müssen in den angegebenen Preisen enthalten sein. Auch müssen feste Preise angegeben werden, „ca.-Preise", „von/bis-Preise" oder „ab-Preise" sind nicht zulässig. Ebenso ist die Angabe „Preise je nach Gewicht und Größe" nicht erlaubt. Die Angabe „Kinderteller" oder „kleine Portion", „große Portion" ist zulässig. Möglich ist es, die Endpreise, sofern sie ausdrücklich hervorgehoben werden, aufzugliedern. So können die Zuschläge für Mehrwertsteuer, Bedienung oder Musikdarbietung aufgeschlüsselt werden. Der Verbraucher bzw. Gast soll immer sofort erkennen können, welchen Betrag er für ein Getränk oder eine Speise zu zahlen hat. Es darf ihm nicht zugemutet werden, erst die Einzelbestandteile des Endpreises zusammenzurechnen.

## 8.1 Eingangsbereich

Zusätzlich muss neben dem Eingang der Gaststätte eine Speise- und Getränkekarte mit Preisverzeichnis angebracht werden, sodass der Gast vor Betreten der Gaststätte diese ohne Probleme lesen kann. Das Preisverzeichnis muss aber nur die wesentlichen angebotenen Speisen und Getränke erfassen. Wesentliche Speisen und Getränke sind die von den Gästen am häufigsten nachgefragten. Werden Speisen und Getränke in Schaukästen, Schaufenstern, Vitrinen etc. angeboten, so muss bei den ausgestellten Speisen- und Getränken der Preis angegeben werden. Bei umzäunten Gartenlokalen ist der Eingang bereits das Gartentor, bei Straßencafés bleibt es bei dem Eingang zum Gastraum. Gaststätten mit mehreren Eingängen müssen an jedem Eingang einen Aushang haben.

## 8.2 Beherbergungsbetriebe

Auch ein Beherbergungsbetrieb muss, wenn er Speisen und Getränke anbietet, Speise- und Getränkekarten nach den genannten Vorschriften haben. Daneben müssen aber auch folgende Preise in Preisverzeichnissen angegeben werden:

- Beim Eingang oder bei der Rezeption des Betriebes muss an gut sichtbarer Stelle ein Verzeichnis angebracht oder ausgelegt werden, aus dem die Preise der im Wesentlichen angebotenen Zimmer und gegebenenfalls der Frühstückspreis ersichtlich sind.
- In der Nähe des „privaten Fernsprechers", der den Gästen zur Benutzung zur Verfügung steht, ist der für die Benutzung geforderte Preis für eine Gebühreneinheit anzubringen. Diese Preisangabe ist auch im so genannten Zimmerpreisverzeichnis anzugeben.
- Werden auch Voll- oder Halbpension angeboten, so müssen die Endpreise auf den jeweiligen Verzeichnissen aufgeführt werden.

Auch die Zimmer- und Frühstückspreise müssen Endpreise sein. Bedienungs- und Serviceentgelte müssen bereits enthalten sein.

Rechtsgrundlagen:
*Preisangabenverordnung, Gaststättengesetz, Zusatzstoff-Zulassungsverordnung, VO über koffeinhaltige Erfrischungsgetränke, Aromen-Verordnung, Verordnung über nährwert- und gesundheitsbezogene Angaben auf Lebensmitteln, Verordnung über diätetische Lebensmittel*

## 8.3 Kennzeichnung von Lebensmitteln

Beim Einkauf sollte der Gastwirt auf die Kennzeichnung der Lebensmittel achten. Während sie sich bei der losen Ware nur auf wenige kennzeichnungspflichtige Angaben, wie z. B. Menge, Herkunft (u. U. Handelsklasse), Verbrauchsdatum, Mindesthaltbarkeitsdatum, kennzeichnungspflichtige Zusatzstoffe, Qualitätsangaben, wie z. B. gentechnische Veränderungen bei Lebensmitteln und Zusatzstoffen beziehen, ist die Kennzeichnung bei Fertigpackungen allumfassend.


### 8.3.1. Kennzeichnung in Fertigpackungen

Gemäß der Lebensmittelkennzeichnungs-Verordnung für Fertigpackungen müssen folgende Kennzeichnungselemente angegeben werden, die im Einzelfall (nach Maßgabe) mit zusätzlichen Informationen zu versehen sind.

a) Verkehrsbezeichnung

Der Verbraucher soll mit der Verkehrsbezeichnung die Art des Lebensmittels unverwechselbar erkennen können. Die Verkehrsbezeichnung ist entweder in Rechtsvorschriften festgelegt oder es gibt eine nach allgemeiner Verkehrsauffassung übliche Bezeichnung oder das Lebensmittel wird derart beschrieben (erforderlichenfalls mit dem Verwendungszweck), dass es zweifelsfrei zuzuordnen ist.

Im selben Sichtfeld wie die Verkehrsbezeichnung sind im Sinne des Verbraucherschutzes oft schon spezielle Angaben lesbar, wie z. B. „erhöhter Koffeingehalt" bei Energy-Drinks, die mehr als 150 mg Koffein/Liter enthalten oder Angaben über kalorische Einschränkungen wie „light" oder „Diät" etc.

b) Name und Anschrift des Herstellers oder der Firma, Verpackers oder Verkäufers

c) Zutatenverzeichnis mit sämtlichen Zusatzstoffen

Das Verzeichnis der Zutaten besteht aus einer Aufzählung der Zutaten in absteigender Reihenfolge ihres Gewichtsanteiles zum Zeitpunkt ihrer Verwendung bei der Herstellung des Lebensmittels. Die Zutaten sind oft mit Qualitätshinweisen versehen, wie z. B. Zerkleinerungsgrad der eingesetzten Hackmasse bei der Frikadellenherstellung. Die Zutatenliste gibt weiterhin Auskunft über verwendete Zusatzstoffe, wie Farbstoffe, Konservierungsstoffe, Zuckeraustauschstoffe und Süßstoffe, Antioxydationsmittel, Geschmacksverstärker, Wachse, Schwefelverbindungen, Phosphate, Aromen. Bei Verwendung von Lebensmitteln und Zusatzstoffen, die aus gentechnisch veränderten Organismen hergestellt sind, selbst gentechnisch veränderte Organismen sind oder gentechnisch veränderte Organismen enthalten, ist z. B. unmittelbar nach der betreffenden Zutat der Zusatz „genetisch verändert" oder „aus genetisch veränderten (Bezeichnung der Zutat) hergestellt" aufgeführt.

d) Mindesthaltbarkeitsdatum oder Verbrauchsdatum
(bei leicht verderblichen Lebensmitteln)
Das Mindesthaltbarkeitsdatum eines Lebensmittels ist das Datum, bis zu dem dieses
Lebensmittel unter angemessenen Aufbewahrungsbedingungen seine spezifischen
Eigenschaften behält. Die Aufbewahrungsdauer ist von verschiedenen Umständen
abhängig, insbesondere von der sachgerechten – u. a. kühlen – Lagerung. Das Mindesthaltbarkeitsdatum ist kein Verfallsdatum, nach dessen Ablauf ein Lebensmittel
nicht mehr verkauft werden darf. Nach dem Überschreiten der Mindesthaltbarkeitsdauer können Lebensmittel verwendet werden, sofern ihr einwandfreier Zustand
durch eine besonders eingehende Prüfung festgestellt wird. Unabhängig hiervon
muss der Gastwirt sich generell von der einwandfreien Beschaffenheit der von ihm
in Packungen oder Behältnissen an den Verbraucher abgegebenen Lebensmittel
vergewissern. Wird die Mindesthaltbarkeitsdauer nur bei Einhaltung bestimmter
Lagerbedingungen erreicht, so ist der entsprechende Hinweis in Verbindung mit der
Angabe der Mindesthaltbarkeitsdauer zu beachten (z. B. gekühlt bei ... °C mindestens haltbar bis ...).
Anstatt des Mindesthaltbarkeitsdatums ist bei in mikrobiologischer Hinsicht sehr
leicht verderblichen Lebensmitteln das „Verbrauchsdatum" (verbrauchen bis ...) angegeben. Es kennzeichnet den letzten Tag, an dem ein Lebensmittel verzehrt werden
sollte. Lebensmittel, deren Verbrauchsdatum abgelaufen ist, dürfen nicht mehr in
den Verkehr gebracht, also auch nicht mehr vom Gastwirt weiterverarbeitet werden!
Es ist dabei nicht von Bedeutung, ob das Lebensmittel bereits verdorben ist und
damit eine Gefahr für die menschliche Gesundheit darstellt. Entscheidend ist nur der
Ablauf des Verbrauchsdatums. Das Verbrauchsdatum ist gesetzlich vorgeschrieben
für Hackfleisch, Schabefleisch und anderes zerkleinertes rohes Fleisch (z. B. geschnetzeltes Fleisch, Bratwürste oder Frikadellen) sowie für frisches Geflügelfleisch.

e) Loskennzeichnung
Wenn aus den Angaben – mindestens Tag und Monat – nicht die Gesamtheit der
Verkaufseinheit, Partie/Charge zu erkennen ist. Lebensmittel in Fertigpackungen dürfen nur in Verkehr gebracht werden, wenn sie mit einer Angabe gekennzeichnet sind,
aus der das Los (Gesamtheit von Verkaufseinheiten eines Lebensmittels, das praktisch unter gleichen Bedingungen erzeugt, hergestellt oder verpackt wurde) zu ersehen ist. Die Loskennzeichnung ist mit dem vorangestellten Buchstaben „L" definiert
und kann nur entfallen, wenn das Mindesthaftbarkeitsdatum oder Verbrauchsdatum
unverschlüsselt unter Angabe mindestens des Tages oder des Monats angegeben ist.

f) Angabe über die Inhaltsmenge (Nennfüllmenge für Gewicht, Volumen) zum Zeitpunkt des Abpackens

**g) Menge bestimmter Zutaten oder Gattungen von Zutaten**

Wenn die Bezeichung der Zutat oder der Gattung von Zutaten in der Verkehrsbezeichnung des Lebensmittels und/oder auf dem Etikett durch Worte, Bilder hervorgehoben ist und sich somit von anderen Lebensmitteln unterscheiden will, ist auch eine mengenmäßige Angabe dieser hervorgehobenen Zutaten ausgewiesen.

**h) Vorhandener Alkoholgehalt bei Getränken mit einem Alkoholvolumenprozent von mehr als 1,2 Volumenprozent**

**i) Preisangaben**

Bei Lebensmitteln in Fertigpackungen müssen neben dem Endpreis auch der Preis je Mengeneinheit einschließlich der Umsatzsteuer und sonstiger Preisbestandteile unabhängig von einer Rabattgewährung (Grundpreis) angegeben sein.
Die Mengeneinheit für den Grundpreis ist z. B. jeweils 1 Kilogramm, 1 Liter. Bei Waren, deren Nennvolumen üblicherweise 250 Gramm oder Milliliter nicht übersteigt, dürfen als Mengeneinheit für den Grundpreis 100 Gramm oder Milliliter verwendet werden.

Diese Kennzeichungselemente sind auf der Packung oder einem mit ihr verbundenen Etikett an gut sichtbarer Stelle in deutscher Sprache, leicht verständlich, leicht lesbar und unverwischbar anzubringen. Die Angaben können auch in einer anderen, leicht verständlichen Sprache angegeben sein, wenn dadurch die Information des Verbrauchers nicht beeinträchtigt wird.

## 8.3.2 Aktuelle Diskussionen rund um das Mindesthaltbarkeitsdatum/ Verbrauchsdatum

Nachdem der Film von Valenthin Thurn „Taste The Waste" viel in Sachen Lebensmittelverschwendung verändert hat, ist es auch für Gastronomen an der Zeit und nicht zuletzt ethisch viel wichtiger geworden, Lebensmittel so einzukaufen und einzusetzen, dass der ungerechtfertigten Vernichtung entgegengewirkt wird. Natürlich geht es auch hier um den eigenen Geldbeutel. Das Buch „Die Essensvernichter" von Stefan Kreutzberger und Valentin Thurn sowie der Film „Taste The Waste" können viele Erkenntnisse in Bezug auf angstfreien Umgang mit Lebensmitteln bringen.

Folgende Textstellen aus dem Buch „Die Essensvernichter" machen deutlich, wie unsicher der Umgang mit dem Mindesthaltbarkeitsdatum/Verbrauchsdatum ist:
Die Definition der Verordnung über die Kennzeichnung von Lebensmitteln (§ 7) besagt nämlich nur: Das Mindesthaltbarkeitsdatum eines Lebensmittels ist das Datum, bis zu dem dieses Lebensmittel unter angemessenen Aufbewahrungsbedingungen seine

spezifischen Eigenschaften behält. Diese Eigenschaften können Geschmack, Geruch und Nährstoffgehalt betreffen oder aber sich im Falle von Joghurt oder Quark nur auf die cremige Konsistenz oder das Absetzen von Molke beziehen. Einmal umgerührt, ist alles wieder in Ordnung. Andererseits kann eine Ware auch schon vor Erreichen des MHD verdorben sein; durch falsche Lagerung, Beschädigung oder unsachgemäße Kühlung.

Das gleiche Trauerspiel findet täglich vor deutschen Kühlschränken statt, die Menschen verwechseln Mindesthaltbarkeitsdatum (Best before) und Verbrauchsdatum (Sell by). Während das Verbrauchsdatum – es gilt nur für Fleisch-, Fisch- und Eiprodukte – unbedingt zu beachten ist, bedeutet das Mindesthaltbarkeitsdatum keineswegs, dass die Lebensmittel danach ungenießbar werden. Damit garantieren die Hersteller nur bestimmte Produktqualitäten – etwa, dass ein Joghurt noch so cremig ist, wie in der Fabrik.

Besonders delikat: Der Minister für Umwelt und Ernährung, Hilary Benn, wagte sich auch an die „heikle Kuh" Mindesthaltbarkeitsdatum und schlug vor, verderbliche Waren sollten nur noch ein „Use before"-Datum tragen, denn nur dieses sei rechtlich notwendig. Die derzeit üblichen Begriffe wie „Best before" und „Sell by" würden beim Verbraucher nur für Verwirrung sorgen und sollten abgeschafft werden. Zu viele Menschen werfen Lebensmittel auf den Müll, weil sie sich nicht sicher sind, ob sie noch gut sind oder nicht, und weil sie die Daten auf den Etiketten falsch deuten, so der Minister.

Das Mindesthaltbarkeitsdatum (MHD) auf verpackten Lebensmitteln sorgt für Verwirrung in Haushalten und dafür, dass viele Produkte in den Mülleimer wandern, obwohl sie noch einwandfrei genießbar sind. MHD bedeutet mindestens Haltbar bis, und nicht tödlich ab! Da es dabei nicht um die Haltbarkeit, sondern um eine Gütegarantie geht, sollte ein treffenderer Begriff gefunden werden. Der im Englischen verwendete Ausdruck „best before" ist deutlich hilfreicher. Das forderte auch die ehemalige ernährungspolitische Sprecherin der FDP-Bundestagsfraktion, Christel Happach-Kasan: „Die Verpackungsaufschrift sollte widerspiegeln, was der Gesetzgeber ausdrücken wollte: eine Gütegarantie." Frische Produkte wie Obst oder Gemüse benötigen darüber hinaus gar kein MHD.

Stephan Grünewald, Psychologe: „Wir kaufen heute nicht Dinge ein, die wir unbedingt brauchen, sondern wir kaufen Dinge ein, die wir irgendwann mal optional gebrauchen könnten. Wir versuchen für jede Stimmungs- und Lebenslage gerüstet zu sein. Darum kaufen wir letztendlich immer zuviel. Das Mindesthaltbarkeitsdatum gibt uns die Berechtigung, Nahrungsmittel wegzuwerfen, obwohl in der dritten Welt Kinder hungern.

Ich mache es ja im Sinne der Gesundheit. Und dann kann ich wieder von vorne anfangen, wenn ich reinen Tisch gemacht habe, beziehungsweise reinen Kühlschrank.

Der Weg in unsere Supermärkte ist auch für Joghurt, Schinken und Apfel lang und steckt voller Gefahren, im Müll zu landen. Dort angekommen, sehen sich die Lebensmittel einem weiteren zermürbenden Gegner gegenüber: dem sogenannten Mindesthaltbarkeitsdatum (MHD): mindestens haltbar bis ... . Die genaue Angabe eines solchen Datums auf verpackten Lebensmitteln findet sich sogar auf völlig unempfindlichen Waren wie Zucker und jodiertem Speisesalz.

Schon der Begriff selbst ist irreführend und trägt dazu bei, dass täglich völlig intakte und gesunde Lebensmittel tonnenweise im Müll landen. Denn der Verbraucher setzt das MHD regelmäßig mit einem Verbrauchsdatum gleich. Es suggeriert, dass die Lebensmittel nach Ablauf nicht mehr genießbar seien. Im Supermarkt erlebt man es ja täglich. Hier werden die Waren bereits zwei Tage vor diesem Datum aussortiert. Wer kauft schon einen Joghurt, der morgen schon „abgelaufen" ist? Dabei ist er nicht automatisch verdorben und darf auch weiterhin geprüft werden. Bis auf wenige Ausnahmen ist ein Joghurt ohne Qualitätsverlust meist mehrere Wochen haltbar, bis zu 30 Tage nach der Produktion.

Zum Beispiel bietet das Wiener Hilfswerk in seinen Sozialmärkten durchaus auch abgelaufene Ware an. Nach dem Mindesthaltbarkeitsdatum? Bei den deutschen Tafeln hört man hierzu meist Sätze wie: „Das ist gesetzlich nicht erlaubt." Carsten Zerch, Marktleiter des Sozialmarkts in der Wiener Neustiftgasse, weiß es besser. Der gebürtige Deutsche weiß auch, dass die gesetzliche Lage in beiden Ländern durchaus vergleichbar ist: „Diese Tütensuppe zum Beispiel. Sie ist schon fast zwei Monate über dem Datum, und ich sage, sie ist noch mindestens zwei weitere Monate genießbar." Er geht dabei keineswegs leichtsinnig vor: „Wir haben vom Hersteller ein Zertifikat bekommen, das bestätigt, dass die Ware auch noch ein halbes Jahr nach dem Mindesthaltbarkeitsdatum genießbar ist." Ja, macht denn das Datum überhaupt noch Sinn, wenn die Sachen weit länger haltbar sind?

Ganz anders verhält es sich hingegen mit dem so genannten Verbrauchsdatum: „zu verbrauchen bis...". Hiermit müssen schnell verderbliche Waren wie abgepacktes Hackfleisch, rohes Geflügelfleisch und geräucherter Fisch gekennzeichnet sein. Lebensmittel, deren Verbrauchsdatum abgelaufen ist, dürfen nicht mehr verkauft werden und können eine Gefahr für die Gesundheit darstellen. Zwischen Mindesthaltbarkeits- und Verbrauchsdatum sollte man deshalb genau unterscheiden.

„Der Film hat seit seinem Kinostart eine intensive bundesweite Debatte über den Umgang mit unserer Nahrung ausgelöst – mehr kann eine Dokumentation kaum erreichen." (www.duh.de). Mehr auch unter www.tastethewaste.com und www.essensvernichter.de .

*Abgedruckt mit freundlicher Erlaubnis aus dem Buch „Die Essensvernichter" von Stefan Kreutzberger und Valentin Thurn, welches im Verlag Kiepenheuer & Witsch erschienen ist.*

### 8.3.3 Rückverfolgbarkeit von Lebensmitteln

Seit Januar 2005 schreibt der Gesetzgeber europaweit die Rückverfolgbarkeit von Lebensmitteln vor. Rückverfolgbarkeit bedeutet, dass ein Lebensmittel und seine Zutaten über alle Produktions-, Verarbeitungs- und Vertriebsstufen bis zu den Ursprungsorten verfolgt werden muss. Für den Gesetzgeber ist die Sicherstellung der Rückverfolgbarkeit ein wesentliches Instrument zur **Gewährleistung der Lebensmittelsicherheit**. Rückverfolgbarkeit dient vor allem dem **Rückruf unsicherer Lebensmittel**. Unternehmen sind verpflichtet, in Eigenregie Systeme zu etablieren, die darüber Auskunft geben, von welchem Lieferanten sie das Vorprodukt erhalten haben und an wen sie ihr Produkt verkauft haben. Für Gastronomen bedeutet dies in der Regel, dass die Lieferscheine oder Rechnungen im Betrieb aufbewahrt werden müssen, um im Rückrufsfall das Produkt zielgerichtet auswählen zu können.

Abweichend von der Kennzeichnung des Lebensmittels auf der Fertigpackung oder einem mit ihr verbundenen Etikett an gut sichtbarer Stelle, können die Kennzeichnungselemente in den dazugehörigen Geschäftspapieren enthalten sein, wenn sichergestellt ist, dass diese Papiere mit allen Etikettierungsangaben entweder die Lebensmittel, auf die sie sich beziehen, begleiten oder vor oder gleichzeitig mit der Lieferung abgesandt werden.

Diese Vereinfachung kann u. a. angewendet werden bei:

- tafelfertig zubereiteten, portionierten Gerichten, die zur Abgabe an Einrichtungen zur Gemeinschaftsverpflegung zum Verzehr an Ort und Stelle bestimmt sind,
- Lebensmitteln in Fertigpackungen, die zur Abgabe an Verbraucher bestimmt sind, um dort zubereitet, verarbeitet, aufgeteilt oder abgegeben zu werden.

**Rechtsgrundlagen:**
*Lebensmittelkennzeichnungs-Verordnung, Eichgesetz, Preisangaben-Verordnung, Loskennzeichnungs-Verordnung, Zusatzstoff-Zulassungs-Verordnung, EG-Verordnung über genetisch veränderte Lebensmittel und Futtermittel*

## 8.4 Muster Speise- und Getränkekarte

Die Speise- und Getränkekarte dient dazu, den Gast über das zu erwartende Angebot zu informieren. Diese Karte bzw. der Preisaushang ist ein wichtiges Werbemittel und damit ein Aushängeschild für den gastronomischen Betrieb. Da die Karte ein Vertragsangebot ist, können sich falsche oder unvollständige Angaben nicht nur auf den Umsatz auswirken, sondern auch rechtliche Folgen nach sich ziehen.

**Welche Angaben, die zu machen sind, sind gesetzlich vorgeschrieben?**
1. **Verkehrsbezeichnung** und die Angabe über **Qualitäten**
2. Preise und evtl. **Mengenangaben** (z. B. **Gemäßgrößen** bei Getränken)
3. **Zutaten, Zusatzstoffe**

### Zu 1.:

Bei den **Verkehrsbezeichnungen** unterscheiden wir Qualitätsbegriffe aus dem Deutschen Lebensmittelbuch, aus der Verkehrsauffassung, den gesetzlichen Grundlagen und den nostalgischen oder gebietsgeschützten Begriffen. Der Gastwirt hat sich bei der Bezeichnung des Produktes nach dem genauen Wortlaut des Etiketts zu richten und insbesondere bei Selbstzubereitung von Speisen und Getränken auf die in den Leitsätzen des Deutschen Lebensmittelbuches und der Fleischverordnung festgeschriebenen Qualitätsnormen zu achten. Sollten diese Grundsätze nicht eingehalten werden, so liegt evtl. der Tatbestand der Irreführung und Täuschung vor.

### Zu 2.:

Die Preisangaben sind gem. der **Preisangabenverordnung** vorzunehmen, die **Gemäßgrößen** werden nach der **Eichordnung** gefordert.

### Zu 3.:

Viele Speisen und Getränke enthalten Zutaten/Zusatzstoffe, die vom Gesetzgeber gem. **Zusatzstoff-Zulassungsverordnung, Verordnung über koffeinhaltige Erfrischungsgetränke, Aromenverordnung und Fleischverordnung** zugelassen sind. Diese Zusatzstoffe/Zutaten können bei einem bestimmten, kleinen Personenkreis Nebenwirkungen, wie Hautrötungen, Allergien, Atemnot usw. hervorrufen. Mit dem Ziel, mehr Transparenz für den Verbraucher herzustellen, sind auch genetisch veränderte Lebensmittel zu kennzeichnen und zwar unabhängig davon, ob man noch gentechnisch veränderte Bestandteile daran nachweisen kann. Kennzeichnungspflichtig sind jetzt auch Zutaten/Zusatzstoffe, die selbst genetisch veränderte Organismen (GVO) sind, genetisch veränderte Organismen enthalten oder aus genetisch veränderten Organismen hergestellt wurden.
Deshalb müssen diese genannten Angaben vom Hersteller bzw. Lieferanten auf dem

Etikett, der Verpackung bzw. dem Lieferschein aufgeführt werden. Der Gast hat ein Anrecht darauf, durch entsprechende Information auf der Karte bzw. dem Preisaushang hierüber informiert zu werden und dem Gastwirt wird die Unterlassung dieser Angaben als **Straftat** angelastet, wenn er vorsätzlich keine oder falsche Kenntlichmachungen vornimmt.

Während bei verpackten Lebensmitteln, die als **Fertigpackungen** nach der Lebensmittelkennzeichnungsverordnung gekennzeichnet werden (siehe Punkt 8.3), alle Zutaten in der Zutatenliste in absteigender Reihenfolge ihres Gewichtsanteiles zum Zeitpunkt ihrer Verwendung bei der Herstellung des Lebensmittels aufgelistet sind, reduzieren sich die Angaben bei loser Ware. Bei loser Ware sind nur bestimmte Zutaten/Zusatzstoffe kenntlich zu machen.

In der Zutatenliste von Fertigpackungen werden die genauen Bezeichnungen der Stoffe bzw. Klassennamen angegeben, auch teilweise mit „E-Nummern" ausgewiesen („E" ist ein internationaler Code, der bedeutet, dass der Zusatzstoff strenge Tests durch den wissenschaftlichen Lebensmittelausschuss durchlaufen hat und für sicher befunden wurde).

Diese **Ausführlichkeit** ist **bei loser Ware** nicht erforderlich. Folgende Angaben im Hinblick auf Zutaten/Zusatzstoffe und Hinweise sind jedoch zwingend erforderlich gem.:

I.  Zusatzstoff-Zulassungsverordnung (bei loser Ware keine E-Nummern, nur den Oberbegriff Klassenname angeben)
II.  Verordnung über koffeinhaltige Erfrischungsgetränke
III. Aromenverordnung
IV. Verordnung über Fleisch und Fleischerzeugnisse
V.  Nährwertkennzeichnungsverordnung
VI. Leitsätze des Deutschen Lebensmittelbuches

**Folgende Zutaten und Qualitätshinweise müssen bei loser Ware kenntlich gemacht werden, wenn sie in der Zutatenliste der Fertigpackungen oder auf dem Lieferschein aufgeführt sind:**

**Kenntlichmachung von Zusatzstoffen in der Gastronomie und in der Gemeinschaftsverpflegung nach § 9 der Zusatzstoff-Zulassungsverordnung (ZZulV).**

**1. Kenntlichmachung von Zusatzstoffen auf Speise- und Getränkekarten**
Zusatzstoffe sind Stoffe, die Lebensmitteln absichtlich zugesetzt werden, um bestimmte technologische Wirkungen bezüglich Haltbarkeit, Aussehen, Geschmack, Konsistenz etc. zu erzielen. Bestimmte Zusatzstoffe müssen bei Abgabe von Lebensmitteln in Gaststätten oder Einrichtungen zur Gemeinschaftsverpflegung kenntlich gemacht werden.

Dabei gelten die Bestimmungen des § 9 der ZZulV.

Im Folgenden werden die zu deklarierenden Zusatzstoffe, die Art und Weise und Beispiele für Lebensmittel, die bestimmte Zusatzstoffe enthalten können, aufgelistet.

## Tabelle zur Übersicht der Zusatzstoffe:

| Art der Zusatzstoffe, E-Nr. | Kenntlichmachung bei loser Ware | Beispiele für Lebensmittel, die diese Zusatzstoffe enthalten können |
|---|---|---|
| Farbstoffe E 100 – E 180 | „mit Farbstoff" | alkoholfreie Getränke, Speiseeis, Desserts, Lachsersatz, Obstsalat mit Kirschen, Backwaren mit Füllungen |
| E 102 Tartrazin<br>E 104 Chinolingelb<br>E 110 Gelborange S<br>E 122 Azorubin<br>E 124 Cochenillerot A<br>E 129 Allurarot AC | „Kann Aktivität und Aufmerksamkeit bei Kindern beeinträchtigen." | Speiseeis, Toppings, Brausen, Fruchtgelees, Süßwaren, Gewürze, Soßen, Soßenpulver, Lebensmittelfarbstoffe, Puddingpulver |
| Konservierungsstoffe E 200 – E 219, E 230 – E 235, E 239, E 249 – E 252, E 280 – E 285, E 1105 | „mit Konservierungsstoff" oder „konserviert" | Lachsersatz, Feinkostsalate (Fleischsalat, Kartoffelsalat), Mayonnaisen, Sauerkonserven (Essiggurken, Oliven) Kartoffelklöße, Käse, Anchosen, Fleischerzeugnisse |
| bei ausschließlicher Verwendung von E 249 – E 250 E 251 – E 252 oder einem Gemisch dieser | auch zulässig: „mit Nitritpökelsalz"; „mit Nitrat"; „mit Nitritpökelsalz und Nitrat" | |
| Antioxidationsmittel E 310 – E 321 | „mit Antioxidationsmittel" | Trockensuppen, Brühen, Würzmittel, Schinken |
| Geschmacksverstärker E 620 – E 635 | „mit Geschmacksverstärker" | Gewürzmischungen, Aromazubereitungen, Trockensuppen, Fleischerzeugnisse, Soßen, Würzmittel |
| Schwefeldioxid / Sulfite E 220 – E 228 ab 10 mg/kg! | „geschwefelt" | Essig, Trockenobst (z. B. Rosinen), Kartoffelerzeugnisse (Klöße), Meerrettich |

| Eisensalze<br>E 579, E 585 | „geschwärzt" | schwarze Oliven |
|---|---|---|
| Stoffe zur<br>Oberflächenbehandlung<br>E 901 – E 904, E 912, E 914 | „gewachst" | Citrusfrüchte, Melonen, Äpfel,<br>Birnen |
| Süßstoffe<br>E 950 - E 952, E 954, E 955,<br>E 957, E 959, E 962;<br><br>andere Süßungsmittel<br>(Zuckeralkohole)<br>E 420, E 421, E 953,<br>E 965 – E 967 | „mit Süßungsmittel(n)";<br>bei Aspartam (E 951) und<br>Aspartam-Acesulfamsalz<br>(E 962) zusätzlich:<br>„enthält eine<br>Phenylalaninquelle";<br><br>bei Zuckeralkoholen mit mehr<br>als 10 % Gehalt zusätzlich:<br>„kann bei übermäßigem Ver-<br>zehr abführend wirken" | süß-saure Konserven, Soßen,<br>Senf,<br>Feinkostsalate,<br>brennwertverminderte<br>Lebensmittel (z. B. Joghurt, Cola-<br>Getränke), Diabetikerbackwaren<br>und -süßwaren (z. B. in Cafés)<br><br>Anmerkung: wenn Sorbit (E 420)<br>als Stabilisator verwendet wird,<br>ist eine Kenntlichmachung nicht<br>erforderlich |
| Phosphate<br>E 338 – 341, E 450 – E 452 | „mit Phosphat" | Brühwürste, Kochschinken;<br><br>Anmerkung: Eine Kenntlichma-<br>chung ist nur bei Verwendung<br>in Fleischerzeugnissen vorge-<br>schrieben |

Weitere Regelungen für Zutaten, die den Zusatzstoffen in der Kenntlichmachung gleichgestellt sind (ohne E-Nr.):

| Zutat | Kenntlichmachung<br>bei loser Ware | Beispiele für Lebensmittel,<br>die diese Zusätze enthalten<br>können |
|---|---|---|
| Koffein | „koffeinhaltig" | alkoholfreie, koffeinhaltige<br>Erfrischungsgetränke |
| Chinin, Chininsalze | „chininhaltig" | zum Beispiel Bitter Lemon |

Ob Getränke oder Speisen kenntlich zu machende Zusatzstoffe oder Zutaten enthalten, geht bei verpackten Lebensmitteln aus den Zutatenverzeichnissen der verwendeten Lebensmittel oder den Lieferscheinen zu diesen hervor. Bei lose bezogenen Lebensmitteln können Informationen über kenntlich zu machende Zusatzstoffe/Zutaten beim Lieferanten erfragt werden.

**Art und Weise der Kenntlichmachung:**

**Wie muss gekennzeichnet werden?**
* gut sichtbar, leicht lesbar
* nicht verwischbare Schrift

**Wer muss kennzeichnen und wo?**
a) in Gaststätten:
* auf Speise- und Getränkekarten
* Angaben dürfen in Fußnoten angebracht werden, wenn in der Verkehrsbezeichnung darauf hingewiesen wird

b) in Einrichtungen zur Gemeinschaftsverpflegung:
* auf Speise- und Getränkekarten oder
* in Preisverzeichnissen oder
* soweit keine Speisekarten oder Preisverzeichnisse ausliegen oder ausgehändigt werden, in einem sonstigen Aushang oder einer schriftlichen Mitteilung

**Beispiel für die Kenntlichmachung von Zusatzstoffen anhand von Fußnoten:**

**Getränke**
Cola [1,2]
Cola light [1,2,9]
Bitter Lemon [2,3,4,12]
Fanta [2,12]
Spezi [1,2,12]
Radler [9]

**Speisen**
Nudelsuppe [5]
Salamipizza [4,5]
Schinkenpizza [4,5,8]
Nudeln mit Schinken-Käse-Soße [4,5,8]
Lachstoast mit Sahnemeerrettich [4,6]
Griechischer Bauernsalat mit Oliven [7]
Lachsbrötchen (Lachsersatz) [2,4]
Currywurst mit Pommes frites [4,5,8,12,15]

1 koffeinhaltig
2 mit Farbstoff
3 chininhaltig
4 konserviert
5 mit Geschmacksverstärker
6 geschwefelt
7 geschwärzt
8 mit Phosphat

9 enthält eine Phenylalaninquelle
10 mit Süßungsmittel(n)
11 kann bei übermäßigem Verzehr abführend wirken
12 mit Antioxidationsmittel
13 gewachst
14 taurinhaltig
15 enthält Sojaöl, aus genetisch verändertem Soja hergestellt

## 2. Spezielle Regelungen für Weinkennzeichnung auf Speisekarten

Nach der Preisangabenverordnung und einer Bund/Länder Übereinkunft sind für Wein folgende Angaben in Speise- und Getränkekarten verpflichtend:
- Gütebezeichnung (z. B. Tafelwein, Qualitätswein usw.)
- Weinart (z. B. Weißwein, Weißherbst, Rotling)
- Herkunft (Anbaugebiet, Weinbaugebiet oder Herkunftsland)
- Verkaufs- oder Leistungseinheit (z. B. 0,25 l, 1 l, 0,75 l) und Preis

Für die Angabe von Schwefeldioxid als Zusatz im Wein besteht seit dem 25.11.2005 lediglich eine Kennzeichnungspflicht für die Abgabe in Originalflaschen (als Fertigpackung). Auf Speisekarten o. ä. sind die Angaben „Enthält Sulfite" oder „Enthält Schwefeldioxid" bei Wein noch nicht erforderlich.

**Achtung:** Obst- und Beerenweine und ähnliche Erzeugnisse aus Früchten (wie Erdbeerperlwein,Erdbeerschaumwein) unterliegen dem allgemeinen Lebensmittelrecht. Hier ist zusätzlich zur Gütebezeichnung und der Angabe der Verkaufs- oder Leistungseinheit der Hinweis „geschwefelt" bei Gehalten über 10 mg/kg SO2 gemäß § 9 der ZZulV erforderlich (siehe auch Punkt 1.)

## 3. Kennzeichnungsregelungen für gentechnisch veränderte Lebensmittel oder Zutaten aus gentechnisch veränderten Lebensmitteln

Nach der Verordnung (EG) 1829/2003 über genetisch veränderte Lebensmittel und Futtermittel sind alle Lebensmittel kennzeichnungspflichtig, die
- gentechnisch veränderte Organismen (GVO) enthalten.
- aus GVO bestehen,
- aus GVO hergestellt werden oder Zutaten enthalten, die aus GVO hergestellt werden.

Die Kennzeichnung erfolgt analog der Vorschriften der ZZulV auf der Speisekarte oder in unmittelbarem Zusammenhang mit dem Angebot des Lebensmittels.

## Was ist anzugeben:
- „genetisch verändert"
- „aus genetisch verändertem ... (z. B. Mais...) ... hergestellt"

**Die Hinweise sind aufzuführen in:**

1. Gaststätten und Einrichtungen zur Gemeinschaftsverpflegung: Der Hinweis „genetisch verändert" oder „aus genetisch verändertem ... hergestellt" muss in unmittelbarem Zusammenhang mit dem jeweiligen Produkt z. B. auf der Speisekarte aufgeführt werden.

2. Einrichtungen zur Gemeinschaftsverpflegung: Für die Gemeinschaftsverpflegung können gesonderte Durchführungsbestimmungen erlassen werden.

**Weitere wichtige Regelungen der Kenntlichmachung nach der Nährwertkennzeichnungsverordnung (VI.) und den Leitsätzen des Deutschen Lebensmittelbuches (VII.)**

- „Nährwert nach der Nährwertkennzeichnungsverordnung":
  Bei Light-Produkten oder energiereduzierten Produkten.
  Bei nährwertbezogenen Angaben oder in der Werbung für Lebensmittel sind der Brennwert des Lebensmittels in Kilojoule (kJ) und Kilokalorien (kcal) in 100 Gramm oder 100 Milliliter und der Gehalt an Eiweiß, Kohlenhydraten und Fett in Gramm anzugeben.

- „Hergestellt mit feinzerkleinertem Fleisch":
  Für Fleischklöße, Fleischklopse, Frikadellen, Bouletten, Fleischfüllungen und ähnliche Erzeugnisse, die aus gekuttertem Fleisch hergestellt wurden (Qualitätsminderung).

- „Formfleischerzeugnisse":
  Zur Vermeidung einer Verwechslung von Formfleischerzeugnissen mit vergleichbaren Erzeugnissen aus gewachsenem Fleisch wird in der Verkehrsbezeichnung in unmittelbarer Verbindung mit der Verkehrsbezeichnung und in gleicher Schriftgröße darauf hingewiesen, dass Fleischstücke zusammengesetzt sind (z. B. Formfleisch-Schinken, aus Schinkenstücken zusammengefügt, Formfleisch-Roulade, aus Fleischstücken zusammengefügt, Formfleisch-Gulasch, aus Fleischstücken zusammengefügt).

Auf die kenntlich zu machenden Zusatzstoffe und Zutaten können bei Speisen und Getränken Fußnoten aufmerksam machen, die später in einer Legende erklärt werden.

**Achtung:** Beim Wechsel des Herstellers bzw. des Lieferanten kann sich auch die Zusammensetzung des Produktes ändern!

Wie erfolgt die Kenntlichmachung der erforderlichen Angaben in Einrichtungen, die unter das Gaststättengesetz fallen?

1. **In Schank- und Speisewirtschaften**
Es sind alle Speisen und Getränke, die zum Verkauf angeboten werden, in Karten aufzuführen. Diese Speisen und Getränke müssen sämtliche Angaben enthalten:
- Verkehrsbezeichnung und Qualitäten
- Preise und eventuelle Mengenangaben (z. B. Gemäßgrößen bei Getränken)
- bestimmte Zutaten/Zusatzstoffe, die z. B. über Fußnoten oder später in einer Legende zu erklären sind.

In unmittelbarer Nähe des Eingangs der Gaststätte (höchstens 4 m von der Eingangstür entfernt) ist ein Preisverzeichnis (Speise- und Getränkekarte) mit den wesentlichen Speisen und Getränken in Sichthöhe anzubringen.
Im Gastraum muss auf jedem Tisch oder bei Bestellung bzw. auf besonderes Verlangen (z. B. bei Bezahlung) für jeden Gast eine Getränke- und Speisekarte mit dem vollständigen Angebot vorliegen.

2. **In Schank- und Speisewirtschaften mit der besonderen Betriebsart Imbissstand, Imbisseinrichtung**
Bei Imbisseinrichtungen mit Außenausschank müssen sämtliche Angaben inklusive Zutaten/Zusatzstoffe für die Speisen und Getränke neben dem Imbiss an Tafeln leicht lesbar, gut sichtbar und unverwischbar angegeben werden, auch die von verpackten Lebensmitteln.

3. **In Schank- und Speisewirtschaften mit der besonderen Betriebsart Selbstbedienungsgaststätte, Erfrischungshalle, Kiosk, Stehbierhalle, Bierzelt, Kantine mit >10 % Fremdbesuchern** gelten folgende Erfordernisse:
- vollständiges Preisverzeichnis (meist auf der Rückseite des Tresens)
- (falls ein Gastraum vorhanden ist) in unmittelbarer Nähe des Eingangs (höchstens 4 Meter von der Eingangstür entfernt) ein Preisverzeichnis (Speise- und Getränkekarte) mit den wesentlichen Speisen und Getränken in Sichthöhe.

4. **Bei Pizza-Services und anderen Ausliefer-Service-Betrieben**
Bei Pizza-Services und anderen Ausliefer-Service-Betrieben sind sämtliche Angaben auf der Karte und/oder dem Flyer-Werbeblatt anzugeben.

5. **Bei Einrichtungen zur Selbstentnahme von Speisen und Getränken**

Bei Betrieben, die die Möglichkeit zur Selbstentnahme von verpackten Getränken und verpackten Speisen bieten (als Fertigpackung), kann man z. B. neben einer Getränkedose den Preis aufstellen und muss keine weiteren Angaben machen über kenntlich zu machende Zusatzstoffe, Zutaten und Qualitäten. Der Gast kann in diesem Fall nach dem Studium der Zutatenliste entscheiden, ob er das Erzeugnis tatsächlich noch kaufen will.

## 8.5 Allergenkennzeichnung

Jeder Mensch soll sich frei von Diskriminierung, nach eigenen Maßstäben so ernähren können, wie er es möchte. Industrie- und Lebensmittelunternehmen sollen dies durch Kennzeichnung sicher stellen. Dieser schöne Grundgedanke der VO (EG) Nr. 1169/2011, der so genannten Verbraucherinformationsverordnung, ist allerdings in der Praxis mit allerlei Problemen verbunden.

Menschen, die gesundheitliche Probleme mit Allergenen oder Stoffen haben, die Überempfindlichkeitsreaktionen auslösen können, sollen durch Kennzeichnungselemente, die für Fertigpackungen schon seit November 2005 gelten, die Auswahl allergenarmer Produkte erleichtern. Freiwillige Angaben wie „Kann Spuren von… enthalten" schränken betroffene aber wiederum ein, so dass eine wirklich freie und/oder klare Entscheidung schwer zu treffen ist. Außerdem ist es für einen Allergiker unbefriedigend, sich nur auf verpackte Lebensmittel beschränken zu müssen.

Diese Kennzeichnungspflicht von den am häufigsten ein Krankheitsbild auslösenden, insgesamt 14 Allergenen und Stoffen, die Überempfindlichkeitsreaktionen auslösen können, weitet sich deshalb ab dem 13.12.2014 auch auf die Abgabe loser, nicht verpackter Lebensmittel aus. Das bedeutet für den Gastronomen 14 ausgewählte Stoffe, wenn diese eingesetzt oder verarbeitet werden, auf der Speisekarte oder auch auf Aushängen oder Buffetschildern kenntlich zu machen.

| Um was geht es? | EU–Lebensmittelinformationsverordnung |
|---|---|
| LMIV EU 1169/2011:<br>http://goo.gl/60DwwC | Seit dem 13. Dezember 2014 gilt die „LMIV EU 1169/2011" in ganz Europa. Ziel der Verordnung ist, Verbraucher über Allergene, Energie- und Nährwerte, Lebensmittelimitate und die Herkunft von Lebensmitteln zu informieren. . |
| VorlLMIEV:<br>http://www.gesetze-im-internet.de/vorllmiev/ | In Deutschland wurde ergänzend eine vorläufige nationale Verordnung für die Information über allergene Zutaten in unverpackten Lebensmitteln erlas-sen (VorlLMIEV). Egal ob beim Bäcker, Metzger, im Restaurant, im Supermarkt oder in der Eisdiele: Unternehmer müssen Informationen darüber vorhalten, in welchen Produkten Zutaten enthalten sind, die möglicherweise Allergien auslösen.<br><br>Die Informationen, über potentiell allergen wirksamen Zutaten oder Verar-beitungshilfsstoffe, die bei der Herstellung eines Lebensmittels verwendet wurden, müssen für Verbraucher unmittelbar und leicht zugänglich sein. In Gast- bzw. Verkaufsräumen muss an gut sichtbarer Stelle ein deutlicher Hin-weis erfolgen, wo und wie Kunden die Allergeninformation erhalten können. Bei verpackter Ware oder in Zutatenlisten müssen allergene Stoffe in den Zutatenverzeichnissen hervorgehoben werden. |

| Wer ist betroffen? | Lebensmittelunternehmer auf allen Stufen |
|---|---|
| | Die EU-Verordnung gilt für Lebensmittelunternehmer auf allen Stufen der Lebensmittelkette. Die Informationspflichten über potentiell wirksame Allergene gelten für alle Lebensmittel, die für Endverbraucher bestimmt sind. Das gilt auch für Lebensmittel, die durch Anbieter von Gemeinschaftsverpflegung abgegeben werden sowie für Lebensmittel, die für die Lieferung an Anbieter von Gemeinschaftsverpflegung bestimmt sind. Bäckereien, Metzger, Imbisse, Catering-Betriebe, Restaurants, Kantinen, aber auch Großhandel und Lieferanten für gastronomische Betriebe usw., müssen Informationen über mögliche Allergene in ihren Produkten für Gäste und Kunden bereithalten. |
| **Grundbegriffe** | **Zutaten, Spuren, Rückstände** |
| Verantwortung für Kennzeichnung | Der Lebensmittelunternehmer – vom Gastronom bis zum Hersteller – gewährleistet, dass Informationen über die Lebensmittel vorhanden und die Angaben richtig sind (u. a. Sicherstellung einer korrekten und lesbaren Allergen-Kennzeichnung). |
| Zeitpunkt und Sprache der Information | Der Gast muss vor dem Zustandekommen des Kaufvertrags ersehen können, ob und welche Allergene in den Speisen vorhanden sind. Die Kennzeichnung muss in deutscher Sprache erfolgen. |
| Zutat | Zutat im Sinne der Verordnung ist jeder Stoff und jedes Erzeugnis, einschließlich Aromen, Lebensmittelzusatzstoffe und Lebensmittelenzyme sowie jeder Bestandteil einer zusammengesetzten Zutat, der bei der Herstellung oder Zubereitung eines Lebensmittels verwendet wird und der – gegebenenfalls in veränderter Form – im Enderzeugnis vorhanden bleibt.<br><br>Das heißt: Es müssen alle Stoffe berücksichtigt werden, die bei der Herstellung als Zutat oder Teil einer zusammengesetzten Zutat verwendet werden. Nicht maßgeblich sind unbeabsichtigt vorhandene Allergene, die nicht als Zutaten verwendet wurden und zum Beispiel über Kreuzkontakte in das Produkt gelangt sind. |
| Spuren | Enthält das Etikett eines Herstellers neben der Kennzeichnung der Allergene den Zusatz „kann Spuren von ... enthalten", muss darüber nicht informiert werden, weil Spuren nicht als „Zutat" im Sinne der Informationsverordnung gelten. Für Spuren gibt es laut EU-Verordnung keine Kennzeichnungspflicht. |
| Rückstände | Rückstände gelten nicht als Zutaten. Sie müssen nicht ausgewiesen werden. |
| **Was ist zu tun?** | **Kennzeichnung konkret – Nicht nur Allergene!** |
| Kennzeichnung von 14 Allergenen bei verpackter und unverpackter Ware | Die 14 wichtigsten Stoffe oder Erzeugnisse, die Allergien oder Unverträglichkeiten auslösen können, wie Nüsse oder Soja, müssen im Zutatenverzeichnis verpackter Lebensmittel aufgeführt und hervorgehoben werden. Auch bei unverpackter Ware (z. B. an der Fleischtheke oder im Restaurant) ist die Information über Allergene notwendig. |

| | |
|---|---|
| Lebensmittel-Imitate | Zum Schutz der Verbraucher vor Täuschung wurden für Lebensmittel-Imitate (z. B. Pflanzenfett anstelle von Käse als Pizzabelag) spezielle Kennzeichnungsvorschriften festgelegt. Bei der Verwendung von Lebensmittel-Imitaten muss der verwendete Stoff in unmittelbarer Nähe des Produktnamens angegeben werden, der in der Regel auf der Produktvorderseite zu finden ist. Die Schriftgröße der Imitatkennzeichnung muss mindestens 75 Prozent der Größe des Produktnamens betragen und darf nicht kleiner als die vorgeschriebene Mindestschriftgröße sein. Die Angabe muss zusätzlich im Zutatenverzeichnis erscheinen. |
| Raffinierte pflanzliche Öle und Fette | Raffinierte pflanzliche Öle und Fette mussten bislang nur mit ihrem Klassennamen angegeben werden (z. B. Pflanzenöl oder Pflanzenfett). Neu ist, dass ihre botanische bzw. pflanzliche Herkunft angegeben werden muss (z. B. Palmöl oder Pflanzenfett (Kokos)). Wenn sie im Zutatenverzeichnis mit der Bezeichnung „pflanzliche Öle" bzw. „pflanzliche Fette" zusammengefasst werden, muss sich unmittelbar danach eine Liste mit den Angaben der speziellen pflanzlichen Herkunft anschließen (z. B. Palmöl, Sojaöl). Danach kann die Wendung „in veränderlichen Gewichtsanteilen" folgen. Im Falle einer Zusammenfassung werden sie nach dem Gewichtsanteil der Gesamtheit der vorhandenen pflanzlichen Öle und Fette im Zutatenverzeichnis aufgeführt. Der Hinweis auf ein gehärtetes Öl oder Fett muss ggf. mit dem Ausdruck „ganz gehärtet" oder „teilweise gehärtet" versehen sein. |
| Zusammengefügte Fleisch-/Fischstücke | Einige Fleisch- oder Fischprodukte sehen zwar aus wie ein gewachsenes Stück Fleisch oder Fisch, bestehen jedoch tatsächlich aus verschiedenen Stücken, die zum Beispiel durch Lebensmittelenzyme zusammengefügt wurden. Dies muss zusätzlich durch den Hinweis: „Aus Fleischstücken zusammengefügt" oder „Aus Fischstücken zusammengefügt" gekennzeichnet werden. |
| Nanokennzeichnung | Alle Zutaten, die in Form technisch hergestellter Nanomaterialien im Lebensmittel vorhanden sind, müssen im Zutatenverzeichnis eindeutig aufgeführt werden. Auf die Bezeichnung solcher Zutaten muss das in Klammern gesetzte Wort „Nano" folgen. |
| Einfrierdatum | Bei eingefrorenem Fleisch, eingefrorenen Fleischzubereitungen und eingefrorenen unverarbeiteten Fischereierzeugnissen muss das Einfrierdatum angegeben werden. Es wird die Angabe „eingefroren am..." aufgedruckt. |
| Koffeinhaltige Lebensmittel | Getränke mit einem erhöhten Koffeingehalt müssen einen Hinweis tragen, dass diese nicht für Kinder, Schwangere und Stillende empfohlen sind (Beispiel „Energydrinks"). Für Lebensmittel mit der Bezeichnung "Tee" oder "Kaffee" gilt diese Pflicht nicht. Einen ähnlichen Hinweis für Kinder und Schwangere erhalten Lebensmittel, die keine Getränke sind, denen aber aus physiologischen Gründen Koffein zugesetzt wurde. Auf diesen muss dann auch der Koffeingehalt angegeben sein. |

| Umsetzung im Betrieb | Schritte zur Umsetzung der Allergen-Kennzeichnung im Gastgewerbe |
|---|---|
| 1. Schritt | • Überprüfen Sie, in welchen Gerichten welche Allergene vorhanden sind. Listen Sie Zutaten und Gewürze pro Rezept<br>• Erstellen Sie eine Übersicht oder Tabelle mit den vorhandenen Informationen. |
| 2. Schritt | • Kontaktieren Sie alle Lieferanten, um eine Aufstellung der Allergene in den gelieferten Produkten zu erhalten.<br>• Fügen Sie die Aufstellung Ihrer Übersicht oder Tabelle hinzu. |
| 3. Schritt | • Erstellen Sie eine Speisekarte bzw. Aushang mit Hinweis auf die Informationen zu potentiellen Allergenen.<br>• Beantworten Sie klar die Frage: Wie kommt der Gast an die Information der Allergene? |
| 4. Schritt | • Schulen Sie ihre Mitarbeiter in der Küche und im Service.<br>• Jeder Mitarbeiter muss wissen, wie er sich zu verhalten hat, wenn Fragen nach potentiellen Allergenen gestellt werden.<br>• Geben Sie niemals eine Auskunft, die nicht hundertprozentig sicher ist. |
| 5. Schritt | • Überprüfen Sie die Betriebshygiene (eigene Durchführung oder externe Firmen engagieren) im Hinblick auf Allergenmanagement.<br>• Erstellen Sie in Eigenverantwortung ein Protokoll mit Fehlern, Aufgaben und Zeitplan für Erledigung. |
| 6. Schritt | • Überprüfen und dokumentieren Sie Risikofaktoren für Kreuzkontamination von der Lieferung der Lebensmittel, über die Lagerung bis zur Ausgabe der Speisen. |
| 7. Schritt | • Überprüfen und legen Sie den Herstellungsprozess klar fest.<br>• Teilen Sie die Posten und Verantwortlichkeiten inkl. Reinigung und Desinfektion ein.<br>• Trennen und verschließen Sie Produkte bei Lagerhaltung und Transport damit keine Kreuzkontaminationen entstehen können.<br>• Stellen Sie die Dokumentation bei mündlicher Auskunft bzw. abweichender Rezeptur sicher. |
| 8. Schritt | • Erstellen Sie eine Vorlage für die Dokumentation abweichender Rezepturen.<br>• Überprüfen Sie die Kennzeichnung für Catering, Buffet, Frühstück und Speisekarte. Stellen Sie die Dokumentation dafür sicher. |

| Beispiele | Als Beispiel dient ein gemischter Salat mit Senf im Dressing. Senf ist ein potentielles Allergen und muss deklariert werden. |
|---|---|
| 1. Möglichkeit | Sie bezeichnen in der Speisekarte das Gericht folgendermaßen: „Gemischter Salat mit Senf-Dressing" In der Bezeichnung ist das Allergen klar mit Senf erkennbar und muss daher nicht nochmal als Allergen aufgeführt werden. |
| 2. Möglichkeit | Sie bezeichnen in der Speisekarte das Gericht folgendermaßen: „Gemischter Salat (enthält Senf)" Geht aus der Bezeichnung der Speise nicht hervor, dass Senf verwendet wurde, muss dieser unter der Bezeichnung des Gerichtes klar erkennbar sein. |
| 3. Möglichkeit | Sie bezeichnen in der Speisekarte das Gericht folgendermaßen: „Gemischter Salat (11)" Voraussetzung: In der Speisekarte ist ein Verzeichnis vorhanden, dass der Nummer 11 das Allergen Senf zuweist. Anstelle von Nummern können auch Buchstaben oder Symbole verwendet werden. |
| 4. Möglichkeit | Sie bezeichnen in der Speisekarte das Gericht folgendermaßen: „Gemischter Salat" Voraussetzung: Sie haben in der Speisekarte oder im Aushang einen klaren und deutlichen Hinweis für den Verbraucher, dass es bezüglich der Allergene weitere schriftliche Informationen gibt. Dann ist auch eine mündliche Aussage korrekt, insofern es ein Rezeptbuch gibt, indem der Verbraucher die Allergene einsehen kann. |
| Tipp: Zusätzliche Hinweise bei schriftlicher Kennzeichnung auf der Speisekarte | Zur Klarstellung und Absicherung im Hinblick auf die mögliche Geltendmachung von Haftungsansprüchen sind folgende zusätzliche Erklärungen bzw. Hinweise auf der Speise- bzw. Getränkekarte ratsam:<br>• „Eine Nennung von Allergenen erfolgt, wenn die bezeichneten Stoffe oder daraus hergestellte Erzeugnisse als Zutat im Endprodukt enthalten sind."<br>• „Trotz sorgfältiger Herstellung unserer Gerichte können neben den gekennzeichneten Zutaten Spuren anderer Stoffe enthalten sein, die im Produktionsprozess in der Küche verwendet werden." |

| Abweichende Rezeptur<br><br>Mündliche Auskunft möglich –<br>Dokumentation nötig! | Was müssen Sie als Lebensmittelunternehmer beachten, wenn sich Zutaten ändern? Dazu ein Praxisbeispiel: Gemischter Salat mit hausgemachtem Dressing, das im Normalfall keinen Senf enthält. Schmeckt ein Mitarbeiter das Dressing ab und trifft die Entscheidung etwas Senf hinzuzugeben, obwohl Senf im Rezept bzw. auf der Speisekarte nicht vermerkt ist, spricht man von einer „abweichenden Rezeptur". Dementsprechend muss der Lebensmittelunternehmer reagieren und den Gast informieren, dass im Dressing Senf als Allergen vorhanden ist. Da eine Änderung der Speisekarte oder des Aushangs zu aufwendig wäre, darf in diesem Fall eine mündliche Auskunft erfolgen. Allerdings muss diese abweichende Rezeptur dokumentiert und der Kon¬trollbehörde sowie dem Ver¬braucher auf Verlangen vorgelegt werden. Für die abweichende Rezeptur gibt es keine konkrete Aufbewahrungsfrist. Für Dokumentation gilt im Regelfall zwei Jahre. |
|---|---|
| | **Mündliche Auskunft mit Dokumentation** |
| VorILMIEV:<br>http://goo.gl/qux4FS<br><br>Eine mündliche Auskunft ist nur dann erlaubt, wenn eine Dokumentation vorhanden ist und wenn der Verbraucher darauf deutlich in schriftlicher Form hingewiesen wird. | Die nationale Verordnung zur Allergenkennzeichnung (VorILMIEV) sieht grundsätzlich die Möglichkeit einer mündlichen Auskunft über potentielle Allergene bei unverpackten Lebensmitteln vor. Diese ist an konkrete Voraussetzungen geknüpft:<br>• Sie muss durch den Gastwirt oder durch hinreichend unterrichtetes Service- und Küchenpersonal erfolgen.<br>• Mündliche Auskünfte müssen unverzüglich vor Kaufabschluss und vor Abgabe des Lebensmittels zur Verfügung gestellt werden.<br>• Gleichzeitig muss sowohl für die Gäste, als auch die Lebensmittelkontrolle eine leicht zugängliche schriftliche Dokumentation der in den Speisen vorhandenen Allergene zur Verfügung stehen. Zusätzlich muss entweder bei den Speisen (z. B. bei Catering und Buffet) oder in einem Aushang (z. B. beim À-la-Carte-Essen) an einer gut sichtbaren Stelle in der Verkaufsstätte deutlich lesbar darauf hingewiesen werden, dass Informationen mündlich auf Nachfrage und zugleich auch schriftlich (Dokumentation) zur Verfügung stehen.<br>• Während der gesamten Öffnungszeiten des Betriebes muss zumindest eine beauftragte Person verfügbar sein, die Auskunft auf Anfrage erteilen kann. |
| Beispiel für einen schriftlichen Hinweis bzw. Aushang | „Lieber Gast! Informationen über Zutaten in unseren Speisen, die Allergien oder Unverträglichkeiten auslösen können, erhalten Sie auf Nachfrage bei unseren Servicemitarbeiterinnen. Diese stellen Ihnen gerne auch eine schriftliche Dokumentation zur Verfügung." |
| Keine Garantie übernehmen! | Vorsicht bei Fragen des Gastes, ob ein Gericht „frei von" bestimmten Allergenen ist! Eine derartige Zusicherung gilt als Garantiezusage, auf die sich der Gast auch verlassen können muss. Im Zweifelsfall besser dem Gast mitteilen, dass man nur sagen kann, welche Zutaten verwendet wurden aber keine Garantie abgeben kann. |

| Besonderheiten beim Fernabsatz (Catering, Lieferdienste) | Ein Fernabsatz liegt vor, wenn Lebensmittel im Internet, im Catering oder über Lieferdienste verkauft werden. Die Kennzeichnung für Allergene und Zusatzstoffe muss auch hier gewährleistet sein. Das bedeutet, der Kunde muss vor Kaufabschluss über die Kennzeichnung informiert werden. Im Catering kann man das in der Regel durch eine persönliche Beratung gewährleisten - am besten mit einer anschließenden Dokumentation. Außer bei der Kennzeichnung für Allergene und Zusatzstoffe müssen bei vorverpackten Lebensmittel die Nährwertangaben vorhanden sein. |
|---|---|
| **Zusammenfassung** | **Möglichkeiten zur Kennzeichnung** |
| Es gibt u. a. folgende Möglichkeiten... | • Allergene in der Speisekarte direkt mit Bezeichnung vermerken. <br> • In der Speisekarte die Allergene mit Nummern, Buchstaben oder Symbolen vermerken und dazu eine Legende erstellen. <br> • Zusätzliche Allergiker-Speisekarte mit allen Bezeichnungen der Allergene bei den Gerichten plus Information per Aushang oder in der Standardspeisekarte, dass es eine Allergiker-Karte gibt. <br> • Mündliche Auskunft plus Aushang, der deutlich auf die Allergiker-Information hinweist plus schriftliche Dokumentation. <br> • Speisen auf dem Buffet/in der Auslage mit einem Schild/Monitor und den Allergenen kennzeichnen. <br> • Speisen auf einem Aushang/Tafel/Schild mit Bezeichnung der Allergene kennzeichnen. |

| Allergene | Beschreibung und Produkte |
|---|---|
| Getreideprodukte (Glutenhaltig)<br><br>Wichtig: Einzelnes Produkt namentlich nennen! | Weizen, Roggen, Gerste, Hafer, Dinkel, Kamut und daraus hergestellte Erzeugnisse, also Stärke, Brot, Nudeln, Panaden, Wurstwaren, Desserts etc.. Ausgenommen sind Glukosesirup auf Weizen- und Gerstenbasis. |
| Fisch | Betroffen sind alle Süß- und Salzwasserfischarten, Kaviar, Fischextrakte, Würzpasten, Saucen etc.. Ganz genau genommen müsste auch ausgewiesen werden, wenn Produkte von Tieren verarbeitet werden, die mit Fischmehl gefüttert wurden. |
| Krebstiere | Garnelen, Hummer, Krebse, Scampi, Shrimps, Langusten und sämtliche daraus gewonnenen Erzeugnisse. Wer also in seinen Gerichten asiatische Gewürzmischung oder Paste mit Extrakten aus Krebstieren verwendet, muss das deklarieren. |
| Schwefeldioxide und Sulfite | Wie sie in Softdrinks, Bier, Wein, Essig, Trockenfrüchten und bei diversen Fleisch-, Fisch- und Gemüseprodukten entstehen oder zugesetzt werden, in Konzentrationen von mehr als 10 mg/kg oder 10 mg/l als insgesamt vorhandenes Schwefeldioxid. |
| Sellerie | Sowohl Knolle als auch Staude müssen deklariert werden, egal in welchem Aggregatzustand sie dem Gast serviert wird, als Gewürz in Fertiggerichten, in Dressings, Ketchup, Saucen. |
| Milch und Laktose | Erzeugnisse wie Butter, Käse, Margarine etc. und Produkte, in denen Milch und/oder Laktose vorkommen, z. B. Brot-, Backwaren, Wurstwaren, Pürees, Suppen oder Saucen. Ausgenommen sind Molke zur Herstellung von alkoholischen Destillaten und Lactit. |
| Sesamsamen | Sesam, oute dich! Und zwar egal, ob im Rohzustand, als Öl oder Paste, in Gebäck, Marinaden, Dressings, Falafel, Müsli, Hummus. |
| Nüsse<br><br>Wichtig: Einzelnes Produkt namentlich nennen! | Mandeln, Haselnüsse, Walnüsse, Kaschunüsse/Cashewnüsse, Pekannüsse, Paranüsse, Pistazien, Macadamia-/Queenslandnüsse sowie sämtliche daraus gewonnenen Erzeugnisse außer Nüssen zur Herstellung von alkoholischen Destillaten. |
| Erdnüsse | Alle Erzeugnisse aus Erdnüssen wie Erdnussöl und –butter. In Gebäck, Kuchen, Desserts, vorfrittierten Produkten wie Pommes Frites, Rösti, Aufstrichen, Füllungen etc. |
| Eier | Als Flüssigei, Lecithin oder (Ov) Albumin, wie es in Mayonnaise, Panaden, Dressings, Kuchen, Suppen, Saucen, Nudeln, Glasuren und natürlich generell bei allen Eier-Speisen vorkommt. |
| Lupinen | Lupinensamen, Lupinenmehl, Milch, Tofu und Konzentrat, wie es sich in Brot- und Backwaren, Nudeln, Gewürzen, Würsten, Aufstrichen oder Süßspeisen findet. |
| Senf | Betroffen sind hier sowohl Senfkörner als auch Pulver und alle daraus gewonnenen Erzeugnisse wie Dressings, Marinaden, Currys, Wurstwaren, Aufstriche, Gewürzmischungen etc. |

| | |
|---|---|
| Soja | Sojabohnen und daraus gewonnene Erzeugnisse, z. B. Miso, Soja-sauce, Sojaöl, Gebäck, Marinaden, Kaffeeweißer, Suppen, Saucen, Dressings. Ausgenommen ist vollständig raffiniertes Sojabohnen-Öl/-Fett. |
| Weichtiere | Schnecken, Tintenfisch, Austern, Muscheln und alle Erzeugnisse, in denen Weichtiere oder Spuren von ihnen enthalten sind, also Gewürzmischungen, Saucen, asiatische Spezialitäten, Salate oder Pasten. |
| Bitte diese Bereiche bei der Kennzeichnung nicht vergessen | **Getränkekarten**<br>**Speisekarten**<br>**Frühstücksbuffet**<br>**Seminare mit Kaffee/Kuchen**<br>**Buffet Kalt oder Warmspeisen** |

| Zusatzstoffe | **Grundlagen und Übersicht** |
|---|---|
| | Ein „Lebensmittelzusatzstoff" ist nach gesetzlicher Definition (VO (EG) 1333/2008, Lebensmittel-, Bedarfsgegenstände- und Futter-mittelgesetzbuch - LFGB) „ein Stoff mit oder ohne Nährwert, der in der Regel weder selbst als Lebensmittel verzehrt noch als charakte-ristische Lebensmittelzutat verwendet wird und einem Lebensmittel aus technologischen Gründen bei der Herstellung, Verarbeitung, Zubereitung, Behandlung, Verpackung, Beförderung oder Lagerung zugesetzt wird, wo-durch er selbst oder seine Nebenprodukte mittelbar oder unmittelbar zu einem Bestandteil des Lebensmittels werden oder werden können". |

| Art der Zusatzstoffe, E-Nr. | Kenntlichmachung bei loser Ware | Beispiele für Lebensmittel, die diese Zusatzstoffe enthalten können |
|---|---|---|
| Farbstoffe E 100 - E 180 | „mit Farbstoff" | alkoholfreie Getränke, Speiseeis, Desserts, Lachsersatz, Obstsalat mit Kirschen, Backwaren mit Füllungen |
| Konservierungsstoffe E 200 - E 219, E 230 - E 235, E 239, E 249 - E 252, E 280 - E 285, E 1105 bei ausschließlicher Verwendung von E 249 - E 250 E 251 - E 252 oder einem Gemisch | „mit Konservierungsstoff" oder „konserviert"; auch zulässig: „mit Nitrit Pökelsalz"; „mit Nitrat"; „mit Nitrit Pökelsalz und Nitrat" | Lachsersatz, Feinkostsalate (Fleischsalat, Kartoffelsalat), Mayonnaisen, Sauerkonserven (Essiggurken, Oliven) Kar-toffelklöße, Käse, Anchosen; Fleischerzeugnisse |

| Antioxidationsmittel E 310 - E 321 | „mit Antioxidationsmittel" | Trockensuppen, Brühen, Würzmittel, Schinken |
|---|---|---|
| Geschmacksverstärker E 620 - E 635 | „mit Geschmacksverstärker" | Gewürzmischungen, Aromazubereitungen, Trockensuppen, Fleischerzeugnisse, Soßen, Würzmittel |
| Schwefeldioxid / Sulfite E 220 - E 228 ab 10 mg/kg! | „geschwefelt" | Essig, Trockenobst (z. B. Rosinen), Kartoffelerzeugnisse (Klöße), Meerrettich |
| Eisensalze E 579, E 585 | „geschwärzt" | schwarze Oliven |
| Stoffe zur Oberflächenbehandlung E 901 - E 904, E 912, E 914 | „gewachst" | Citrusfrüchte, Melonen, Äpfel, Birnen |
| Süßstoffe E 950 - E 952, E 954, E 955, E 957, E 959, E 962; andere Süßungsmittel (Zuckeralkohole) E 420, E 421, E 953, E 965 - E 967 | „mit Süßungsmittel(n)"; bei Aspartam (E 951) und Aspartam-Acesulfamsalz (E 962) zusätzlich: „enthält eine Phenylalaninquelle"; bei Zuckeralkoholen mit mehr als 10% Gehalt zusätzlich: „kann bei übermäßigem Verzehr abführend wirken" | süß-saure Konserven, Soßen, Senf, Feinkostsalate, brennwertverminderte Lebensmittel (z. B. Joghurt, Cola-Getränke), Diabetikerbackwaren und -süßwaren (z. B. in Cafés); Anmerkung: wenn Sorbit (E 420) als Stabilisator verwendet wird, ist eine Kenntlichmachung nicht erforderlich |
| Phosphate E 338 - E 341, E 450 - E 452 | „mit Phosphat" | Brühwürste, Kochschinken. Anmerkung: Eine Kenntlichmachung ist nur bei Verwendung in Fleischerzeugnissen vorgeschrieben |
| Coffein | „coffeinhaltig" | alkoholfreie, coffeinhaltige Erfrischungsgetränke |
| Chinin, Chininsalze | „chininhaltig" | zum Beispiel Bitter-Lemon |

| Wie müssen Zusatzstoffe gekennzeichnet werden? | Gut sichtbar, leicht lesbar und mit nicht verwischbarem Stift geschrieben. |
|---|---|
| Wo muss gekennzeichnet werden? | Achtung! Zusatzstoffe müssen sowohl auf der Speisekarte als auch auf der Getränkekarte oder sonstigen Aushängen und Tischkarten gekennzeichnet werden. |
| Was ist anzugeben? | Für die Kenntlichmachung der jeweiligen Zusatzstoffe muss der in Spalte 2 „Kenntlichmachung" angegebene Wortlaut verwendet werden (siehe obenstehende Tabelle). Die Angaben dürfen in Fußnoten angebracht werden, wenn in der Verkehrsbezeichnung darauf hingewiesen wird. |

| Fehlerquellen | Kreuzkontamination vermeiden! |
|---|---|
| Tortenmesser | Tortenmesser werden in der Regel im Verkaufsraum in einen Behälter gelagert. Das alleine kann schon ein Problem bezüglich der Hygiene darstellen.<br><br>Durch das Schneiden verschiedener Torten und Reste auf dem Messer entsteht hier eine Kreuzkontamination. Achtung: Tortenmesser sind nach jedem Gebrauch unter fließend Wasser zur Reinigen. |
| Eisportionierer | Eisportionierer werden in der Regel im Verkaufsraum in einen Behälter gelagert. Das alleine kann schon ein Problem bezüglich der Hygiene darstellen.<br><br>Durch das entnehmen von verschiedenen Eissorten ohne Zwischenreinigung haben wir auch hier die Gefahr der Kreuzkontamination. Achtung: Eisportionierer sind nach jedem Gebrauch (Eissorte) unter fließend Wasser zu reinigen. |
| Lappen | Putz- und Reinigungslappen sind hervorragende Keimüberträger. Zudem besteht hier eine sehr große Gefahr der Kreuzkontamination in Bezug auf Allergene.<br><br>Lösung: Verwenden Sie Einweglappen oder ein Farbsystem mit antibakteriellen Mikrofaserlappen für festgelegte Arbeitsbereiche. |
| Grillplatten | Wenn auf einer Grillplatte panierte Lebensmittel verarbeitet werden, können auch hier für alle folgenden Lebensmittel eine Kreuzkontamination in Bezug auf Allergene entstehen. |
| Fritteuse | Werden in einer Fritteuse verschieden Lebensmittel verarbeitet, die unter die Allergen Kennzeichnungspflicht fallen, übertragen sich die Allergene auf alle folgenden Lebensmittel. Bitte bedenken Sie diese Tatsache bei Ihrer Kennzeichnung. |
| Aufschnittmaschine | Werden auf einer Aufschnittmaschine z.B. Käse und danach Wurst geschnitten, muss die Kennzeichnung der Allergene beachtet werden. Es ist zu empfehlen nach jeder Benutzung der Aufschnittmaschine diese zu reinigen und zu desinfizieren. So wird eine Übertragung von evtl. Allergenen vermieden. |

## Anlagen:

### Beispiel Allergen-Verzeichnis für die Speisekarte:

| | | |
|---|---|---|
| Getreideprodukte (glutenhaltig) | 1 oder | A |
| Fisch | 2 oder | B |
| Krebstiere | 3 oder | C |
| Schwefeldioxide und Sulfite | 4 oder | D |
| Sellerie | 5 oder | E |
| Milch und Laktose | 6 oder | F |
| Sesamsamen | 7 oder | G |
| Nüsse | 8 oder | H |
| Eier | 9 oder | I |
| Lupinen | 10 oder | J |
| Senf | 11 oder | K |
| Soja | 12 oder | L |
| Weichtiere | 13 oder | M |
| Erdnüsse | 14 oder | N |

Beispiel „Bestellkärtchen" für Allergiker:

Das Kärtchen wird vom Gast ausgefüllt und mit der Bestellung in die Küche gegeben. Die Köche werden durch die Information nochmals sensibilisiert. Außerdem hat der Lebensmittelunternehmer im Zuge der Beweislast ein Dokument über die ihm vorliegenden Informationen des Gastes.

| Eine Bitte an den Koch / Köchin | |
| --- | --- |
| Name: | |
| Meine Auswahl | |
| Vorspeise: | |
| Hauptspeise: | |
| Nachspeise: | |
| Ich habe eine Allergie gegen: | |
| ☐ Getreideprodukte (welches Gluten) | ☐ Sesamsamen |
| ☐ Nüsse / Schalenfrucht (welche) | ☐ Erdnüsse |
| ☐ Weichtiere | ☐ Fisch |
| ☐ Krebstiere | ☐ Soja |
| ☐ Milch und Laktose | ☐ Eier |
| ☐ Lupinen | ☐ Schwefeldioxide und Sulfite |
| ☐ Senf | ☐ Sellerie |

Bitte berücksichtigen Sie bei der Zubereitung meiner bestellten Speisen, dass ich in meinen Speisen auf keinen Fall die von mir oben vermerkten Allergene zu mir nehmen darf.

## Beispiel für Dokumentation eines Rezepts

| Gericht | Kleines Ragout von der Gans mit Maronen im Blätterteigkörbchen | Getreideprodukte (Glutenhaltig) | Fisch | Krebstiere | Schwefeldioxide und Sulfite | Sellerie | Milch und Laktose | Sesamsamen | Nüsse | Eier | Lupinen | Senf | Soja | Weichtiere | Erdnüsse | Zusatzstoffe |
|---|---|---|---|---|---|---|---|---|---|---|---|---|---|---|---|---|
| | **Zutaten** | | | | | | | | | | | | | | | |
| Blätterteigkörbchen | Mehl | x | | | | | | | | | | | | | | |
| | Butter | | | | | | x | | | | | | | | | |
| | Ei | | | | | | | | | x | | | | | | |
| | Salz | | | | | | | | | | | | | | | |
| Ragout von der Gans | Gänsefleisch | | | | | | | | | | | | | | | |
| | Maronen | | | | | | | | | | | | | | | |
| | Sahne | | | | | | x | | | | | | | | | Stabilisator Carragen |
| | Weizenstärke | x | | | | | | | | | | | | | | |
| | Beifuß | | | | | | | | | | | | | | | |
| | Salz, Pfeffer | | | | | | | | | | | | | | | |
| Dressing für Salat | Pflanzenöl | | | | | | | | | | | | | | | |
| | Essig-Branntweinessig | | | | x | | | | | | | | | | | |
| | Zwiebel | | | | | | | | | | | | | | | |
| | Honig | | | | | | | | | | | | | | | |
| | Salz, Pfeffer | | | | | | | | | | | | | | | |
| Dekor | Croutons | x | | | | | | | | | | | | | | |
| | Karottenchips | x | | | | | | | | | | | | | | Knoblauchextrakt |
| | Geröstete Sonnenblumenkerne | | | | | | | | | | | | | | | |

## Fernabsatz:

Ein Fernabsatz liegt vor, wenn Lebensmittel im Internet, im Catering oder über Lieferdienste verkauft werden. Die Kennzeichnung für Allergene und Zusatzstoffe muss auch hier gewährleistet sein. Das bedeutet, der Kunde muss vor Kaufabschluss über die Kennzeichnung informiert werden. Im Catering kann man das in der Regel durch eine persönliche Beratung gewährleisten - am besten mit einer anschließenden Dokumentation.

**Rechtliche Grundlagen und Quellen:**
*EU-Verordnung LMIV EU 1169/2011 vom 25. Oktober 2011 zur Information der Verbrau-*
*cher über Lebensmittel: http://goo.gl/60DwwC*
*Vorläufige Lebensmittelinformations-Ergänzungsverordnung (VorlLMIEV), Bundesrat*
*Drucksache 566/14 (Beschluss) vom 28. November 2014, http://goo.gl/qux4FS*
*Bundesministerium für Ernährung und Landwirtschaft (BMEL): Kennzeichnung von*
*Lebensmitteln - Die neuen Regelungen, http://goo.gl/bFcqLI*
*DEHOGA Compact Nr. 47/2014, Newsletter vom 28. November 2014*

Impressum
Autor
Thomas Zydeck | Sachverständiger für Betriebs- und Anlagenhygiene | Hauptstraße 148
A | 56566 Neuwied
Mail: Info@HTZ-Zydeck.de

Redaktion
Dr. Ulrike Regele, DIHK - Deutscher Industrie- und Handelskammertag e. V. | Breite
Straße 29 | 10178 Berlin
Mail: regele.ulrike@dihk.de

## Getränkekarte

Laut § 6 Gaststättengesetz ist mindestens ein alkoholfreies Getränk billiger zu verabreichen als das billigste alkoholische Getränk – auf den Literpreis gerechnet!

Das Volumen ist immer in Litern (l) bzw. Centilitern (cl) anzugeben (Gemäßgrößen).

Auf dem Schankgefäß muss das Volumen (Messstrich und Literangabe bzw. Centiliterangabe) gekennzeichnet und vermerkt werden.

## Nichtalkoholische Getränke

| Art oder Marke | Menge | Preis |
|---|---|---|
| Tafelwasser | 0,2 l | EUR |
| Sodawasser<br>Sodawasser enthält mindestens 570 mg Natriumhydrogencarbonat in einem Liter sowie Kohlendioxid | 0,2 l | EUR |
| Mineralwasser (Flasche) | 0,2 l | EUR |
| Selters (Flasche)<br>„Selters" ist eine gebietsgeschützte Bezeichnung, es ist eines von vielen Mineralwässern und muss in jedem Fall aus der Quelle des Ortes „Selters" stammen. Bei Mineralwasser (einschl. Selters) dürfen die Flaschen erst am Tisch geöffnet werden. | 0,2 l | EUR |
| Tomatensaft | 0,2 l | EUR |
| Apfelsaft | 0,2 l | EUR |
| Orangensaft | 0,2 l | EUR |
| Bananenfruchtsaftgetränk | 0,2 l | EUR |
| Kirschnektar | 0,2 l | EUR |
| Johannisbeerfruchtsaftgetränk<br>Es ist auf die Qualitätsunterschiede Saft, Nektar, Fruchtsaftgetränk zu achten. Säfte müssen aus100 % Saft bestehen und stellen daher die höchste Qualitätsstufe dar.<br><br>　　　　　　　Fruchtsaft　　Fruchtnektar　　Fruchtsaftgetränk<br>Orange　　　　100 % Saft　　50 % Saft　　　6 % Saft<br>Apfel　　　　　100 % Saft　　50 % Saft　　　30 % Saft<br>Johannisbeere　100 % Saft　　25 % Saft　　　10 % Saft<br>Die genaue Angabe der Verkehrsbezeichnung von der Verpackung (Flasche oder Tetrapack) ist daher die sicherste Variante, den Gast nicht zu täuschen. Für Säfte darf die Kennzeichnung „frisch gepresst" nur verwendet werden, wenn der Saft im Verkaufsbetrieb hergestellt wurde. Für Anlieferungen, d. h. aus anderen Herstellungsbetrieben, gilt die Kennzeichnung „Saft" oder „frischer Saft". | Fruchtsaft | Fruchtnektar |
| Malztrunk (Flasche)<br>Malztrunk ist ein alkoholfreies Getränk und nicht mit Malzbier zu verwechseln, deshalb ist bei Malzbier darauf zu achten, dass es nicht für Kinder und Schwangere geeignet ist. Malztrunk kann unter Umständen gefärbt sein, je nach Rezeptur des Herstellers. | 0,33 l | EUR |
| Fanta[1, 8] | 0,2 l | EUR |

| | | |
|---|---|---|
| Sprite[8]<br>wenn Fanta oder Sprite aus Pre- oder Postmix hergestellt wurde, enthält es zusätzlich zu Farbstoff[1] und Antioxidationsmittel[8] auch noch Konservierungsstoffe[2]. Der zusätzliche Konservierungsstoffanteil ist auch bei CocaCola und Fassbrause als Pre- oder Postmixgetränke zu beachten. | 0,2 l | EUR |
| CocaCola[1,3] | 0,2 l | EUR |
| CocaCola light[1, 2, 3, 5,6, 7]<br>CocaCola light enthält neben Farbstoff[1] und Koffein[3] auch Süßstoffe (anzugeben als „mit Süßungsmitteln"[5, 6]), die kenntlich zu machen sind. Außerdem sind die Nährwertangaben pro 100 ml[7] nach der Nährwertkennzeichnungsvorordnung vorzunehmen. | 0,2 l | EUR |
| Spezi[1, 3, 8] | 0,4 l | EUR |
| Ginger Ale[1] | 0,2 l | EUR |
| Fassbrause[1, 5]<br>Eventuell mit Farbstoff[1] und/oder mit Süßungsmitteln[5] | 0,2 l | EUR |
| Bitter Lemon[4]<br>Bitter Lemon enthält Chinin[4], welches kenntlich zu machen ist. | 0,2 l | EUR |
| Glas Milch<br>Bei „Milch" muss es sich um pasteurisierte Kuhmilch (Vollmilch) handeln. Bei fettarmer Milch bzw. H-Milch ist diese Behandlung anzugeben. Bei anderen Milcharten muss die entsprechende Tierart angegeben werden. | 0,2 l | EUR |
| Max, Pilsener, alkoholfreies Bier (Flasche)<br>„Alkoholfreies Bier" darf produktionsbedingt einen Restalkoholgehalt bis zu 0,5 Vol.-% enthalten! | 0,33 l | EUR |

Bitte beachten Sie, dass Sie auch in der Getränkekarte die Allergene kennzeichnen müssen, oder Sie verweisen in der Getränkekarte auf die separate Allergen-Kennzeichnung. Die Allergene können bei den Getränken von Hersteller zu Hersteller verschieden sein. Sprechen Sie Ihre Lieferanten an.

## Heißgetränke

Bei Heißgetränken ist eine Mengenangabe nicht erforderlich, es genügt die Angabe Glas, Tasse, Kännchen, die jedoch in jedem Fall zu erfolgen hat. Die Gefäße benötigen keinen Messstrich. Anders verhält es sich bei Glühwein. Hier sind Mengenangaben und Messstrich erforderlich.

| Art oder Marke | Preis |
|---|---|
| Tasse Kaffee<br>„Kaffee" muss nicht unbedingt Filterkaffe sein, er kann auch aus Instant-Kaffee, also löslichem Kaffeepulver hergestellt werden. | EUR |
| Tasse Kaffee, entkoffeiniert<br>Die Bezeichnung „koffeinfrei" wäre nicht korrekt! | EUR |

| | |
|---|---|
| Kännchen Tee | EUR |
| Glas Tee mit Rum<br>Es darf nur Rum und nicht Rumverschnitt verwendet werden. | EUR |
| Glas Grog vom Rumverschnitt<br>Rumverschnitt muss angegeben werden, da er qualitativ minderwertiger als Rum ist. | EUR |
| Glas Glühwein<br>Glühwein ist ein aromatisiertes, weinhaltiges Getränk, das ausschließlich aus Rot- oder Weißwein unter Zusatz von Gewürzen und Zucker herge-stellt wird (kein Wasser!). Es ist nicht unter der Rubrik „Weine" zu führen. Bei Verwendung von Weißwein muss es heißen „Glühwein aus Weißwein". Glühwein muss mindestens einen Alkoholgehalt von 7,0 Vol.-% aufwei-sen, jedoch darf der Alkoholgehalt nicht höher als 14,5 Vol.-% sein. | EUR |
| Tasse Schokolade | EUR |
| Tasse Kakao | EUR |
| Tasse kakaohaltiges Getränk<br>Die korrekte Bezeichnung der kakaohaltigen Getränke gemäß Hersteller-angabe ist in jedem Fall zu beachten, da Qualitätsunterschiede bestehen. Kakao ist stärker entölt als Schokoladenpulver. | EUR |

## Alkoholische Getränke

| Art oder Marke | Menge | Preis |
|---|---|---|
| Futschi[1,3]<br>(Gemisch aus Weinbrand und Cola)<br>Angabe der Gesamtgemäßgröße reicht aus | 0,2 l | EUR |
| Gin Tonic[4]<br>Die Frage, ob das in coffeinhaltigen Erfrischungsgetränken anzugeben-de Koffein auch in alkoholischen Mischgetränken anzugeben ist, ist umstritten. Dagegen muss Chinin in jedem Falle, auch bei alkoholischen Mischgetränken, kenntlich gemacht werden. | 0,2 l | EUR |
| Weinschorle | 0,2 l | EUR |
| Cocktail<br>Bei alkoholhaltigen Mischgetränken, z. B. Cocktails, die unmittelbar vor dem Ausschank aus mehr als zwei Getränken gemischt worden sind, ist die Angabe der Menge (Gemäßgröße) nicht vorgeschrieben; Gläser ohne Füllstrich sind möglich. Bitte jedoch auf die anzugebenden Zutaten/Zusatzstoffe achten! | 0,2 l | EUR |

203

## Biere

| Bier vom Fass: Art/Name der Brauerei | Menge | Preis |
|---|---|---|
| Pilsener/Felsenbrauerei | 0,4 l | EUR |
| Starkbier/Felsenbrauerei | 0,4 l | EUR |
| Falls bereits vor Betreten des Gastraumes klar und deutlich auf eine bestimmte Biermarke hingewiesen wird, z. B. Leuchtreklame und nur diese Marke angeboten wird, kann die erneute Nennung der Brauerei in der Karte entfallen. | | |

| Flaschenbier: Art/Name der Brauerei | Menge | Preis |
|---|---|---|
| Pilsener/Felsenbrauerei | 0,4 l | EUR |
| Starkbier/Felsenbrauerei | 0,4 l | EUR |
| „Berliner Weiße mit Schuss rot, grün" Waldmeistersirup enthält fast immer Farbstoff[1], dieser ist entsprechend kenntlich zu machen. | 0,4 l | EUR |

| Ausländisches Bier: | | EUR |
|---|---|---|
| Ausländisches Bier darf unter der Bezeichnung „Bier" nur dann in den Verkehr gebracht werden, wenn es unter der Bezeichnung „Bier" im Herstellerland verkehrsfähig ist. Verwendete kenntlich zu machende Zusatzstoffe sind anzugeben. | | |

| Alkoholfreies Bier: Art/Name der Brauerei | Menge | Preis |
|---|---|---|
| Das Erzeugnis kann auch unter der Rubrik „alkoholfreie Getränke" eingruppiert werden. | | EUR |

| Biermischgetränke: | | |
|---|---|---|
| wie z. B. Radler, Alsterwasser, Sportmolle dürfen nicht unter „Bier" geführt werden sondern nur unter „alkoholische Getränke". | | |

**Achtung:** Auch bei Bier gibt es allergene Stoffe.

## Spirituosen

Viele Spirituosen sind gefärbt. Wenn auf dem Etikett in der Zutatenliste mit „Farbstoff" angegeben ist, ist der Farbstoff auch in der Karte kenntlich zu machen. Hier z. B. mit [1].

| Art oder Marke | Menge | Preis |
|---|---|---|
| Pernod[1] | 2 cl | EUR |
| Fernet Menta[1] | 2 cl | EUR |
| Jack Daniels | 2 cl | EUR |
| Campari[1] | 2 cl | EUR |
| Bols Blau[1] | 2 cl | EUR |
| Southern Comfort Southern Comfort ist kein Whisky, sondern ein Whiskylikör und darf deshalb nicht unter einer möglichen Rubrik „Whisky" geführt werden. | 2 cl | EUR |

| | | |
|---|---|---|
| Goldkrone/Metaxa<br>Metaxa und Goldkrone sind Spirituosenspezialitäten und dürfen nicht unter evtl. geführten Rubriken „Weinbrand, Brandy oder Cognac" geführt werden. | 2 cl | EUR |
| Asbach Uralt | 2 cl | EUR |
| Cognac<br>Cognac ist eine gebietsgeschützte Verkehrsbezeichnung, deshalb muss das Getränk aus der Region Cognac in Frankreich stammen. | 2 cl | EUR |
| Rum 54 Vol.-%<br>Alkoholgehalt (Vol.-%) muss nicht angegeben werden, als Qualitätshinweis kann dies jedoch sinnvoll sein. Zwischen Rum und Rumverschnitt ist zu unterscheiden! | 2 cl | EUR |

## Weine

In der Getränkekarte sind für Weine laut Preisangabenverordnung lediglich Farbe, Verkehrsbezeichnung, Menge und Preis anzugeben. Der Verbraucher ist es jedoch gewohnt, nähere Angaben zur Herkunft (Land, Region), Gruppenangabe (Tafelwein, Qualitätswein, Prädikatswein), Rebsorte (z. B. Riesling, Silvaner, Spätburgunder), Restzuckergehalt (trocken, halbtrocken, lieblich und süß), zum Geschmack (z. B. erdig, blumig) und zum Jahrgang zu erhalten. Diese Angaben sind nicht vorgeschrieben, aber empfehlenswert, vor allem bei Abgabe von Flaschenweinen.

| Flaschenweine/Flasche | Menge | Preis |
|---|---|---|
| Weißwein<br>Muskat Ottonell, Rheingau Qualitätswein 1999er Jahrgang, vollmundig, säurearm, feines Muskatellerbouquet | 0,75 l | EUR |
| Rotwein<br>Trollinger, Pfälzer Prädikatswein 2000er Jahrgang, frisch, fruchtig, leicht säurebetont | 0,75 l | EUR |
| Roséwein<br>Weißherbst (aus roten Trauben, aber blassrosa in der Farbe) | 0,75 l | EUR |
| Fruchtweine<br>Apfelwein<br>Bei Fruchtweinen muss erkennbar sein, welche Früchte als Grundlage dienten. | 0,75 l | EUR |
| **Offene Weine** | **Menge** | **Preis** |
| Glas Rotwein, trockener Merlot aus Frankreich | 0,2 l | EUR |
| Glas Rotwein, Bulgarischer Kadarka, süß | 0,2 l | EUR |
| **Offene Weine** | **Menge** | **Preis** |
| Glas Weißwein, trockener, grüner Veltliner aus Österreich | 0,2 l | EUR |
| Glas Weißwein, halbtrockener Riesling, Mosel-Saar-Ruwer | 0,2 l | EUR |
| Glas Roséwein, Weißherbst<br>Es ist zwingend erforderlich, bei offenen Weinen die Farbe des Weines anzugeben. Es gibt noch verschiedene andere Erzeugnisse aus Wein, z. B. Perlweine, Likörweine (z. B. Portwein, Sherry) | 0,2 l | EUR |

| Schaumweine | Menge | Preis |
|---|---|---|
| Genaue Bezeichnung, Flasche, Menge, Preis (auch bei Kleinflaschen ist eine Mengenangabe erforderlich); außerdem ist die Angabe des Restzuckergehaltes in Form von „extraherb", „herb", „extra trocken", „trocken", „halbtrocken", „mild" zwingend erforderlich. | | EUR |
| extraherb/extrabrut, Restzuckergehalt zw. 0 und 6 Gramm/1 l | | |
| herb/brut Restzuckergehalt unter 15 Gramm/1 l | | |
| extratrocken/extradry Restzuckergehalt zw. 16 und 20 Gramm/1 l | | |
| trocken/dry Restzuckergehalt zw. 17 und 35 Gramm/1 l | | |
| halbtrocken/mediumdry Restzuckergehalt zw. 33 und 50 Gramm/1 l | | |
| mild/sweet/doux Restzuckergehalt zw. 33 und 50 Gramm/1 l | | |
| **Sekt (Qualitätsschaumwein)** | Menge | Preis |
| Rothansel, trocken (Flasche) | 0,75 l | EUR |
| Rothansel, halbtrocken (Glas) | 0,1 l | EUR |
| Fürst Mayer, trocken (Flasche) | 0,75 l | EUR |
| Hausmarke, mild (Flasche) | 0,75 l | EUR |
| Fürst Mayer, trocken (Kleinflasche) | 0,2 l | EUR |
| **Champagner** | Menge | Preis |
| Veuve Martine, extra brut (Flasche) | 0,75 l | EUR |
| Bei Bezeichnung „Champagner" muss das Erzeugnis aus der Gegend Champagne stammen. | | |
| **Schaumwein** | | |
| Perlin, semi secco | 0,2 l | EUR |
| Schaumwein, nicht unter „Sekt" oder „Wein" aufführen. | | |
| Prosecco | 0,2 l | EUR |
| Der Name Prosecco spiegelt heutzutage die Herkunftsbeschreibung wider. Bis zum 17.07.2009 hieß die Traube Prosecco. Seit dem 18.07.2009 heißt die weiße Traube Glera. Nur Prosecco aus den gesetzlich festgelegten Regionen um die Gemeinden Valdobbiadene und Conegliano dürfen den DOCG Status tragen. DOC Prosecco ist kennzeichnend für Weine, die aus neun Provinzen in zwei Regionen stammen: Veneto und Friaul Julisch Venetien. | | |

**Achtung:** Auch in Wein und Sekt gibt es allergene Stoffe.

## Speisekarte

Der Gastwirt hat die Pflicht, den Kunden über die Verwendung sämtlicher Zusatzstoffe zu informieren. Bei verpackten Fertigprodukten kann der Gastronom die anzugebenden Zusatzstoffe den Etiketten entnehmen. Bei Wurst- und Backwaren ist es jedoch unabdingbar, sich beim Metzger, Bäcker, Konditor oder Lieferanten nach den Inhaltsstoffen zu erkundigen.

Eine problematische Zusatzstoffgruppe ist die der Geschmacksverstärker. Diese finden sich in fast allen Fertig- oder Halbfertigprodukten, insbesondere in Brühwürfeln etc. Sofern Produkte z. B. bei der Herstellung in Suppen verwendet werden, sind diese anzugeben.

Das müssen Sie angeben:

- mit Farbstoff(en)
- mit Konservierungsstoff(en)
- mit Antioxidationsmittel
- mit Geschmacksverstärker(n)
- mit Schwefeldioxid
- mit Schwärzungsmittel
- mit Phosphat
- mit Milcheiweiß
- koffeinhaltig
- chininhaltig
- mit Süßungsmittel
- enthält eine Phenylalaninquelle
- gewachst
- mit Taurin

## Auszug aus einer Speisekarte:

| Vorspeisen und kleine Gerichte | Preis |
|---|---|
| Weinbergschnecken mit Kräuterbutter<br>Auf Unterschied Weinbergschnecken/Achatschnecken achten.<br>Im Handel überwiegend Achatschnecken. | EUR |
| Räucherlachs auf Toast[2] mit Sahnemeerrettich[5]<br>Schnittbrot enthält u. U. Konservierungsstoff | EUR |
| Brathering nach Hausfrauenart mit Bratkartoffeln<br>Bei nostalgischen Begriffen, wie z. B. „nach Hausfrauenart" sind Konservierungsstoffe und andere chemische Zusätze nicht zulässig. | EUR |
| Lachsbrötchen<br>Lachsbrötchen muss mit echten Lachsscheiben belegt sein. | |
| Brötchen mit Seelachsschnitzeln, Lachsersatz[1, 2] | |
| Cocktail[1, 2] aus Surimi, Krebsfleischimitat aus Fischmuskeleiweiß geformt<br>Aus Surimi werden unter Verwendung verschiedener Zutaten/Zusatzstoffe Imitate von vorwiegend Krebstier oder Weichtiererzeugnissen (auch als Stäbchen oder Stücke) hergestellt. Sie sind daher je nach imitierter Tierart wie folgt zu kennzeichnen: Surimi-Imitat (z. B. Krebsfleisch- Crabmeat-, Garnelen-, Shrimps-, Tintenfisch-) aus Fischmuskeleiweiß geformt. | EUR |
| Gänseleberpastete[17] mit Trüffeln<br>Pasteten; Lebercremes, Leberparfaits sowie Leberwürste können unter Verwendung von Sahne[17] hergestellt sein. | EUR |
| Gefüllte Tomate mit Fleischsalat<br>Kann je nach Rezeptur im Fleischsalat enthalten:[1, 2, 5, 14] | EUR |
| Bockwurst[10, 11] mit Kartoffelsalat<br>Würstchen aus der Konserve häufig mit Milcheiweiß, Kartoffelsalat kann je nach Rezeptur enthalten:[1, 2, 5] und [14] | EUR |
| Currywurst mit Ketchup<br>Currywurst ist nach Berliner Verkehrsauffassung eine Bratwurst, sie enthält keine Pökelstoffe (Konservierungsstoffe), ist deshalb nicht umgerötet, im Gegensatz zu Bockwurst oder Dampfwurst. Ketchup kann je nach Rezeptur[2] und[5] enthalten. | EUR |
| Dampfwurst[2] mit Ketchup (evtl.[2, 5]) und Curry<br>Würste mit Pökelsalz (im Anschnitt rosa) dürfen nicht als Currywurst verkauft werden | EUR |
| Pommes frites mit Salatmayonnaise<br>Salatmayonnaise kann je nach Rezeptur[1, 2, 5, 14, 18] enthalten, Mayonnaise enthält mindestens 80 % Fettanteil, Salatmayonnaise nur 50 %. Wenn in der Zutatenliste der Fertigpackung oder in den Lieferpapieren kenntlich gemacht wurde, dass von den pflanzlichen Ölen ein aus genetisch verändertem Raps hergestelltes Öl enthalten ist, ist die Bezeichnung „genetisch verändert (Punkt 18 der Legende)" auch in der Speisekarte kenntlich zu machen. | EUR |

| | |
|---|---|
| Salat[18] mit Italien-Dressing[18]<br>Punkt 18 der Legende ist anzugeben, wenn Sojasprossen und Tomaten genetisch verändert und ein aus genetisch verändertem Soja hergestelltes Sojaöl verwandt wurde (Angaben von der Zutatenliste der Fertigpackung oder aus den Lieferpapieren zu übernehmen). | EUR |
| Döner-Kebab mit Salat<br>Döner-Kebab sind dünne Fleischscheiben auf einem Drehspieß aufgesteckt. Ein mitverarbeiteter Hackfleischanteil aus Rindfleisch und/oder Schaffleisch beträgt höchstens 60 %. Außer Salz und Gewürzen sowie ggf. Eiern, Zwiebeln, Öl, Milch und Joghurt enthält Döner-Kebab keine weiteren Zutaten. Besonderheiten sind Yaprak-Döner und Schawarma, die nur aus reinen Fleischscheiben bestehen. | EUR |
| Hackfleischzubereitung am Spieß<br>Enthält mehr als 60 % Hackfleischanteil und Zusätze wie z. B. Semmelmehl und entspricht daher nicht den Anforderungen an ein Döner-Kebab und darf daher nicht als solcher gekennzeichnet werden. | EUR |
| Gyros mit Tzatsiki und Salat<br>Gyros ist eine griechische Spezialität aus reinen Schweinefleischscheiben auf einem Drehspieß. | EUR |
| Großer, gemischter Salat mit Schafskäse, schw. Oliven[8] und Dressing[1, 2, 5, 14]<br>Schafskäse muss zu 100 % aus Schafsmilch hergestellt sein. Schwarze Oliven können mit Eisengluconat[8] geschwärzt sein. Dressing kann je nach Rezeptur[1, 2, 5, 14] enthalten. | EUR |
| Boulette[15] mit Bratkartoffeln<br>Bouletten werden nur aus gewolftem Fleisch hergestellt, Bouletten aus industrieller Fertigung sind oft zusätzlich aus fein zerkleinertem Fleisch hergestellt und sind wegen dieser Wertminderung mit dem Hinweis „mit fein zerkleinertem Fleisch" zu versehen. | EUR |
| Vorderschinkenbrot<br>Wenn „Schinkenbrot", muss es Hinterschinken sein. | EUR |
| Pizza mit Formfleischschinken aus Schinkenstücken zusammengefügt<br>Im Gegensatz zu gewachsenem Schinken wurde Formfleisch aus Fleischstücken zusammengefügt (Qualitätsminderung!). | EUR |
| Pizza Salami<br>Muss mit echter Salami belegt sein, nicht mit Plockwurst. Wenn mit Plockwurst gearbeitet wurde, ist diese zu deklarieren. Salami kann z. B. auch Farbstoff (Punkt 1 der Legende), Konservierungsstoffe (Punkt 2 der Legende) und Süßungsmittel (Punkt 6 der Legende) enthalten und aus genetisch veränderten Mikroorganismen (Punkt 18 der Legende) hergestellt worden sein. | EUR |
| Tapas[18]<br>Wenn in der Zutatenliste der Fertigpackung oder in den Lieferpapieren kenntlich gemacht wurde, dass das Maismehl aus genetisch verändertem Mais hergestellt wurde, ist diese genetische Veränderung auch für die Speisekarte zu übernehmen (Punkt 18 der Legende). | EUR |

Achtung: Bitte kennzeichnen Sie auch hier die Allergene.

## Hauptgerichte                                                        Preis

| | Preis |
|---|---|
| **Wiener Schnitzel mit Salzkartoffeln und Spargel** <br> Wiener Schnitzel darf nur vom Kalb sein, sonst „Schnitzel Wiener Art" aus Schweinefleisch. Schnitzel ist eine zum Kurzbraten oder Grillen geeignete Scheibe von in natürlichem Zusammenhang belassenem, sehnen-und fettgewebsarmem Fleisch, Panadeanteil max. 35 %. Spargel muss Stangenspargel sein, sonst Bezeichnung „Spargelstücke" oder „Spargelabschnitte" wählen. | EUR |
| **Kotelett mit Bratkartoffeln** <br> Vom Schwein, sonst Tierart angeben. | EUR |
| **Steak vom Grill mit Kräuterbutter** <br> Ohne Angabe der Tierart ist Steak immer Rindfleisch. Kräuterbutter muss ausschließlich aus Butter mit Kräutern bestehen. | EUR |
| **Filettopf nach Art des Hauses** <br> Auch bei „Art des Hauses" ohne Angabe der Tierart, nur Filet vom Rind. | EUR |
| **Filetsteak (200 Gramm) mit Sauce Hollandaise** <br> Wenn nicht Rind, Tierart angeben. Bei Gewichtsangaben ist das Gewicht der Rohware maßgebend, in der Küche muss geeichte Waage vorhanden sein. Gewichtsangabe immer in Gramm (g) bzw. Kilogramm (kg) angeben. <br> Sauce Hollandaise ist ausschließlich mit Butter zubereitet, ansonsten muss es heißen „Sauce á la Hollandaise" oder „Sauce Hollandaise mit Pflanzenfett". | EUR |
| **Scampis vom Grill mit Knoblauchsoße** <br> Kann je nach Rezeptur[1, 2, 5, 14] enthalten. Auf Unterschied Scampis/Großgarnelen achten! | EUR |
| **Frisches Haisteak mit Salzkartoffeln und Salat** <br> Bei der Bezeichnung „frisch" darf kein gefrorener bzw. tiefgefrorener Fisch verwendet werden. Bei Fischgerichten, Fischart und Fischteil angeben. | EUR |
| **Zwei Fleischspieße mit Pommes frites und Salat** <br> Fleischspieß 2/3 Fleischanteil (Schwein oder Rind), 1/3 würzende Beigaben; Schaschlik von mindestens 30 % Fleischanteil und Speck sowie würzende Beigaben, ggf. und/ oder Leber/Niere. <br> Bei Dressing auf mögliche Zutaten achten[1, 2, 5, 14] | EUR |
| **Schmorbraten nach Art des Hauses** <br> Schmor-, Sauer-, Burgunder-, Rost- und Zwiebelbraten ist immer Rindfleisch. | EUR |
| **Rahmgeschnetzeltes mit Champignons und Spätzle** <br> Geschnetzeltes ohne Tierangabe ist immer Kalbfleisch. | EUR |
| **Rahmschnitzel mit Klößen** <br> Rahmschnitzel ist immer Kalbfleisch ohne Angabe der Tierart. | EUR |
| **Szegediner Braten mit Klößen** <br> Szegediner Braten ist immer vom Schwein. | EUR |
| **Fertiggericht „Frikadelle mit Gemüsesoße und Kartoffeln"[18]** <br> Wenn die Zutatenliste der Fertigpackung z. B. wie folgt aussieht: „Zutaten: Kartoffeln, Hackfleisch, ... Gemüse (enthält genetisch veränderte Tomaten) ..." ist die genetische Veränderung mit Punkt 18 der Legende auszudrücken. | EUR |

| | |
|---|---|
| Reis mit gebackenem Tofu[18] und Chicoréesalat[18]<br>Punkt 18 der Legende ist anzugeben, wenn der Tofu aus genetisch verändertem Soja hergestellt und der Chicoréesalat genetisch verändert wurde. | EUR |
| „Kinderteller" Spaghetti mit Tomatensoße[5]<br>Möglich ist auch „kleine Portion" oder „große Portion" bzw. „kleiner Karpfen", „großer Karpfen"; dagegen sind Angaben wie „ca. ...", „von ... bis ...", „ab ... Euro" und „Preise je nach Gewicht und Größe" unzulässig. | EUR |
| „Überraschungsteller"<br>Überraschungsteller ohne nähere Angaben zum Gericht ist nicht zulässig. Es kann dem Gast nicht zugemutet werden, nach den einzelnen Bestandteilen des Gerichtes zu fragen. | EUR |

Achtung: Bitte kennzeichnen Sie auch hier die Allergene.

## Desserts                                                              Preis

| | |
|---|---|
| Götterspeise (Himbeergeschmack)[1] mit Sahne | |
| Vanilleeis mit Früchten<br>Speiseeis, das den allgemeinen Begriffsbestimmungen der Leitsätze für Speiseeis und Speiseeishalberzeugnissen des Deutschen Lebensmittelbuches entspricht, wird verkehrsüblich auch als „Eis in Verbindung mit beschreibenden Bezeichnungen hinsichtlich geschmackgebender Zutaten" in den Verkehr gebracht (gilt nicht für Wasser-Eis), z. B. Vanille-Eis, Schoko-Eis, Mokka-Eis.<br>Für Speiseeis können auch die verwendeten Früchte namensgebend sein, wenn sie einzeln (mind. 20 % im Allgemeinen, bei Zitrusfrüchten und anderen sauren Früchten mind. 10 %) oder der im Namen verwandten Mischungen den Mindestanforderungen genügen (z. B. Erdbeer-Eis, Erdbeersorbet).<br>Bei überwiegender Verwendung von fermentierten Milchsorten (z. B. Sauermilchjoghurt, Kefir) anstelle von Milch kann in der Verkehrsbezeichnurig darauf hingewiesen werden, z. B. Joghurt-Eis. | EUR |
| Mousse au chocolat[18]<br>Punkt 18 der Legende ist anzugeben, wenn aus der Zutatenliste der Fertigpackung oder den Lieferpapieren hervorgeht, dass die Schokolade Lecithin enthält, das aus genetisch verändertem Soja hergestellt wurde. | EUR |

Achtung: Bitte kennzeichnen Sie auch hier die Allergene.

Legende der Angaben von Zutaten und Qualitäten in der Speise- und Getränkekarte

1) mit Farbstoff
2) mit Konservierungsstoff(en)
3) koffeinhaltig
4) chininhaltig
5) mit Süßungsmittel(n)
6) enthält eine Phenylalaninquelle
7) Nährwerte 100 ml: z. B. bei CocaCola light
   Brennwert < 1,0 kj (< 0,25 kcal)
   Eiweiß < 0,1 g
   Kohlenhydrate < 0,1 g
   Fett 0 g
8) mit Antioxidationsmittel

9) geschwefelt
10) mit Phosphat
11) mit Milcheiweiß
12) geschwärzt
13) bei Formfleischerzeugnissen:
    wie z. B. Formfleischvorderschinken, aus
    Schulterteilen zusammengefügt
14) mit Geschmacksverstärker
15) hergestellt mit fein zerkleinertem Fleisch
16) mit Eiklar
17) unter Verwendung von Sahne
18) genetisch verändert

**Weitere Hinweise:**

- Ausgegangene Speisen und Getränke müssen umgehend auf allen Karten gestrichen werden.

- Bei wechselnden Angeboten sind Einlegeblätter in jeder Karte oder Hinweisschilder auf allen Tischen möglich; ein Hinweis auf einer Tafel im Gastraum reicht aus.

- Falls Displaymaterial, wie z. B. Tischständer, die auf einen bestimmten Markenartikel hinweisen, mit einem Preis versehen sind, so gelten auch hier die Vorschriften für Speise- und Getränkekarten, d. h. Menge und evtl. Inhaltsstoffe und Zusatzstoffe sind anzugeben.

- Zusätzliche Waren und Leistungen, z. B. Erdnüsse, Schokolade sowie Telefon- und Automatenbenutzung müssen nicht auf der Karte aufgeführt werden. Es genügt ein Preisschild neben der Ware bzw. dem Gerät.

- Der Hinweis auf den Alkoholgehalt ist nicht erforderlich. Es kann jedoch z. B. bei bestimmten Desserts sinnvoll sein; u. a., da nach dem Jugendschutzgesetz für Kinder und Jugendliche die Abgabe und der Verzehr von Branntwein, branntweinhaltigen Getränken und Lebensmitteln, die Branntwein in nur geringfügiger Menge enthalten, verboten sind.

- Soweit die Mengenangabe in der Karte erfolgen muss, sind Schankgefäße zum Trinken nur mit einem Nennvolumen von 1, 2, 4, 5 oder 10 Zentilitern oder 0,1; 0,2; 0,25; 0,3; 0,4; 0,5; 1; 1,5; 2 oder 3 Litern zulässig. Beim Einschenken ist darauf zu achten, dass z. B. das Bier bis zum jeweiligen Messstrich reicht. Der Gast hat das Recht, ein unzureichend gefülltes Schankgefäß zurückzuweisen.

- Eine Speise- und Getränkekarte ohne Preisangaben speziell für die Begleitperson ist möglich.

- Speisen und Getränke dürfen nicht „ohne Preise" bzw. mit dem Hinweis „gratis" angeboten werden; möglich ist „zu jedem der folgenden Gerichte erhalten Sie zusätzlich die Tagessuppe sowie als Dessert Obst".
- Es besteht ein Koppelungsverbot. So ist z. B. der Hinweis „Coca-Cola nur in Verbindung mit der Bestellung eines Cognacs" unzulässig.
- Nettopreise sind unzulässig, d. h., alle angegebenen Preise müssen die Umsatzsteuer (Mehrwertsteuer) und das Bedienungsfeld enthalten.
- Bei fremdländischen Bezeichnungen empfiehlt es sich, dem Gast Erklärungen über die maßgeblichen Bestandteile auch in deutscher Sprache zu geben.
- Bei differenzierten Preisen, z. B. höheren Preisen bei Erstbestellung bzw. ab einer bestimmten Uhrzeit, muss das dem Gast vorab bekannt gegeben werden.

# 9. Alkohol und Jugendschutz

Ausschnitt aus einer Pressemeldung, Sabine Bätzing, Drogenbeauftragte der Bundesregierung:
„Alkohol ist bei Kindern und Jugendlichen die am weitesten verbreitete psychoaktive Substanz."

*„Nach der Drogenaffinitätsstudie der Bundeszentrale für gesundheitliche Aufklärung (BZgA) aus dem Jahr 2008 geben rund drei Viertel (75,8 %) der 12- bis 17-Jährigen an, schon einmal Alkohol getrunken zu haben. Im zeitlichen Trend wird deutlich, dass der Anteil der Jugendlichen in dieser Altersgruppe, die im vergangenen Jahr mindestens wöchentlich irgendein alkoholisches Getränk getrunken haben, von 21,2 % im Jahr 2004 auf 17,4 % im Jahr 2008 zurückgegangen ist. Der Rückgang von 2004 bis 2008 ist sowohl bei männlichen als auch bei weiblichen Jugendlichen zu beobachten. Mit dem Begriff „riskante Konsummuster" wird ein Trinkverhalten beschrieben, das sich negativ auf die gesundheitliche und (psycho-)soziale Entwicklung von Jugendlichen auswirken kann. Häufiges Rauschtrinken (sog. Binge Drinking) – d. h. der Konsum von fünf oder mehr Gläsern alkoholischer Getränke hintereinander – gilt als ein Indikator für riskanten bzw. problematischen Alkoholkonsum. Die Ergebnisse zeigen, dass der Anteil Jugendlicher, die in den letzten 30 Tagen mindestens einmal Binge-Trinken praktiziert haben, zwar von 25,5 % im Jahr 2007 zurückgegangen ist, aber im Jahr 2008 immer noch bei 20,4 % liegt. Wird die konsumierte Alkoholmenge zum Gradmesser gesundheitsgefährdenden Alkoholkonsums bei Jugendlichen genommen, ist nach den Daten der Drogenaffinitätsstudie 2008 davon auszugehen, dass etwa 8,2 % der Jugendlichen im Alter von 12- bis 17-Jahren einen riskanten oder sogar gefährlichen Alkoholkonsum aufweisen. Obwohl der Konsum von Alkohol in der Öffentlichkeit für Jugendliche bis 16 Jahren nicht erlaubt ist, zeigen die Daten der Drogenaffinitätsstudie, dass Alkohol von unter 16-Jährigen nicht nur konsumiert wird, sondern sogar viel zu häufig in riskanten bzw. gefährlichen Mengen getrunken wird."*

**Die wichtigsten Bestimmungen für Gaststätten und Verkaufsstellen im Umgang mit Kindern und Jugendlichen**

Die Jugend muss in besonderer Weise vor den oben dargestellten Gefahren geschützt werden. In dem Jugendschutzgesetz, das Sie in der Anlage finden, sind besondere Regelungen für Kinder und Jugendliche in Gaststätten und für den Alkohol- und Tabakkonsum aufgelistet. Im Folgenden werden die wichtigsten Vorschriften erläutert. Wird gegen die Vorschriften des Jugendschutzgesetzes verstoßen, so kann eine Geldbuße verhängt werden.

## Bekanntmachungspflicht der Veranstalter und Gewerbetreibenden
Die im Gesetz in § 4 bis § 13 geltenden und im Folgenden beschriebenen Vorschriften müssen von dem Veranstalter oder von dem Gewerbetreibenden bekanntgemacht werden (plakatähnlich). Dies hat in der Regel durch einen Aushang zu erfolgen, der deutlich sichtbar und gut lesbar an einer jedermann zugänglichen und auch tatsächlich einsehbaren Stelle angebracht wird. Wird eine Gaststätte von einer Vielzahl an Ausländern besucht, empfiehlt sich ein weiterer, zusätzlicher Aushang in der jeweiligen Sprache. Bei Zweifeln an der Art und Weise des Aushangs sollten Sie mit dem örtlichen Jugendamt Kontakt aufnehmen und sich ausführlich informieren lassen.

## Aufenthalt von Kindern und Jugendlichen in Gaststätten
Kinder und Jugendliche sind durch das Jugendschutzgesetz besonders geschützt. So ist sowohl Kindern wie auch Jugendlichen der Aufenthalt an jugendgefährdenden Orten und in Nachtbars, Nachtclubs oder vergleichbaren Vergnügungsbetrieben verboten. In Gaststätten (auch Cafés, Bars, Milchbars, Diskotheken, Eisdielen) dürfen sich Kinder und Jugendliche bis zu 16 Jahren grundsätzlich nur in Begleitung einer personensorgeberechtigten oder erziehungsbeauftragten Person aufhalten. Diese muss auch in der Lage sein, ihrer Aufsichtspflicht zu genügen. Der erzieherischen Aufsichtspflicht kann sie z. B. nicht nachkommen, wenn sie betrunken ist.

Nehmen Kinder und Jugendliche an einer Veranstaltung eines anerkannten Trägers der Jugendhilfe teil, befinden sich auf Reisen oder nehmen zwischen 5 Uhr und 23 Uhr eine Mahlzeit oder ein Getränk ein und halten sich deshalb in einer Gaststätte auf, so ist dies ausnahmsweise gestattet. Jugendliche ab 16 Jahren dürfen sich auch ohne Begleitung eines Erziehungsberechtigten in Gaststätten zwischen 5 Uhr und 24 Uhr aufhalten.

Bei bestimmten Ausschankformen, bei denen es ausgeschlossen ist, dass es zum Ausschank von alkoholischen Getränken kommt (z. B. Kaffeefilialbetriebe, die ausschließlich Kaffee, Tee, Trinkschokolade verabreichen) gelten die eben genannten Einschränkungen nicht.

## Alkoholabgabe an Kinder und Jugendliche in Gaststätten
Branntwein, branntweinhaltige Getränke oder Lebensmittel, die Branntwein in nicht nur geringfügiger Menge enthalten, dürfen nicht an Kinder und Jugendliche abgegeben werden bzw. der Verzehr darf ihnen nicht gestattet werden (absolutes Verzehr- und Abgabeverbot!). Unter Branntweinen sind alle Arten von Trinkbranntweinen zu verstehen. Unerheblich ist, mit welchen Zusätzen oder mit welchem alkoholischen Gehalt sie zubereitet werden, damit auch Liköre, Weinbrand, Rum, Whisky, Arrak, Portwein etc.. Ebenso werden unverarbeitete Branntweine, so reiner Spiritus jeden Prozentgehaltes erfasst. Lebensmittel, die Branntwein in nicht nur geringfügiger Menge enthalten, sind z. B. Eisbecher, die mit Spirituosen zubereitet werden, Likörpralinen, Weinbrandbohnen,

Grog, bestimmte Bowlen etc.. Es ist auch nicht gestattet, dass Kinder und Jugendliche in Gaststätten an den genannten Getränken nippen oder in Anwesenheit ihrer Eltern probieren.

Andere alkoholische Getränke dürfen nicht an Kinder und Jugendliche unter 16 Jahren abgegeben werden, noch darf ihnen der Verzehr gestattet werden (absolutes Verzehr- und Abgabeverbot!). Hierunter versteht man Wein, Bier, Obstsekt, Obst- und Beerenweine, die einen gewissen, durch Gärung erzeugten Gehalt an Äthylalkohol haben. An Jugendliche über 16 Jahren können diese sonstigen alkoholischen Getränke abgegeben werden. Bei Jugendlichen, also ab 14 Jahren, die in Begleitung eines Personensorgeberechtigten sind, ist eine Ausnahme möglich. An diese Jugendlichen dürfen ausnahmsweise die so genannten anderen alkoholischen Getränke abgegeben werden, nicht aber Branntwein oder andere Spirituosen! Allerdings ist es grundsätzlich verboten an Personen, gleich jeden Alters, Alkohol abzugeben, wenn diese betrunken sind.

**Beachte: Keine Abgabe von Alkohol an Betrunkene!**

In diesem Zusammenhang ist auch § 6 Satz 2 Gaststättengesetz von Bedeutung. Sie dürfen ein alkoholfreies Getränk nicht teurer verabreichen als das billigste alkoholische Getränk jeweils bezogen auf einen Liter!

## Alkoholverkauf

Auch Verkaufsstellen des Groß- und Einzelhandels, Kioske, Verkaufsstände auf Jahrmärkten oder der Stubenhandel etc. dürfen weder Branntwein, branntweinhaltige Getränke noch Lebensmittel, die Branntwein in nicht nur geringfügiger Menge enthalten, an Minderjährige unter 18 Jahren verkaufen. Auch ist es verboten, diese Alkoholika außerhalb einer Gaststätte oder Verkaufsstelle an Personen unter 18 Jahren in der Öffentlichkeit zu verkaufen. Unter Öffentlichkeit versteht man alle Bereiche, zu denen jedermann Zutritt hat. In der Öffentlichkeit dürfen Kinder und Jugendliche also auch nicht in Begleitung ihrer Eltern an Branntwein, branntweinhaltigen Getränken oder an branntweinhaltigen Lebensmitteln nippen!

## Achtung: Zweifel am Alter – kein Ausschank, kein Verkauf!

Bei Zweifel an dem Alter eines Kunden oder Gastes sollte man sich immer einen Personalausweis oder ähnliches Papier, dem man das Alter entnehmen kann, vorlegen lassen. Kann das Alter nicht dargelegt werden, sollte der Ausschank oder der Verkauf von Alkohol verweigert werden.

Soweit sich Kinder und Jugendliche nur in Begleitung durch eine erziehungsbeauftragte Person in Gaststätten etc. aufhalten dürfen, muss der Gewerbetreibende in Zweifelsfällen die Berechtigten auf ihre Erziehungsberechtigung ansprechen und sich diese darlegen lassen.

Achtung: Zweifel, dass Begleitperson erziehungsbeauftragt ist? Nachfragen und Berechtigung zeigen lassen!

### Verkauf von Alkohol in Automaten

Ein absolutes Verbot gilt auch für das Angebot von alkoholischen Getränken in Automaten, die öffentlich aufgestellt werden. Unter alkoholischen Getränken werden sowohl die Branntweine, branntweinhaltige Getränke und Lebensmittel, die Branntwein in nicht nur unerheblicher Menge enthalten und die so genannten anderen alkoholischen Getränke wie z. B. Wein, Bier, etc. verstanden! Das Verbot des Automatenverkaufes gilt aber nicht, wenn der Automat in einem gewerblich genutzten Raum steht und durch technische Vorrichtungen oder durch ständige Aufsicht sichergestellt ist, dass Kinder und Jugendliche keine Getränke entnehmen können, so z. B. wenn der Automat nur mit Code-Karten etc. zu bedienen ist.

### Spielhallen, Glücksspiele und Unterhaltungsspielgeräte

Kinder und Jugendliche dürfen sich nicht in öffentlichen Spielhallen oder ähnlichen vorwiegend dem Spielbetrieb dienenden Räumen **aufhalten.** Kinder und Jugendliche dürfen an Spielen mit Gewinnmöglichkeit in der Öffentlichkeit nur auf Volksfesten, Schützenfesten, Jahrmärkten, Spezialmärkten oder ähnlichen Veranstaltungen **teilnehmen, wenn** der Gewinn in Waren besteht und diese nur geringen Wert haben. Elektronische Bildschirmspielgeräte, d. h. Spielgeräte mit Bildschirm, dürfen nur dann auf Kindern und Jugendlichen zugänglichen öffentlichen Verkehrsflächen oder außerhalb von gewerblich oder in sonstiger Weise beruflich oder geschäftlich genutzten Räumen oder in deren unbeaufsichtigten Zugängen, Vorräumen oder Fluren **aufgestellt** werden, wenn die Programme für Kinder ab sechs Jahren freigegeben und gekennzeichnet sind. Die Aufstellung der elektronischen Bildschirmspielgeräte an den genannten Orten ist auch dann möglich, wenn es sich um ein Spielprogramm handelt, das vom Anbieter zulässigerweise als „Infoprogramm" oder „Lernprogramm" gemäß dem Jugendschutzgesetz gekennzeichnet wurde. Das Spielen an diesen elektronischen Bildschirmspielgeräten ohne Gewinnmöglichkeit, die öffentlich aufgestellt sind, darf Kindern und Jugendlichen ohne Begleitung einer personensorgeberechtigten oder erziehungsbeauftragten Person nur unter einer der folgenden Voraussetzungen gestattet werden:

- die Programme müssen von der obersten Landesbehörde oder einer Organisation der freiwilligen Selbstkontrolle nach einem bestimmten Verfahren für die jeweilige Altersstufe freigegeben und entsprechend gekennzeichnet sein oder
- es handelt sich um Informations-, Instruktions- oder Lehrprogramme, die vom Anbieter gemäß dem Jugendschutzgesetz zulässigerweise als „Infoprogramm" oder „Lehrprogramm" gekennzeichnet wurden.

## Tanzveranstaltungen, Filmvorführungen und Kino

Auch öffentliche Tanzveranstaltungen sind Beschränkungen unterworfen. So dürfen Kinder und Jugendliche unter 16 Jahren ohne Begleitung des Erziehungsberechtigten nicht an Tanzveranstaltungen teilnehmen. Jugendliche ab 16 Jahren dürfen bis max. 24 Uhr an solchen Tanzveranstaltungen teilnehmen. Auch in diesem Bereich gibt es wiederum besondere Ausnahmen.

Werden Filme, Videos, CD-ROMs oder andere bespielte Bildträger öffentlich vorgeführt, so dürfen nur Filme gezeigt werden, die von der Obersten Landesbehörde oder einer Organisation zur freiwilligen Selbstkontrolle freigegeben wurden. Auch hier gibt es detaillierte Vorschriften, in welchem Alter Kinder und Jugendliche Filme in und ohne Begleitung von Erziehungsberechtigten besuchen dürfen und bis wann die Vorstellungen beendet sein müssen. Weitere Informationen erhalten Sie von Ihrer IHK.

## Rauchen in der Öffentlichkeit

In Gaststätten, Verkaufsstellen oder sonst in der Öffentlichkeit dürfen Tabakwaren an Kinder oder Jugendliche weder abgegeben noch darf ihnen das Rauchen gestattet werden.

## Ordnungswidrigkeiten und Geldbuße

Wird gegen die Vorschriften des Jugendgesetzes verstoßen, so kann eine Geldbuße im Rahmen der begangenen Ordnungswidrigkeiten verhängt werden (siehe im Einzelnen § 28 JugendSchG und § 28 GastG).

**Rechtsgrundlage:**
*Jugendschutzgesetz (vgl. Anhang S. 202), Gaststättengesetz (vgl. Anhang S. 219)*

# 10. Die Entsorgung von Speiseabfällen

Durch das Verfüttern unzureichend erhitzter Speiseabfälle können bei Tieren schwere Krankheiten hervorgerufen werden, wie z. B. die Schweine- und die Geflügelpest. Angesichts des Schadens, den diese Tierseuchen verursachen, ist die Entsorgung von Speiseabfällen gesetzlich streng geregelt. Für Gaststätten gilt: Die Entsorgung von Speiseabfällen muss über zugelassene Entsorger erfolgen.

So müssen nach dem „Tierische Nebenprodukte Gesetz" Tierkörperteile und tierische Erzeugnisse (z. B. Milch, Eier, zubereitetes Fleisch), die in nicht nur geringen Mengen anfallen, grundsätzlich an eine Tierkörperbeseitigungsanstalt zur Beseitigung übergeben werden. Diese Vorschriften gelten bundesweit auch für Gaststätten und Einrichtungen zur Gemeinschaftsverpflegung wie z. B. Kantinen, wenn Speiseabfälle aus tierischem Material anfallen und dies in nicht nur geringer Menge. Die sogenannte geringe Menge ist in der Regel dann gegeben, wenn z. B. in einer Gaststätte nicht mehr Tierkörperteile oder tierische Erzeugnisse als in einem Vierpersonenhaushalt anfallen. Im Ergebnis werden so gut wie alle Gaststätten, Imbisse, Bistros etc. unter die Entsorgungspflicht nach dem Tierkörperbeseitigungsgesetz fallen.

In vielen Bundesländern gibt es zusätzliche Erlasse oder Verordnungen, die die Vorschriften des Tierkörperbeseitigungsgesetzes konkretisieren, getrenntes Sammeln der Speiseabfälle mit tierischen Erzeugnissen vorsehen etc.. Erkundigen Sie sich hierzu bei Ihrer IHK oder Kommune. Denn die Kommunen sind verpflichtet, selbst oder über Dritte die Entsorgungsmöglichkeit zur Verfügung zu stellen. Neben der Entsorgung in Tierkörperbeseitigungs- und Verwertungsanstalten, kann – je nach Kommune – der Speiseabfall mit einer Ausnahmegenehmigung auch durch andere, speziell zugelassene Betriebe, z. B. Mastbetriebe, mit genehmigter Speiseabfallerhitzungsanlage oder Biogasanlage, erfolgen. Informationen über diese Entsorgungsbetriebe erhalten Sie über die kommunalen Abfall- und Veterinärämter.

Lediglich rein pflanzliche Abfälle (zum Beispiel Kartoffelschalen oder Salatabfälle) sind von dieser Regelung ausgenommen und dürfen bei getrennter Lagerung von Fleischabfällen z. B. über Biotonnen entsorgt werden.

Über die Entsorgung müssen die Betreiber der Gastronomiebetriebe Nachweise führen, die den mit der Lebensmittelüberwachung betrauten Kontrolleuren auf Verlangen vorzuzeigen sind. Diese strenge Regelung der gesonderten Entsorgung von Speiseabfällen mit Fleischanteilen dient der Minderung des allgemeinen Tierseuchenrisikos. Informationen hierzu erhalten Sie über die IHK oder die Abfall- und Veterinärämter. Im Regelfall gilt, Behälter für Speiseabfälle müssen einen festen Deckel haben, leicht zu reinigen sein sowie eine Fußbetätigung haben.

Rechtsgrundlage:

*Tierische Nebenprodukte Beseitigungsgesetz*
*www.gesetze-im-internet.de/bundesrecht/tiernebg/gesamt.pdf*

# 11. Gesetze: Jugendschutzgesetz, Gaststättengesetz

## Jugendschutzgesetz (JuSchG)[1]

**Eingangsformel**

Der Bundestag hat mit Zustimmung des Bundesrates das folgende Gesetz beschlossen:

### Abschnitt 1
### Allgemeines

### § 1 Begriffsbestimmungen

(1) Im Sinne dieses Gesetzes

1. sind Kinder Personen, die noch nicht 14 Jahre alt sind,

2. sind Jugendliche Personen, die 14, aber noch nicht 18 Jahre alt sind,

3. ist personensorgeberechtigte Person, wem allein oder gemeinsam mit einer anderen Person nach den Vorschriften des Bürgerlichen Gesetzbuchs die Personensorge zusteht,

4. ist erziehungsbeauftragte Person, jede Person über 18 Jahren, soweit sie auf Dauer oder zeitweise aufgrund einer Vereinbarung mit der personensorgeberechtigten Person Erziehungsaufgaben wahrnimmt oder soweit sie ein Kind oder eine jugendliche Person im Rahmen der Ausbildung oder der Jugendhilfe betreut.

[1] Textnachweis ab: 1.4.2003
Das Gesetz tritt gem. § 30 Abs. 1 Satz 1 an dem Tag in Kraft, an dem der Staatsvertrag der Länder über den Schutz der Menschenwürde und den Jugendschutz in Rundfunk und Telemedien in Kraft tritt. In Kraft gem. Bek. v. 1.4.2003 I 476 mWv 1.4.2003
Ausfertigungsdatum: 23.07.2002
Vollzitat:
„Jugendschutzgesetz vom 23. Juli 2002 (BGBl. I S. 2730), das zuletzt durch Artikel 3 Abs. 1 des Gesetzes vom 31. Oktober 2008 (BGBl. I S. 2149) geändert worden ist"

(2) Trägermedien im Sinne dieses Gesetzes sind Medien mit Texten, Bildern oder Tönen auf gegenständlichen Trägern, die zur Weitergabe geeignet, zur unmittelbaren Wahrnehmung bestimmt oder in einem Vorführ- oder Spielgerät eingebaut sind. Dem gegenständlichen Verbreiten, Überlassen, Anbieten oder Zugänglichmachen von Trägermedien steht das elektronische Verbreiten, Überlassen, Anbieten oder Zugänglichmachen gleich, soweit es sich nicht um Rundfunk im Sinne des § 2 des Rundfunkstaatsvertrages handelt.

(3) Telemedien im Sinne dieses Gesetzes sind Medien, die nach dem Telemediengesetz übermittelt oder zugänglich gemacht werden. Als Übermitteln oder Zugänglichmachen im Sinne von Satz 1 gilt das Bereithalten eigener oder fremder Inhalte.

(4) Versandhandel im Sinne dieses Gesetzes ist jedes entgeltliche Geschäft, das im Wege der Bestellung und Übersendung einer Ware durch Postversand oder elektronischen Versand ohne persönlichen Kontakt zwischen Lieferant und Besteller oder ohne dass durch technische oder sonstige Vorkehrungen sichergestellt ist, dass kein Versand an Kinder und Jugendliche erfolgt, vollzogen wird.

(5) Die Vorschriften der §§ 2 bis 14 dieses Gesetzes gelten nicht für verheiratete Jugendliche.

### § 2 Prüfungs- und Nachweispflicht

(1) Soweit es nach diesem Gesetz auf die Begleitung durch eine erziehungsbeauftragte Person ankommt, haben die in § 1 Abs. 1 Nr. 4 genannten Personen ihre Berechtigung auf Verlangen darzulegen. Veranstalter und Gewerbetreibende haben in Zweifelsfällen die Berechtigung zu überprüfen.

(2) Personen, bei denen nach diesem Gesetz Altersgrenzen zu beachten sind, haben ihr Lebensalter auf Verlangen in geeigneter Weise nachzuweisen. Veranstalter und Gewerbetreibende haben in Zweifelsfällen das Lebensalter zu überprüfen.

## § 3 Bekanntmachung der Vorschriften

(1) Veranstalter und Gewerbetreibende haben die nach den §§ 4 bis 13 für ihre Betriebseinrichtungen und Veranstaltungen geltenden Vorschriften sowie bei öffentlichen Filmveranstaltungen die Alterseinstufung von Filmen oder die Anbieterkennzeichnung nach § 14 Abs. 7 durch deutlich sichtbaren und gut lesbaren Aushang bekannt zu machen.

(2) Zur Bekanntmachung der Alterseinstufung von Filmen und von Film- und Spielprogrammen dürfen Veranstalter und Gewerbetreibende nur die in § 14 Abs. 2 genannten Kennzeichnungen verwenden. Wer einen Film für öffentliche Filmveranstaltungen weitergibt, ist verpflichtet, den Veranstalter bei der Weitergabe auf die Alterseinstufung oder die Anbieterkennzeichnung nach § 14 Abs. 7 hinzuweisen. Für Filme, Film- und Spielprogramme, die nach § 14 Abs. 2 von der obersten Landesbehörde oder einer Organisation der freiwilligen Selbstkontrolle im Rahmen des Verfahrens nach § 14 Abs. 6 gekennzeichnet sind, darf bei der Ankündigung oder Werbung weder auf jugendbeeinträchtigende Inhalte hingewiesen werden noch darf die Ankündigung oder Werbung in jugendbeeinträchtigender Weise erfolgen.

## Abschnitt 2
### Jugendschutz in der Öffentlichkeit

## § 4 Gaststätten

(1) Der Aufenthalt in Gaststätten darf Kindern und Jugendlichen unter 16 Jahren nur gestattet werden, wenn eine personensorgeberechtigte oder erziehungsbeauftragte Person sie beglei-

tet oder wenn sie in der Zeit zwischen 5 Uhr und 23 Uhr eine Mahlzeit oder ein Getränk einnehmen. Jugendlichen ab 16 Jahren darf der Aufenthalt in Gaststätten ohne Begleitung einer personensorgeberechtigten oder erziehungsbeauftragten Person in der Zeit von 24 Uhr und 5 Uhr morgens nicht gestattet werden.

(2) Absatz 1 gilt nicht, wenn Kinder oder Jugendliche an einer Veranstaltung eines anerkannten Trägers der Jugendhilfe teilnehmen oder sich auf Reisen befinden.

(3) Der Aufenthalt in Gaststätten, die als Nachtbar oder Nachtclub geführt werden, und in vergleichbaren Vergnügungsbetrieben darf Kindern und Jugendlichen nicht gestattet werden.

(4) Die zuständige Behörde kann Ausnahmen von Absatz 1 genehmigen.

## § 5 Tanzveranstaltungen

(1) Die Anwesenheit bei öffentlichen Tanzveranstaltungen ohne Begleitung einer personensorgeberechtigten oder erziehungsbeauftragten Person darf Kindern und Jugendlichen unter 16 Jahren nicht und Jugendlichen ab 16 Jahren längstens bis 24 Uhr gestattet werden.

(2) Abweichend von Absatz 1 darf die Anwesenheit Kindern bis 22 Uhr und Jugendlichen unter 16 Jahren bis 24 Uhr gestattet werden, wenn die Tanzveranstaltung von einem anerkannten Träger der Jugendhilfe durchgeführt wird oder der künstlerischen Betätigung oder der Brauchtumspflege dient.

(3) Die zuständige Behörde kann Ausnahmen genehmigen.

## § 6 Spielhallen, Glücksspiele

(1) Die Anwesenheit in öffentlichen Spielhallen oder ähnlichen vorwiegend dem Spielbetrieb dienenden Räumen darf Kindern und Jugendlichen nicht gestattet werden.

(2) Die Teilnahme an Spielen mit Gewinnmöglichkeit in der Öffentlichkeit darf Kindern und Jugendlichen nur auf Volksfesten, Schützenfesten, Jahrmärkten, Spezialmärkten oder ähnlichen Veranstaltungen und nur unter der Voraussetzung gestattet werden, dass der Gewinn in Waren von geringem Wert besteht.

## § 7 Jugendgefährdende Veranstaltungen und Betriebe

Geht von einer öffentlichen Veranstaltung oder einem Gewerbebetrieb eine Gefährdung für das körperliche, geistige oder seelische Wohl von Kindern oder Jugendlichen aus, so kann die zuständige Behörde anordnen, dass der Veranstalter oder Gewerbetreibende Kindern und Jugendlichen die Anwesenheit nicht gestatten darf. Die Anordnung kann Altersbegrenzungen, Zeitbegrenzungen oder andere Auflagen enthalten, wenn dadurch die Gefährdung ausgeschlossen oder wesentlich gemindert wird.

## § 8 Jugendgefährdende Orte

Hält sich ein Kind oder eine jugendliche Person an einem Ort auf, an dem ihm oder ihr eine unmittelbare Gefahr für das körperliche, geistige oder seelische Wohl droht, so hat die zuständige Behörde oder Stelle die zur Abwendung der Gefahr erforderlichen Maßnahmen zu treffen. Wenn nötig, hat sie das Kind oder die jugendliche Person

1. zum Verlassen des Ortes anzuhalten,

2. der erziehungsberechtigten Person im Sinne des § 7 Abs. 1 Nr. 6 des Achten Buches Sozialgesetzbuch zuzuführen oder, wenn keine erziehungsberechtigte Person erreichbar ist, in die Obhut des Jugendamtes zu bringen.

In schwierigen Fällen hat die zuständige Behörde oder Stelle das Jugendamt über den jugendgefährdenden Ort zu unterrichten.

## § 9 Alkoholische Getränke

(1) In Gaststätten, Verkaufsstellen oder sonst in der Öffentlichkeit dürfen

1. Branntwein, branntweinhaltige Getränke oder Lebensmittel, die Branntwein in nicht nur geringfügiger Menge enthalten, an Kinder und Jugendliche,

2. andere alkoholische Getränke an Kinder und Jugendliche unter 16 Jahren

weder abgegeben noch darf ihnen der Verzehr gestattet werden.

(2) Absatz 1 Nr. 2 gilt nicht, wenn Jugendliche von einer personensorgeberechtigten Person begleitet werden.

(3) In der Öffentlichkeit dürfen alkoholische Getränke nicht in Automaten angeboten werden. Dies gilt nicht, wenn ein Automat

1. an einem für Kinder und Jugendliche unzugänglichen Ort aufgestellt ist oder

2. in einem gewerblich genutzten Raum aufgestellt und durch technische Vorrichtungen oder durch ständige Aufsicht sichergestellt ist, dass Kinder und Jugendliche alkoholische Getränke nicht entnehmen können.

§ 20 Nr. 1 des Gaststättengesetzes bleibt unberührt.

(4) Alkoholhaltige Süßgetränke im Sinne des § 1 Abs. 2 und 3 des Alkopopsteuergesetzes dürfen gewerbsmäßig nur mit dem Hinweis „Abgabe an Personen unter 18 Jahren verboten, § 9 Jugendschutzgesetz" in den Verkehr gebracht werden. Dieser Hinweis ist auf der Fertigpackung in der gleichen Schriftart und in der gleichen Größe und Farbe wie die Markenoder Phantasienamen oder, soweit nicht vorhanden, wie die Verkehrsbezeichnung zu halten und bei Flaschen auf dem Frontetikett anzubringen.

## § 10 Rauchen in der Öffentlichkeit, Tabakwaren

(1) In Gaststätten, Verkaufsstellen oder sonst in der Öffentlichkeit dürfen Tabakwaren an Kinder oder Jugendliche weder abgegeben noch darf ihnen das Rauchen gestattet werden.

(2) In der Öffentlichkeit dürfen Tabakwaren nicht in Automaten angeboten werden. Dies gilt nicht, wenn ein Automat

1. an einem Kindern und Jugendlichen unzugänglichen Ort aufgestellt ist oder

2. durch technische Vorrichtungen oder durch ständige Aufsicht sichergestellt ist, dass Kinder und Jugendliche Tabakwaren nicht entnehmen können.

## Abschnitt 3
Jugendschutz im Bereich der Medien

## Unterabschnitt 1
Trägermedien

## § 11 Filmveranstaltungen

(1) Die Anwesenheit bei öffentlichen Filmveranstaltungen darf Kindern und Jugendlichen nur gestattet werden, wenn die Filme von der obersten Landesbehörde oder einer Organisation der freiwilligen Selbstkontrolle im Rahmen des Verfahrens nach § 14 Abs. 6 zur Vorführung vor ihnen freigegeben worden sind oder wenn es sich um Informations-, Instruktions- und Lehrfilme handelt, die vom Anbieter mit „Infoprogramm" oder „Lehrprogramm" gekennzeichnet sind.

(2) Abweichend von Absatz 1 darf die Anwesenheit bei öffentlichen Filmveranstaltungen mit Filmen, die für Kinder und Jugendliche ab zwölf Jahren freigegeben und gekennzeichnet sind, auch Kindern ab sechs Jahren gestattet werden, wenn sie von einer personensorgeberechtigten Person begleitet sind.

(3) Unbeschadet der Voraussetzungen des Absatzes 1 darf die Anwesenheit bei öffentlichen Filmveranstaltungen nur mit Begleitung einer personensorgeberechtigten oder erziehungsbeauftragten Person gestattet werden

1. Kindern unter sechs Jahren,

2. Kindern ab sechs Jahren, wenn die Vorführung nach 20 Uhr beendet ist,

3. Jugendlichen unter 16 Jahren, wenn die Vorführung nach 22 Uhr beendet ist,

4. Jugendlichen ab 16 Jahren, wenn die Vorführung nach 24 Uhr beendet ist.

(4) Die Absätze 1 bis 3 gelten für die öffentliche Vorführung von Filmen unabhängig von der Art der Aufzeichnung und Wiedergabe. Sie gelten auch für Werbevorspanne und Beiprogramme. Sie gelten nicht für Filme, die zu nichtgewerblichen Zwecken hergestellt werden, solange die Filme nicht gewerblich genutzt werden.

(5) Werbefilme oder Werbeprogramme, die für Tabakwaren oder alkoholische Getränke werben, dürfen unbeschadet der Voraussetzungen der Absätze 1 bis 4 nur nach 18 Uhr vorgeführt werden.

## § 12 Bildträger mit Filmen oder Spielen

(1) Bespielte Videokassetten und andere zur Weitergabe geeignete, für die Wiedergabe auf oder das Spiel an Bildschirmgeräten mit Filmen oder Spielen programmierte Datenträger (Bildträger) dürfen einem Kind oder einer jugendlichen Person in der Öffentlichkeit nur zugänglich gemacht werden, wenn die Programme von der obersten Landesbehörde oder einer Organisation der freiwilligen Selbstkontrolle im Rahmen des Verfahrens nach § 14 Abs. 6 für ihre Altersstufe freigegeben und gekennzeichnet worden sind oder wenn es sich um Informations-, Instruktions- und Lehrprogramme handelt, die vom Anbieter mit „Infoprogramm" oder „Lehrprogramm" gekennzeichnet sind.

(2) Auf die Kennzeichnungen nach Absatz 1

ist auf dem Bildträger und der Hülle mit einem deutlich sichtbaren Zeichen hinzuweisen. Das Zeichen ist auf der Frontseite der Hülle links unten auf einer Fläche von mindestens 1.200 Quadratmillimetern und dem Bildträger auf einer Fläche von mindestens 250 Quadratmillimetern anzubringen. Die oberste Landesbehörde kann

1. Näheres über Inhalt, Größe, Form, Farbe und Anbringung der Zeichen anordnen und

2. Ausnahmen für die Anbringung auf dem Bildträger oder der Hülle genehmigen.

Anbieter von Telemedien, die Filme, Film- und Spielprogramme verbreiten, müssen auf eine vorhandene Kennzeichnung in ihrem Angebot deutlich hinweisen.

(3) Bildträger, die nicht oder mit „Keine Jugendfreigabe" nach § 14 Abs. 2 von der obersten Landesbehörde oder einer Organisation der freiwilligen Selbstkontrolle im Rahmen des Verfahrens nach § 14 Abs. 6 oder nach § 14 Abs. 7 vom Anbieter gekennzeichnet sind, dürfen

1. einem Kind oder einer jugendlichen Person nicht angeboten, überlassen oder sonst zugänglich gemacht werden,

2. nicht im Einzelhandel außerhalb von Geschäftsräumen, in Kiosken oder anderen Verkaufsstellen, die Kunden nicht zu betreten pflegen, oder im Versandhandel angeboten oder überlassen werden.

(4) Automaten zur Abgabe bespielter Bildträger dürfen

1. auf Kindern oder Jugendlichen zugänglichen öffentlichen Verkehrsflächen,

2. außerhalb von gewerblich oder in sonstiger Weise beruflich oder geschäftlich genutzten Räumen oder

3. in deren unbeaufsichtigten Zugängen, Vorräumen oder Fluren

nur aufgestellt werden, wenn ausschließlich nach § 14 Abs. 2 Nr. 1 bis 4 gekennzeichnete Bildträger angeboten werden und durch technische Vorkehrungen gesichert ist, dass

sie von Kindern und Jugendlichen, für deren Altersgruppe ihre Programme nicht nach § 14 Abs. 2 Nr. 1 bis 4 freigegeben sind, nicht bedient werden können.

(5) Bildträger, die Auszüge von Film- und Spielprogrammen enthalten, dürfen abweichend von den Absätzen 1 und 3 im Verbund mit periodischen Druckschriften nur vertrieben werden, wenn sie mit einem Hinweis des Anbieters versehen sind, der deutlich macht, dass eine Organisation der freiwilligen Selbstkontrolle festgestellt hat, dass diese Auszüge keine Jugendbeeinträchtigungen enthalten. Der Hinweis ist sowohl auf der periodischen Druckschrift als auch auf dem Bildträger vor dem Vertrieb mit einem deutlich sichtbaren Zeichen anzubringen. Absatz 2 Satz 1 bis 3 gilt entsprechend. Die Berechtigung nach Satz 1 kann die oberste Landesbehörde für einzelne Anbieter ausschließen.

## § 13 Bildschirmspielgeräte

(1) Das Spielen an elektronischen Bildschirmspielgeräten ohne Gewinnmöglichkeit, die öffentlich aufgestellt sind, darf Kindern und Jugendlichen ohne Begleitung einer personensorgeberechtigten oder erziehungsbeauftragten Person nur gestattet werden, wenn die Programme von der obersten Landesbehörde oder einer Organisation der freiwilligen Selbstkontrolle im Rahmen des Verfahrens nach § 14 Abs. 6 für ihre Altersstufe freigegeben und gekennzeichnet worden sind oder wenn es sich um Informations-, Instruktions- oder Lehrprogramme handelt, die vom Anbieter mit „Infoprogramm" oder „Lehrprogramm" gekennzeichnet sind.

(2) Elektronische Bildschirmspielgeräte dürfen

1. auf Kindern oder Jugendlichen zugänglichen öffentlichen Verkehrsflächen,

2. außerhalb von gewerblich oder in sonstiger Weise beruflich oder geschäftlich genutzten Räumen oder

3. in deren unbeaufsichtigten Zugängen, Vorräumen oder Fluren

nur aufgestellt werden, wenn ihre Programme für Kinder ab sechs Jahren freigegeben und gekennzeichnet oder nach § 14 Abs. 7 mit „Infoprogramm" oder „Lehrprogramm" gekennzeichnet sind.

(3) Auf das Anbringen der Kennzeichnungen auf Bildschirmspielgeräten findet § 12 Abs. 2 Satz 1 bis 3 entsprechende Anwendung.

## § 14 Kennzeichnung von Filmen und Film- und Spielprogrammen

(1) Filme sowie Film- und Spielprogramme, die geeignet sind, die Entwicklung von Kindern und Jugendlichen oder ihre Erziehung zu einer eigenverantwortlichen und gemeinschaftsfähigen Persönlichkeit zu beeinträchtigen, dürfen nicht für ihre Altersstufe freigegeben werden.

(2) Die oberste Landesbehörde oder eine Organisation der freiwilligen Selbstkontrolle im Rahmen des Verfahrens nach Absatz 6 kennzeichnet die Filme und die Film- und Spielprogramme mit

1. „Freigegeben ohne Altersbeschränkung",

2. „Freigegeben ab sechs Jahren",

3. „Freigegeben ab zwölf Jahren",

4. „Freigegeben ab sechzehn Jahren",

5. „Keine Jugendfreigabe".

(3) Hat ein Trägermedium nach Einschätzung der obersten Landesbehörde oder einer Organisation der freiwilligen Selbstkontrolle im Rahmen des Verfahrens nach Absatz 6 einen der in § 15 Abs. 2 Nr. 1 bis 5 bezeichneten Inhalte oder ist es in die Liste nach § 18 aufgenommen, wird es nicht gekennzeichnet. Die oberste Landesbehörde hat Tatsachen, die auf einen Verstoß gegen § 15 Abs. 1 schließen lassen, der zuständigen Strafverfolgungsbehörde mitzuteilen.

(4) Ist ein Programm für Bildträger oder Bildschirmspielgeräte mit einem in die Liste nach §18 aufgenommenen Trägermedium ganz oder im Wesentlichen inhaltsgleich, wird es nicht gekennzeichnet. Das Gleiche gilt, wenn

die Voraussetzungen für eine Aufnahme in die Liste vorliegen. In Zweifelsfällen führt die oberste Landesbehörde oder eine Organisation der freiwilligen Selbstkontrolle im Rahmen des Verfahrens nach Absatz 6 eine Entscheidung der Bundesprüfstelle für jugendgefährdende Medien herbei.

(5) Die Kennzeichnungen von Filmprogrammen für Bildträger und Bildschirmspielgeräte gelten auch für die Vorführung in öffentlichen Filmveranstaltungen und für die dafür bestimmten, inhaltsgleichen Filme. Die Kennzeichnungen von Filmen für öffentliche Filmveranstaltungen können auf inhaltsgleiche Filmprogramme für Bildträger und Bildschirmspielgeräte übertragen werden; Absatz 4 gilt entsprechend.

(6) Die obersten Landesbehörden können ein gemeinsames Verfahren für die Freigabe und Kennzeichnung der Filme sowie Film- und Spielprogramme auf der Grundlage der Ergebnisse der Prüfung durch von Verbänden der Wirtschaft getragene oder unterstützte Organisationen freiwilliger Selbstkontrolle vereinbaren. Im Rahmen dieser Vereinbarung kann bestimmt werden, dass die Freigaben und Kennzeichnungen durch eine Organisation der freiwilligen Selbstkontrolle Freigaben und Kennzeichnungen der obersten Landesbehörden aller Länder sind, soweit nicht eine oberste Landesbehörde für ihren Bereich eine abweichende Entscheidung trifft.

(7) Filme, Film- und Spielprogramme zu Informations-, Instruktions- oder Lehrzwecken dürfen vom Anbieter mit „Infoprogramm" oder „Lehrprogramm" nur gekennzeichnet werden, wenn sie offensichtlich nicht die Entwicklung oder Erziehung von Kindern und Jugendlichen beeinträchtigen. Die Absätze 1 bis 5 finden keine Anwendung. Die oberste Landesbehörde kann das Recht zur Anbieterkennzeichnung für einzelne Anbieter oder für besondere Film- und Spielprogramme ausschließen und durch den Anbieter vorgenommene Kennzeichnungen aufheben.

(8) Enthalten Filme, Bildträger oder Bildschirmspielgeräte neben den zu kennzeichnenden Film- oder Spielprogrammen Titel, Zusätze oder weitere Darstellungen in Texten, Bildern oder Tönen, bei denen in Betracht kommt, dass sie die Entwicklung oder Erziehung von Kindern oder Jugendlichen beeinträchtigen, so sind diese bei der Entscheidung über die Kennzeichnung mit zu berücksichtigen.

## § 15 Jugendgefährdende Trägermedien

(1) Trägermedien, deren Aufnahme in die Liste jugendgefährdender Medien nach § 24 Abs. 3 Satz 1 bekannt gemacht ist, dürfen nicht

1. einem Kind oder einer jugendlichen Person angeboten, überlassen oder sonst zugänglich gemacht werden,

2. an einem Ort, der Kindern oder Jugendlichen zugänglich ist oder von ihnen eingesehen werden kann, ausgestellt, angeschlagen, vorgeführt oder sonst zugänglich gemacht werden,

3. im Einzelhandel außerhalb von Geschäftsräumen, in Kiosken oder anderen Verkaufsstellen, die Kunden nicht zu betreten pflegen, im Versandhandel oder in gewerblichen Leihbüchereien oder Lesezirkeln einer anderen Person angeboten oder überlassen werden,

4. im Wege gewerblicher Vermietung oder vergleichbarer gewerblicher Gewährung des Gebrauchs, ausgenommen in Ladengeschäften, die Kindern und Jugendlichen nicht zugänglich sind und von ihnen nicht eingesehen werden können, einer anderen Person angeboten oder überlassen werden,

5. im Wege des Versandhandels eingeführt werden,

6. öffentlich an einem Ort, der Kindern oder Jugendlichen zugänglich ist oder von ihnen eingesehen werden kann, oder durch Verbreiten von Träger- oder Telemedien außerhalb des Geschäftsverkehrs mit dem einschlägigen Handel angeboten, angekündigt oder angepriesen werden,

7. hergestellt, bezogen, geliefert, vorrätig gehalten oder eingeführt werden, um sie oder aus ihnen gewonnene Stücke im Sinne der Nummern 1 bis 6 zu verwenden oder einer anderen Person eine solche Verwendung zu ermöglichen.

(2) Den Beschränkungen des Absatzes 1 unterliegen, ohne dass es einer Aufnahme in die Liste und einer Bekanntmachung bedarf, schwer jugendgefährdende Trägermedien, die

1. einen der in § 86, § 130, § 130a, § 131, §184, § 184a, 184b oder § 184c des Strafgesetzbuches bezeichneten Inhalte haben,

2. den Krieg verherrlichen,

3. Menschen, die sterben oder schweren körperlichen oder seelischen Leiden ausgesetzt sind oder waren, in einer die Menschenwürde verletzenden Weise darstellen und ein tatsächliches Geschehen wiedergeben, ohne dass ein überwiegendes berechtigtes Interesse gerade an dieser Form der Berichterstattung vorliegt,

3a. besonders realistische, grausame und reißerische Darstellungen selbstzweckhafter Gewalt beinhalten, die das Geschehen beherrschen,

4. Kinder oder Jugendliche in unnatürlicher, geschlechtsbetonter Körperhaltung darstellen oder

5. offensichtlich geeignet sind, die Entwicklung von Kindern oder Jugendlichen oder ihre Erziehung zu einer eigenverantwortlichen und gemeinschaftsfähigen Persönlichkeit schwer zu gefährden.

(3) Den Beschränkungen des Absatzes 1 unterliegen auch, ohne dass es einer Aufnahme in die Liste und einer Bekanntmachung bedarf, Trägermedien, die mit einem Trägermedium, dessen Aufnahme in die Liste bekannt gemacht ist, ganz oder im Wesentlichen inhaltsgleich sind.

(4) Die Liste der jugendgefährdenden Medien darf nicht zum Zweck der geschäftlichen

Werbung abgedruckt oder veröffentlicht werden.

(5) Bei geschäftlicher Werbung darf nicht darauf hingewiesen werden, dass ein Verfahren zur Aufnahme des Trägermediums oder eines inhaltsgleichen Telemediums in die Liste anhängig ist oder gewesen ist.

(6) Soweit die Lieferung erfolgen darf, haben Gewerbetreibende vor Abgabe an den Handel die Händler auf die Vertriebsbeschränkungen des Absatzes 1 Nr. 1 bis 6 hinzuweisen.

Unterabschnitt 2
Telemedien

## § 16 Sonderregelung für Telemedien

Regelungen zu Telemedien, die in die Liste jugendgefährdender Medien nach § 18 aufgenommen sind, bleiben Landesrecht vorbehalten.

Abschnitt 4
Bundesprüfstelle
für jugendgefährdende Medien

## § 17 Name und Zuständigkeit

(1) Die Bundesprüfstelle wird vom Bund errichtet. Sie führt den Namen „Bundesprüfstelle für jugendgefährdende Medien".

(2) Über eine Aufnahme in die Liste jugendgefährdender Medien und über Streichungen aus dieser Liste entscheidet die Bundesprüfstelle für jugendgefährdende Medien.

## § 18 Liste jugendgefährdender Medien

(1) Träger- und Telemedien, die geeignet sind, die Entwicklung von Kindern oder Jugendlichen oder ihre Erziehung zu einer eigenverantwortlichen und gemeinschaftsfähigen Persönlichkeit zu gefährden, sind von der Bundesprüfstelle für jugendgefährdende Medien in eine Liste jugendgefährdender Medien aufzunehmen. Dazu zählen vor allem unsittliche, verrohend

wirkende, zu Gewalttätigkeit, Verbrechen oder Rassenhass anreizende Medien sowie Medien, in denen

1. Gewalthandlungen wie Mord- und Metzelszenen selbstzweckhaft und detailliert dargestellt werden oder

2. Selbstjustiz als einzig bewährtes Mittel zur Durchsetzung der vermeintlichen Gerechtigkeit nahe gelegt wird.

(2) Die Liste ist in vier Teilen zu führen.

1. In Teil A (Öffentliche Liste der Trägermedien) sind alle Trägermedien aufzunehmen, soweit sie nicht den Teilen B, C oder D zuzuordnen sind;

2. in Teil B (Öffentliche Liste der Trägermedien mit absolutem Verbreitungsverbot) sind, soweit sie nicht Teil D zuzuordnen sind, Trägermedien aufzunehmen, die nach Einschätzung der Bundesprüfstelle für jugendgefährdende Medien einen in § 86, § 130, § 130a, § 131, § 184a, 184b oder § 184c des Strafgesetzbuches bezeichneten Inhalt haben;

3. in Teil C (Nichtöffentliche Liste der Medien) sind diejenigen Trägermedien aufzunehmen, die nur deshalb nicht in Teil A aufzunehmen sind, weil bei ihnen von einer Bekanntmachung der Aufnahme in die Liste gemäß § 24 Abs. 3 Satz 2 abzusehen ist, sowie alle Telemedien, soweit sie nicht Teil D zuzuordnen sind;

4. in Teil D (Nichtöffentliche Liste der Medien mit absolutem Verbreitungsverbot) sind diejenigen Trägermedien, die nur deshalb nicht in Teil B aufzunehmen sind, weil bei ihnen von einer Bekanntmachung der Aufnahme in die Liste gemäß § 24 Abs. 3 Satz 2 abzusehen ist, sowie diejenigen Telemedien aufzunehmen, die nach Einschätzung der Bundesprüfstelle für jugendgefährdende Medien einen in § 86, § 130, § 130a, § 131, § 184a, 184b oder § 184c des Strafgesetzbuches bezeichneten Inhalt haben.

(3) Ein Medium darf nicht in die Liste aufgenommen werden

1. allein wegen seines politischen, sozialen, religiösen oder weltanschaulichen Inhalts,

2. wenn es der Kunst oder der Wissenschaft, der Forschung oder der Lehre dient,

3. wenn es im öffentlichen Interesse liegt, es sei denn, dass die Art der Darstellung zu beanstanden ist.

(4) In Fällen von geringer Bedeutung kann davon abgesehen werden, ein Medium in die Liste aufzunehmen.

(5) Medien sind in die Liste aufzunehmen, wenn ein Gericht in einer rechtskräftigen Entscheidung festgestellt hat, dass das Medium einen der in § 86, § 130, § 130a, § 131, § 184, §184a, 184b oder § 184c des Strafgesetzbuches bezeichneten Inhalte hat.

(6) Telemedien sind in die Liste aufzunehmen, wenn die zentrale Aufsichtsstelle der Länder für den Jugendmedienschutz die Aufnahme in die Liste beantragt hat; es sei denn, der Antrag ist offensichtlich unbegründet oder im Hinblick auf die Spruchpraxis der Bundesprüfstelle für jugendgefährdende Medien unvertretbar.

(7) Medien sind aus der Liste zu streichen, wenn die Voraussetzungen für eine Aufnahme nicht mehr vorliegen. Nach Ablauf von 25 Jahren verliert eine Aufnahme in die Liste ihre Wirkung.

(8) Auf Filme, Film- und Spielprogramme, die nach § 14 Abs. 2 Nr. 1 bis 5 gekennzeichnet sind, findet Absatz 1 keine Anwendung. Absatz 1 ist außerdem nicht anzuwenden, wenn die zentrale Aufsichtsstelle der Länder für den Jugendmedienschutz über das Telemedium zuvor eine Entscheidung dahin gehend getroffen hat, dass die Voraussetzungen für die Aufnahme in die Liste jugendgefährdender Medien nach Absatz 1 nicht vorliegen. Hat eine anerkannte Einrichtung der Selbstkontrolle das Telemedium zuvor bewertet, so findet Absatz 1 nur dann Anwendung, wenn die zentrale Aufsichtsstelle der Länder für den Jugendmedienschutz die Voraussetzungen für die Aufnahme in die Liste

jugendgefährdender Medien nach Absatz 1 für gegeben hält.

## § 19 Personelle Besetzung

(1) Die Bundesprüfstelle für jugendgefährdende Medien besteht aus einer oder einem von dem Bundesministerium für Familie, Senioren, Frauen und Jugend ernannten Vorsitzenden, je einer oder einem von jeder Landesregierung zu ernennenden Beisitzerin oder Beisitzer und weiteren von dem Bundesministerium für Familie, Senioren, Frauen und Jugend zu ernennenden Beisitzerinnen oder Beisitzern. Für die Vorsitzende oder den Vorsitzenden und die Beisitzerinnen oder Beisitzer ist mindestens je eine Stellvertreterin oder ein Stellvertreter zu ernennen. Die jeweilige Landesregierung kann ihr Ernennungsrecht nach Absatz 1 auf eine oberste Landesbehörde übertragen.

(2) Die von dem Bundesministerium für Familie, Senioren, Frauen und Jugend zu ernennenden Beisitzerinnen und Beisitzer sind den Kreisen

1. der Kunst,

2. der Literatur,

3. des Buchhandels und der Verlegerschaft,

4. der Anbieter von Bildträgern und von Telemedien,

5. der Träger der freien Jugendhilfe,

6. der Träger der öffentlichen Jugendhilfe,

7. der Lehrerschaft und

8. der Kirchen, der jüdischen Kultusgemeinden und anderer Religionsgemeinschaften, die Körperschaften des öffentlichen Rechts sind,

auf Vorschlag der genannten Gruppen zu entnehmen. Dem Buchhandel und der Verlegerschaft sowie dem Anbieter von Bildträgern und von Telemedien stehen diejenigen Kreise gleich, die eine vergleichbare Tätigkeit bei der Auswertung und beim Vertrieb der Medien unabhängig von der Art der Aufzeichnung und der Wiedergabe ausüben.

(3) Die oder der Vorsitzende und die Beisitzerinnen oder Beisitzer werden auf die Dauer von drei Jahren bestimmt. Sie können von der Stelle, die sie bestimmt hat, vorzeitig abberufen werden, wenn sie der Verpflichtung zur Mitarbeit in der Bundesprüfstelle für jugendgefährdende Medien nicht nachkommen.

(4) Die Mitglieder der Bundesprüfstelle für jugendgefährdende Medien sind an Weisungen nicht gebunden.

(5) Die Bundesprüfstelle für jugendgefährdende Medien entscheidet in der Besetzung von zwölf Mitgliedern, die aus der oder dem Vorsitzenden, drei Beisitzerinnen oder Beisitzern der Länder und je einer Beisitzerin oder einem Beisitzer aus den in Absatz 2 genannten Gruppen bestehen. Erscheinen zur Sitzung einberufene Beisitzerinnen oder Beisitzer oder ihre Stellvertreterinnen oder Stellvertreter nicht, so ist die Bundesprüfstelle für jugendgefährdende Medien auch in einer Besetzung von mindestens neun Mitgliedern beschlussfähig, von denen mindestens zwei den in Absatz 2 Nr. 1 bis 4 genannten Gruppen angehören müssen.

(6) Zur Anordnung der Aufnahme in die Liste bedarf es einer Mehrheit von zwei Dritteln der an der Entscheidung mitwirkenden Mitglieder der Bundesprüfstelle für jugendgefährdende Medien. In der Besetzung des Absatzes 5 Satz 2 ist für die Listenaufnahme eine Mindestzahl von sieben Stimmen erforderlich.

## § 20 Vorschlagsberechtigte Verbände

(1) Das Vorschlagsrecht nach § 19 Abs. 2 wird innerhalb der nachfolgenden Kreise durch folgende Organisationen für je eine Beisitzerin oder einen Beisitzer und eine Stellvertreterin oder einen Stellvertreter ausgeübt:

1. für die Kreise der Kunst durch
   - Deutscher Kulturrat,
   - Bund Deutscher Kunsterzieher e. V.,
   - Künstlergilde e. V.,
   - Bund Deutscher Grafik-Designer,
2. für die Kreise der Literatur durch
   - Verband deutscher Schriftsteller,
   - Freier Deutscher Autorenverband,
   - Deutscher Autorenverband e. V.,
   - PEN-Zentrum,
3. für die Kreise des Buchhandels und der Verlegerschaft durch
   - Börsenverein des Deutschen Buchhandels e. V.,
   - Verband Deutscher Bahnhofsbuchhändler,
   - Bundesverband Deutscher Buch-, Zeitungs- und Zeitschriftengrossisten e. V.,
   - Bundesverband Deutscher Zeitungsverleger e. V.,
   - Verband Deutscher Zeitschriftenverleger e. V.,
   - Börsenverein des Deutschen Buchhandels e. V. – Verlegerausschuss,
   - Arbeitsgemeinschaft der Zeitschriftenverlage (AGZV) im Börsenverein des Deutschen Buchhandels,
4. für die Kreise der Anbieter von Bildträgern und von Telemedien durch
   - Bundesverband Video,
   - Verband der Unterhaltungssoftware Deutschland e. V.,
   - Spitzenorganisation der Filmwirtschaft e. V.,
   - Bundesverband Informationswirtschaft, Telekommunikation und neue Medien e. V.,
   - Deutscher Multimedia Verband e. V.,
   - Electronic Commerce Organisation e. V.,
   - Verband der Deutschen Automatenindustrie e. V.,

- IVD Interessengemeinschaft der Videothekare Deutschlands e. V.,

5. für die Kreise der Träger der freien Jugendhilfe durch

- Bundesarbeitsgemeinschaft der Freien Wohlfahrtspflege,
- Deutscher Bundesjugendring,
- Deutsche Sportjugend,
- Bundesarbeitsgemeinschaft Kinder- und Jugendschutz (BAJ) e. V.,

6. für die Kreise der Träger der öffentlichen Jugendhilfe durch

- Deutscher Landkreistag,
- Deutscher Städtetag,
- Deutscher Städte- und Gemeindebund,

7. für die Kreise der Lehrerschaft durch

- Gewerkschaft Erziehung u. Wissenschaft im Deutschen Gewerkschaftsbund,
- Deutscher Lehrerverband,
- Verband Bildung und Erziehung,
- Verein Katholischer deutscher Lehrerinnen und

8. für die Kreise der in § 19 Abs. 2 Nr. 8 genannten Körperschaften des öffentlichen Rechts durch

- Bevollmächtigter des Rates der EKD am Sitz der Bundesrepublik Deutschland,
- Kommissariat der deutschen Bischöfe - Katholisches Büro in Berlin,
- Zentralrat der Juden in Deutschland.

Für jede Organisation, die ihr Vorschlagsrecht ausübt, ist eine Beisitzerin oder ein Beisitzer und eine stellvertretende Beisitzerin oder ein stellvertretender Beisitzer zu ernennen. Reicht eine der in Satz 1 genannten Organisationen mehrere Vorschläge ein, wählt das Bundesministerium für Familie, Senioren, Frauen und Jugend eine Beisitzerin oder einen Beisitzer aus.

(2) Für die in § 19 Abs. 2 genannten Gruppen können Beisitzerinnen oder Beisitzer und stellvertretende Beisitzerinnen und Beisitzer auch durch namentlich nicht bestimmte Organisationen vorgeschlagen werden. Das Bundesministerium für Familie, Senioren, Frauen und Jugend fordert im Januar jedes Jahres im Bundesanzeiger dazu auf, innerhalb von sechs Wochen derartige Vorschläge einzureichen. Aus den fristgerecht eingegangenen Vorschlägen hat es je Gruppe je eine zusätzliche Beisitzerin oder einen zusätzlichen Beisitzer und eine stellvertretende Beisitzerin oder einen stellvertretenden Beisitzer zu ernennen. Vorschläge von Organisationen, die kein eigenes verbandliches Gewicht besitzen oder eine dauerhafte Tätigkeit nicht erwarten lassen, sind nicht zu berücksichtigen. Zwischen den Vorschlägen mehrerer Interessenten entscheidet das Los, sofern diese sich nicht auf einen Vorschlag einigen; Absatz 1 Satz 3 gilt entsprechend. Sofern es unter Berücksichtigung der Geschäftsbelastung der Bundesprüfstelle für jugendgefährdende Medien erforderlich erscheint und sofern die Vorschläge der innerhalb einer Gruppe namentlich bestimmten Organisationen zahlenmäßig nicht ausreichen, kann das Bundesministerium für Familie, Senioren, Frauen und Jugend auch mehrere Beisitzerinnen oder Beisitzer und stellvertretende Beisitzerinnen oder Beisitzer ernennen; Satz 5 gilt entsprechend.

## § 21 Verfahren

(1) Die Bundesprüfstelle für jugendgefährdende Medien wird in der Regel auf Antrag tätig.

(2) Antragsberechtigt sind das Bundesministerium für Familie, Senioren, Frauen und Jugend, die obersten Landesjugendbehörden, die zentrale Aufsichtsstelle der Länder für den Jugendmedienschutz, die Landesjugendämter, die Jugendämter sowie für den Antrag auf Streichung aus der Liste und für den Antrag auf Feststellung, dass ein Medium nicht mit einem bereits in die Liste aufgenommenen Medium ganz oder im Wesentlichen inhaltsgleich ist, auch die in Absatz 7 genannten Personen.

(3) Kommt eine Listenaufnahme oder eine Streichung aus der Liste offensichtlich nicht in Betracht, so kann die oder der Vorsitzende das Verfahren einstellen.

(4) Die Bundesprüfstelle für jugendgefährdende Medien wird von Amts wegen tätig, wenn eine in Absatz 2 nicht genannte Behörde oder ein anerkannter Träger der freien Jugendhilfe dies anregt und die oder der Vorsitzende der Bundesprüfstelle für jugendgefährdende Medien die Durchführung des Verfahrens im Interesse des Jugendschutzes für geboten hält.

(5) Die Bundesprüfstelle für jugendgefährdende Medien wird auf Veranlassung der oder des Vorsitzenden von Amts wegen tätig,

1. wenn zweifelhaft ist, ob ein Medium mit einem bereits in die Liste aufgenommenen Medium ganz oder im Wesentlichen inhaltsgleich ist,

2. wenn bekannt wird, dass die Voraussetzungen für die Aufnahme eines Mediums in die Liste nach § 18 Abs. 7 Satz 1 nicht mehr vorliegen, oder

3. wenn die Aufnahme in die Liste nach § 18 Abs. 7 Satz 2 wirkungslos wird und weiterhin die Voraussetzungen für die Aufnahme in die Liste vorliegen.

(6) Vor der Entscheidung über die Aufnahme eines Telemediums in die Liste hat die Bundesprüfstelle für jugendgefährdende Medien der zentralen Aufsichtsstelle der Länder für den Jugendmedienschutz Gelegenheit zu geben, zu dem Telemedium unverzüglich Stellung zu nehmen. Die Stellungnahme hat die Bundesprüfstelle für jugendgefährdende Medien bei ihrer Entscheidung maßgeblich zu berücksichtigen. Soweit der Bundesprüfstelle für jugendgefährdende Medien eine Stellungnahme der zentralen Aufsichtsstelle der Länder für den Jugendmedienschutz innerhalb von fünf Werktagen nach Aufforderung nicht vorliegt, kann sie ohne diese Stellungnahme entscheiden.

(7) Der Urheberin oder dem Urheber, der Inhaberin oder dem Inhaber der Nutzungsrechte sowie bei Telemedien dem Anbieter ist Gelegenheit zur Stellungnahme zu geben.

(8) Die Entscheidungen sind

1. bei Trägermedien der Urheberin oder dem Urheber sowie der Inhaberin oder dem Inhaber der Nutzungsrechte,

2. bei Telemedien der Urheberin oder dem Urheber sowie dem Anbieter,

3. der antragstellenden Behörde,

4. dem Bundesministerium für Familie, Senioren, Frauen und Jugend, den obersten Landesjugendbehörden und der zentralen Aufsichtsstelle der Länder für den Jugendmedienschutz

zuzustellen. Sie hat die sich aus der Entscheidung ergebenden Verbreitungs- und Werbebeschränkungen im Einzelnen aufzuführen. Die Begründung ist beizufügen oder innerhalb einer Woche durch Zustellung nachzureichen.

(9) Die Bundesprüfstelle für jugendgefährdende Medien soll mit der zentralen Aufsichtsstelle der Länder für den Jugendmedienschutz zusammenarbeiten und einen regelmäßigen Informationsaustausch pflegen.

(10) Die Bundesprüfstelle für jugendgefährdende Medien kann ab dem 1. Januar 2004 für Verfahren, die auf Antrag der in Absatz 7 genannten Personen eingeleitet werden und die auf die Entscheidung gerichtet sind, dass ein Medium

1. nicht mit einem bereits in die Liste für jugendgefährdende Medien aufgenommenen Medium ganz oder im Wesentlichen inhaltsgleich ist oder

2. aus der Liste für jugendgefährdende Medien zu streichen ist,

Kosten (Gebühren und Auslagen) erheben. Das Bundesministerium für Familie, Senioren, Frauen und Jugend wird ermächtigt, durch Rechtsverordnung mit Zustimmung des Bundesrates die gebührenpflichtigen

Tatbestände und die Gebührensätze näher zu bestimmen. Das Verwaltungskostengesetz findet Anwendung.

## § 22 Aufnahme von periodischen Trägermedien und Telemedien

(1) Periodisch erscheinende Trägermedien können auf die Dauer von drei bis zwölf Monaten in die Liste jugendgefährdender Medien aufgenommen werden, wenn innerhalb von zwölf Monaten mehr als zwei ihrer Folgen in die Liste aufgenommen worden sind. Dies gilt nicht für Tageszeitungen und politische Zeitschriften.

(2) Telemedien können auf die Dauer von drei bis zwölf Monaten in die Liste jugendgefährdender Medien aufgenommen werden, wenn innerhalb von zwölf Monaten mehr als zwei ihrer Angebote in die Liste aufgenommen worden sind. Absatz 1 Satz 2 gilt entsprechend.

## § 23 Vereinfachtes Verfahren

(1) Die Bundesprüfstelle für jugendgefährdende Medien kann im vereinfachten Verfahren in der Besetzung durch die oder den Vorsitzenden und zwei weiteren Mitgliedern, von denen eines den in § 19 Abs. 2 Nr. 1 bis 4 genannten Gruppen angehören muss, einstimmig entscheiden, wenn das Medium offensichtlich geeignet ist, die Entwicklung von Kindern oder Jugendlichen oder ihre Erziehung zu einer eigenverantwortlichen und gemeinschaftsfähigen Persönlichkeit zu gefährden. Kommt eine einstimmige Entscheidung nicht zustande, entscheidet die Bundesprüfstelle für jugendgefährdende Medien in voller Besetzung (§ 19 Abs. 5).

(2) Eine Aufnahme in die Liste nach § 22 ist im vereinfachten Verfahren nicht möglich.

(3) Gegen die Entscheidung können die Betroffenen (§ 21 Abs. 7) innerhalb eines Monats nach Zustellung Antrag auf Entscheidung durch die Bundesprüfstelle für jugendgefährdende Medien in voller Besetzung stellen.

(4) Nach Ablauf von zehn Jahren seit Aufnahme eines Mediums in die Liste kann die Bundesprüfstelle für jugendgefährdende Medien die Streichung aus der Liste unter der Voraussetzung des § 21 Abs. 5 Nr. 2 im vereinfachten Verfahren beschließen.

(5) Wenn die Gefahr besteht, dass ein Träger- oder Telemedium kurzfristig in großem Umfange vertrieben, verbreitet oder zugänglich gemacht wird und die endgültige Listenaufnahme offensichtlich zu erwarten ist, kann die Aufnahme in die Liste im vereinfachten Verfahren vorläufig angeordnet werden. Absatz 2 gilt entsprechend.

(6) Die vorläufige Anordnung ist mit der abschließenden Entscheidung der Bundesprüfstelle für jugendgefährdende Medien, jedoch spätestens nach Ablauf eines Monats, aus der Liste zu streichen. Die Frist des Satzes 1 kann vor ihrem Ablauf um höchstens einen Monat verlängert werden. Absatz 1 gilt entsprechend. Soweit die vorläufige Anordnung im Bundesanzeiger bekannt zu machen ist, gilt dies auch für die Verlängerung.

## § 24 Führung der Liste jugendgefährdender Medien

(1) Die Liste jugendgefährdender Medien wird von der oder dem Vorsitzenden der Bundesprüfstelle für jugendgefährdende Medien geführt.

(2) Entscheidungen über die Aufnahme in die Liste oder über Streichungen aus der Liste sind unverzüglich auszuführen. Die Liste ist unverzüglich zu korrigieren, wenn Entscheidungen der Bundesprüfstelle für jugendgefährdende Medien aufgehoben werden oder außer Kraft treten.

(3) Wird ein Trägermedium in die Liste aufgenommen oder aus ihr gestrichen, so ist dies unter Hinweis auf die zugrunde liegende Entscheidung im Bundesanzeiger bekannt zu machen. Von der Bekanntmachung ist abzusehen, wenn das Trägermedium lediglich durch Telemedien verbreitet wird oder wenn anzu-

nehmen ist, dass die Bekanntmachung der Wahrung des Jugendschutzes schaden würde.

(4) Wird ein Medium in Teil B oder D der Liste jugendgefährdender Medien aufgenommen, so hat die oder der Vorsitzende dies der zuständigen Strafverfolgungsbehörde mitzuteilen. Wird durch rechtskräftiges Urteil festgestellt, dass sein Inhalt den in Betracht kommenden Tatbestand des Strafgesetzbuches nicht verwirklicht, ist das Medium in Teil A oder C der Liste aufzunehmen. Die oder der Vorsitzende führt eine erneute Entscheidung der Bundesprüfstelle für jugendgefährdende Medien herbei, wenn in Betracht kommt, dass das Medium aus der Liste zu streichen ist.

(5) Wird ein Telemedium in die Liste jugendgefährdender Medien aufgenommen und ist die Tat im Ausland begangen worden, so soll die oder der Vorsitzende dies den im Bereich der Telemedien anerkannten Einrichtungen der Selbstkontrolle zum Zweck der Aufnahme in nutzerautonome Filterprogramme mitteilen. Die Mitteilung darf nur zum Zweck der Aufnahme in nutzerautonome Filterprogramme verwandt werden.

## § 25 Rechtsweg

(1) Für Klagen gegen eine Entscheidung der Bundesprüfstelle für jugendgefährdende Medien, ein Medium in die Liste jugendgefährdender Medien aufzunehmen oder einen Antrag auf Streichung aus der Liste abzulehnen, ist der Verwaltungsrechtsweg gegeben.

(2) Gegen eine Entscheidung der Bundesprüfstelle für jugendgefährdende Medien, ein Medium nicht in die Liste jugendgefährdender Medien aufzunehmen, sowie gegen eine Einstellung des Verfahrens kann die antragstellende Behörde im Verwaltungsrechtsweg Klage erheben.

(3) Die Klage ist gegen den Bund, vertreten durch die Bundesprüfstelle für jugendgefährdende Medien, zu richten.

(4) Die Klage hat keine aufschiebende Wirkung. Vor Erhebung der Klage bedarf es keiner Nachprüfung in einem Vorverfahren, bei einer Entscheidung im vereinfachten Verfahren nach §23 ist jedoch zunächst eine Entscheidung der Bundesprüfstelle für jugendgefährdende Medien in der Besetzung nach § 19 Abs. 5 herbeizuführen.

### Abschnitt 5
### Verordnungsermächtigung

## § 26 Verordnungsermächtigung

Die Bundesregierung wird ermächtigt, durch Rechtsverordnung mit Zustimmung des Bundesrates Näheres über den Sitz und das Verfahren der Bundesprüfstelle für jugendgefährdende Medien und die Führung der Liste jugendgefährdender Medien zu regeln.

### Abschnitt 6
### Ahndung von Verstößen

## § 27 Strafvorschriften

(1) Mit Freiheitsstrafe bis zu einem Jahr oder mit Geldstrafe wird bestraft, wer

1. entgegen § 15 Abs. 1 Nr. 1 bis 5 oder 6, jeweils auch in Verbindung mit Abs. 2, ein Trägermedium anbietet, überlässt, zugänglich macht, ausstellt, anschlägt, vorführt, einführt, ankündigt oder anpreist,

2. entgegen § 15 Abs. 1 Nr. 7, auch in Verbindung mit Abs. 2, ein Trägermedium herstellt, bezieht, liefert, vorrätig hält oder einführt,

3. entgegen § 15 Abs. 4 die Liste der jugendgefährdenden Medien abdruckt oder veröffentlicht,

4. entgegen § 15 Abs. 5 bei geschäftlicher Werbung einen dort genannten Hinweis gibt oder

5. einer vollziehbaren Entscheidung nach § 21 Abs. 8 Satz 1 Nr. 1 zuwiderhandelt.

(2) Ebenso wird bestraft, wer als Veranstalter oder Gewerbetreibender

1. eine in § 28 Abs. 1 Nr. 4 bis 18 oder 19 bezeichnete vorsätzliche Handlung begeht und dadurch wenigstens leichtfertig ein Kind oder eine jugendliche Person in der körperlichen, geistigen oder sittlichen Entwicklung schwer gefährdet oder

2. eine in § 28 Abs. 1 Nr. 4 bis 18 oder 19 bezeichnete vorsätzliche Handlung aus Gewinnsucht begeht oder beharrlich wiederholt.

(3) Wird die Tat in den Fällen

1. des Absatzes 1 Nr. 1 oder

2. des Absatzes 1 Nr. 3, 4 oder 5

fahrlässig begangen, so ist die Strafe Freiheitsstrafe bis zu sechs Monaten oder Geldstrafe bis zu hundertachtzig Tagessätzen.

(4) Absatz 1 Nr. 1 und 2 und Absatz 3 Nr. 1 sind nicht anzuwenden, wenn eine personensorgeberechtigte Person das Medium einem Kind oder einer jugendlichen Person anbietet, überlässt oder zugänglich macht. Dies gilt nicht, wenn die personensorgeberechtigte Person durch das Anbieten, Überlassen oder Zugänglichmachen ihre Erziehungspflicht gröblich verletzt.

---

**§ 28 Bußgeldvorschriften**

(1) Ordnungswidrig handelt, wer als Veranstalter oder Gewerbetreibender vorsätzlich oder fahrlässig

1. entgegen § 3 Abs. 1 die für seine Betriebseinrichtung oder Veranstaltung geltenden Vorschriften nicht, nicht richtig oder nicht in der vorgeschriebenen Weise bekannt macht,

2. entgegen § 3 Abs. 2 Satz 1 eine Kennzeichnung verwendet,

3. entgegen § 3 Abs. 2 Satz 2 einen Hinweis nicht, nicht richtig oder nicht rechtzeitig gibt,

4. entgegen § 3 Abs. 2 Satz 3 einen Hinweis gibt, einen Film oder ein Film- oder Spielprogramm ankündigt oder für einen Film oder ein Film- oder Spielprogramm wirbt,

5. entgegen § 4 Abs. 1 oder 3 einem Kind oder einer jugendlichen Person den Aufenthalt in einer Gaststätte gestattet,

6. entgegen § 5 Abs. 1 einem Kind oder einer jugendlichen Person die Anwesenheit bei einer öffentlichen Tanzveranstaltung gestattet,

7. entgegen § 6 Abs. 1 einem Kind oder einer jugendlichen Person die Anwesenheit in einer öffentlichen Spielhalle oder einem dort genannten Raum gestattet,

8. entgegen § 6 Abs. 2 einem Kind oder einer jugendlichen Person die Teilnahme an einem Spiel mit Gewinnmöglichkeit gestattet,

9. einer vollziehbaren Anordnung nach § 7 Satz 1 zuwiderhandelt,

10. entgegen § 9 Abs. 1 ein alkoholisches Getränk an ein Kind oder eine jugendliche Person abgibt oder ihm oder ihr den Verzehr gestattet,

11. entgegen § 9 Abs. 3 Satz 1 ein alkoholisches Getränk in einem Automaten anbietet,

11a. entgegen § 9 Abs. 4 alkoholhaltige Süßgetränke in den Verkehr bringt,

12. entgegen § 10 Abs. 1 Tabakwaren abgibt oder einem Kind oder einer jugendlichen Person das Rauchen gestattet,

13. entgegen § 10 Abs. 2 Satz 1 Tabakwaren in einem Automaten anbietet,

14. entgegen § 11 Abs. 1 oder 3, jeweils auch in Verbindung mit Abs. 4 Satz 2, einem Kind oder einer jugendlichen Person die Anwesenheit bei einer öffentlichen Filmveranstaltung, einem Werbevorspann oder einem Beiprogramm gestattet,

14a. entgegen § 11 Abs. 5 einen Werbefilm oder ein Werbeprogramm vorführt,

15. entgegen § 12 Abs. 1 einem Kind oder einer jugendlichen Person einen Bildträger zugänglich macht,

16. entgegen § 12 Abs. 3 Nr. 2 einen Bildträger anbietet oder überlässt,

17. entgegen § 12 Abs. 4 oder § 13 Abs. 2 einen Automaten oder ein Bildschirmspielgerät aufstellt,

18. entgegen § 12 Abs. 5 Satz 1 einen Bildträger vertreibt,

19. entgegen § 13 Abs. 1 einem Kind oder einer jugendlichen Person das Spielen an Bildschirmspielgeräten gestattet oder

20. entgegen § 15 Abs. 6 einen Hinweis nicht, nicht richtig oder nicht rechtzeitig gibt.

(2) Ordnungswidrig handelt, wer als Anbieter vorsätzlich oder fahrlässig

1. entgegen § 12 Abs. 2 Satz 1 und 2, auch in Verbindung mit Abs. 5 Satz 3 oder § 13 Abs. 3, einen Hinweis nicht, nicht richtig oder nicht in der vorgeschriebenen Weise gibt,

2. einer vollziehbaren Anordnung nach § 12 Abs. 2 Satz 3 Nr. 1, auch in Verbindung mit Abs. 5 Satz 3 oder § 13 Abs. 3, oder nach § 14 Abs. 7 Satz 3 zuwiderhandelt,

3. entgegen § 12 Abs. 5 Satz 2 einen Hinweis nicht, nicht richtig, nicht in der vorgeschriebenen Weise oder nicht rechtzeitig anbringt oder

4. entgegen § 14 Abs. 7 Satz 1 einen Film oder ein Film- oder Spielprogramm mit „Infoprogramm" oder „Lehrprogramm" kennzeichnet.

(3) Ordnungswidrig handelt, wer vorsätzlich oder fahrlässig

1. entgegen § 12 Abs. 2 Satz 4 einen Hinweis nicht, nicht richtig oder nicht in der vorgeschriebenen Weise gibt oder

2. entgegen § 24 Abs. 5 Satz 2 eine Mitteilung verwendet.

(4) Ordnungswidrig handelt, wer als Person über 18 Jahren ein Verhalten eines Kindes oder

einer jugendlichen Person herbeiführt oder fördert, das durch ein in Absatz 1 Nr. 5 bis 8, 10, 12, 14 bis 16 oder 19 oder in § 27 Abs. 1 Nr. 1 oder 2 bezeichnetes oder in § 12 Abs. 3 Nr. 1 enthaltenes Verbot oder durch eine vollziehbare Anordnung nach § 7 Satz 1 verhindert werden soll. Hinsichtlich des Verbots in § 12 Abs. 3 Nr. 1 gilt dies nicht für die personensorgeberechtigte Person und für eine Person, die im Einverständnis mit der personensorgeberechtigten Person handelt.

(5) Die Ordnungswidrigkeit kann mit einer Geldbuße bis zu fünfzigtausend Euro geahndet werden.

## Abschnitt 7
### Schlussvorschriften

### § 29 Übergangsvorschriften

Auf die nach bisherigem Recht mit „Nicht freigegeben unter achtzehn Jahren" gekennzeichneten Filmprogramme für Bildträger findet § 18 Abs. 8 Satz 1 mit der Maßgabe Anwendung, dass an die Stelle der Angabe „§ 14 Abs. 2 Nr. 1 bis 5" die Angabe „§ 14 Abs. 2 Nr. 1 bis 4" tritt.

### § 29a Weitere Übergangsregelung

Bildträger mit Kennzeichnungen nach § 12 Abs. 1, deren Zeichen den Anforderungen des § 12 Abs. 2 Satz 1, aber nicht den Anforderungen des § 12 Abs. 2 Satz 2 entsprechen, dürfen bis zum 31. August 2008 in den Verkehr gebracht werden.

### § 30 Inkrafttreten, Außerkrafttreten

(1) Dieses Gesetz tritt an dem Tag in Kraft, an dem der Staatsvertrag der Länder über den Schutz der Menschenwürde und den Jugendschutz in Rundfunk und Telemedien in Kraft tritt. Gleichzeitig treten das Gesetz zum Schutze der Jugend in der Öffentlichkeit vom 25. Februar 1985 (BGBl. I S. 425), zuletzt ge-

ändert durch Artikel 8a des Gesetzes vom 15. Dezember 2001 (BGBl. I S. 3762) und das Gesetz über die Verbreitung jugendgefährdender Schriften und Medieninhalte in der Fassung der Bekanntmachung vom 12. Juli 1985 (BGBl. I S. 1502), zuletzt geändert durch Artikel 8b des Gesetzes vom 15. Dezember 2001 (BGBl. I S. 3762) außer Kraft. Das Bundesministerium für Familie, Senioren, Frauen und Jugend gibt das Datum des Inkrafttretens dieses Gesetzes im Bundesgesetzblatt bekannt.

(2) Abweichend von Absatz 1 Satz 1 treten § 10 Abs. 2 und § 28 Abs. 1 Nr. 13 am 1. Januar 2007 in Kraft.

# Gaststättengesetz[1]

Die unterschiedlichen Umsetzungen der verschiedenen Gaststättenverordnungen der einzelnen Bundesländer finden Sie unter: www.berlin.de/sen/verbraucherschutz/lebensmittel-ernaehrung/kontrollergebnisse/index.de.html

## § 1 Gaststättengewerbe

(1) Ein Gaststättengewerbe im Sinne dieses Gesetzes betreibt, wer im stehenden Gewerbe

1. Getränke zum Verzehr an Ort und Stelle verabreicht (Schankwirtschaft) oder

2. zubereitete Speisen zum Verzehr an Ort und Stelle verabreicht (Speisewirtschaft),

3. (weggefallen)

wenn der Betrieb jedermann oder bestimmten Personenkreisen zugänglich ist.

(2) Ein Gaststättengewerbe im Sinne dieses Gesetzes betreibt ferner, wer als selbständiger Gewerbetreibender im Reisegewerbe von einer für die Dauer der Veranstaltung ortsfesten Betriebsstätte aus Getränke oder zubereitete Speisen zum Verzehr an Ort und Stelle verabreicht, wenn der Betrieb jedermann oder bestimmten Personenkreisen zugänglich ist.

## § 2 Erlaubnis

(1) Wer ein Gaststättengewerbe betreiben will, bedarf der Erlaubnis. Die Erlaubnis kann auch nichtrechtsfähigen Vereinen erteilt werden.

(2) Der Erlaubnis bedarf nicht, wer

1. alkoholfreie Getränke,

2. unentgeltliche Kostproben,

3. zubereitete Speisen oder

4. in Verbindung mit einem Beherbergungsbetrieb Getränke und zubereitete Speisen an Hausgäste

verabreicht.

1 Textnachweis Geltung ab: 1.5.1977
Ausfertigungsdatum: 05.05.1970
Vollzitat: „Gaststättengesetz in der Fassung der Bekanntmachung vom 20. November 1998 (BGBl. I S. 3418), das

zuletzt durch Artikel 10 des Gesetzes vom 7. September 2007 (BGBl. I S. 2246) geändert worden ist"
Stand: Neugefasst durch Bek. v. 20.11.1998 I 3418; zuletzt geändert durch Art. 10 G v. 7.9.2007 I 2246

(3) (weggefallen)

(4) (weggefallen)

## § 3 Inhalt der Erlaubnis

(1) Die Erlaubnis ist für eine bestimmte Betriebsart und für bestimmte Räume zu erteilen. Die Betriebsart ist in der Erlaubnisurkunde zu bezeichnen; sie bestimmt sich nach der Art und Weise der Betriebsgestaltung, insbesondere nach den Betriebszeiten und der Art der Getränke, der zubereiteten Speisen, der Beherbergung oder der Darbietungen.

(2) Die Erlaubnis darf auf Zeit erteilt werden, soweit dieses Gesetz es zulässt oder der Antragsteller es beantragt.

(3) (weggefallen)

## § 4 Versagungsgründe

(1) Die Erlaubnis ist zu versagen, wenn

1. Tatsachen die Annahme rechtfertigen, dass der Antragsteller die für den Gewerbebetrieb erforderliche Zuverlässigkeit nicht besitzt, insbesondere dem Trunke ergeben ist oder befürchten lässt, dass er Unerfahrene, Leichtsinnige oder Willensschwache ausbeuten wird oder dem Alkoholmissbrauch, verbotenem Glücksspiel, der Hehlerei oder der Unsittlichkeit Vorschub leisten wird oder die Vorschriften des Gesundheits- oder Lebensmittelrechts, des Arbeits- oder Jugendschutzes nicht einhalten wird,

2. die zum Betrieb des Gewerbes oder zum Aufenthalt der Beschäftigten bestimmten

Räume wegen ihrer Lage, Beschaffenheit, Ausstattung oder Einteilung für den Betrieb nicht geeignet sind, insbesondere den notwendigen Anforderungen zum Schutze der Gäste und der Beschäftigten gegen Gefahren für Leben, Gesundheit oder Sittlichkeit oder den sonst zur Aufrechterhaltung der öffentlichen Sicherheit oder Ordnung notwendigen Anforderungen nicht genügen oder

2a. die zum Betrieb des Gewerbes für Gäste bestimmten Räume von behinderten Menschen nicht barrierefrei genutzt werden können, soweit diese Räume in einem Gebäude liegen, für das nach dem 1. November 2002 eine Baugenehmigung für die erstmalige Errichtung, für einen wesentlichen Umbau oder eine wesentliche Erweiterung erteilt wurde oder das, für den Fall, dass eine Baugenehmigung nicht erforderlich ist, nach dem 1. Mai 2002 fertig gestellt oder wesentlich umgebaut oder erweitert wurde,

3. der Gewerbebetrieb im Hinblick auf seine örtliche Lage oder auf die Verwendung der Räume dem öffentlichen Interesse widerspricht, insbesondere schädliche Umwelteinwirkungen im Sinne des Bundes-Immissionsschutzgesetzes oder sonst erhebliche Nachteile, Gefahren oder Belästigungen für die Allgemeinheit befürchten lässt,

4. der Antragsteller nicht durch eine Bescheinigung einer Industrie- und Handelskammer nachweist, dass er oder sein Stellvertreter (§ 9) über die Grundzüge der für den in Aussicht genommenen Betrieb notwendigen lebensmittelrechtlichen Kenntnisse unterrichtet worden ist und mit ihnen als vertraut gelten kann.

Die Erlaubnis kann entgegen Satz 1 Nr. 2a erteilt werden, wenn eine barrierefreie Gestaltung der Räume nicht möglich ist oder nur mit unzumutbaren Aufwendungen erreicht werden kann.

(2) Wird bei juristischen Personen oder nicht-

rechtsfähigen Vereinen nach Erteilung der Erlaubnis eine andere Person zur Vertretung nach Gesetz, Satzung oder Gesellschaftsvertrag berufen, so ist dies unverzüglich der Erlaubnisbehörde anzuzeigen.

(3) Die Landesregierungen können zur Durchführung des Absatzes 1 Nr. 2 durch Rechtsverordnung die Mindestanforderungen bestimmen, die an die Lage, Beschaffenheit, Ausstattung und Einteilung der Räume im Hinblick auf die jeweilige Betriebsart und Art der zugelassenen Getränke oder Speisen zu stellen sind. Die Landesregierungen können durch Rechtsverordnung

a) zur Durchführung des Absatzes 1 Satz 1 Nr. 2a Mindestanforderungen bestimmen, die mit dem Ziel der Herstellung von Barrierefreiheit an die Lage, Beschaffenheit, Ausstattung und Einteilung der Räume zu stellen sind, und

b) zur Durchführung des Absatzes 1 Satz 2 die Voraussetzungen für das Vorliegen eines Falles der Unzumutbarkeit festlegen.

Die Landesregierungen können durch Rechtsverordnung die Ermächtigung auf oberste Landesbehörden übertragen.

---

## § 5 Auflagen

(1) Gewerbetreibenden, die einer Erlaubnis bedürfen, können jederzeit Auflagen zum Schutze

1. der Gäste gegen Ausbeutung und gegen Gefahren für Leben, Gesundheit oder Sittlichkeit,

2. der im Betrieb Beschäftigten gegen Gefahren für Leben, Gesundheit oder Sittlichkeit oder

3. gegen schädliche Umwelteinwirkungen im Sinne des Bundes-Immissionsschutzgesetzes und sonst gegen erhebliche Nachteile, Gefahren oder Belästigungen für die Bewohner des Betriebsgrundstücks oder der Nachbargrundstücke sowie der Allgemeinheit erteilt werden.

(2) Gegenüber Gewerbetreibenden, die ein erlaubnisfreies Gaststättengewerbe betreiben, können Anordnungen nach Maßgabe des Absatzes 1 erlassen werden.

### § 6 Ausschank alkoholfreier Getränke

Ist der Ausschank alkoholischer Getränke gestattet, so sind auf Verlangen auch alkoholfreie Getränke zum Verzehr an Ort und Stelle zu verabreichen. Davon ist mindestens ein alkoholfreies Getränk nicht teurer zu verabreichen als das billigste alkoholische Getränk. Der Preisvergleich erfolgt hierbei auch auf der Grundlage des hochgerechneten Preises für einen Liter der betreffenden Getränke. Die Erlaubnisbehörde kann für den Ausschank aus Automaten Ausnahmen zulassen.

### § 7 Nebenleistungen

(1) Im Gaststättengewerbe dürfen der Gewerbetreibende oder Dritte auch während der Ladenschlusszeiten Zubehörwaren an Gäste abgeben und ihnen Zubehörleistungen erbringen.

(2) Der Schank- oder Speisewirt darf außerhalb der Sperrzeit zum alsbaldigen Verzehr oder Verbrauch

1. Getränke und zubereitete Speisen, die er in seinem Betrieb verabreicht,

2. Flaschenbier, alkoholfreie Getränke, Tabak- und Süßwaren

an jedermann über die Straße abgeben.

### § 8 Erlöschen der Erlaubnis

Die Erlaubnis erlischt, wenn der Inhaber den Betrieb nicht innerhalb eines Jahres nach Erteilung der Erlaubnis begonnen oder seit einem Jahr nicht mehr ausgeübt hat. Die Fristen können verlängert werden, wenn ein wichtiger Grund vorliegt.

### § 9 Stellvertretungserlaubnis

Wer ein erlaubnisbedürftiges Gaststättengewerbe durch einen Stellvertreter betreiben will, bedarf einer Stellvertretungserlaubnis; sie wird dem Erlaubnisinhaber für einen bestimmten Stellvertreter erteilt und kann befristet werden. Die Vorschriften des § 4 Abs. 1 Nr. 1 und 4 sowie des § 8 gelten entsprechend. Wird das Gewerbe nicht mehr durch den Stellvertreter betrieben, so ist dies unverzüglich der Erlaubnisbehörde anzuzeigen.

### § 10 Weiterführung des Gewerbes

Nach dem Tode des Erlaubnisinhabers darf das Gaststättengewerbe auf Grund der bisherigen Erlaubnis durch den Ehegatten, Lebenspartner oder die minderjährigen Erben während der Minderjährigkeit weitergeführt werden. Das gleiche gilt für Nachlaßverwalter, Nachlasspfleger oder Testamentsvollstrecker bis zur Dauer von zehn Jahren nach dem Erbfall. Die in den Sätzen 1 und 2 bezeichneten Personen haben der Erlaubnisbehörde unverzüglich Anzeige zu erstatten, wenn sie den Betrieb weiterführen wollen.

### § 11 Vorläufige Erlaubnis und vorläufige Stellvertretungserlaubnis

(1) Personen, die einen erlaubnisbedürftigen Gaststättenbetrieb von einem anderen übernehmen wollen, kann die Ausübung des Gaststättengewerbes bis zur Erteilung der Erlaubnis auf Widerruf gestattet werden. Die vorläufige Erlaubnis soll nicht für eine längere Zeit als drei Monate erteilt werden; die Frist kann verlängert werden, wenn ein wichtiger Grund vorliegt.

(2) Absatz 1 gilt entsprechend für die Erteilung einer vorläufigen Stellvertretungserlaubnis.

## § 12 Gestattung

(1) Aus besonderem Anlass kann der Betrieb eines erlaubnisbedürftigen Gaststättengewerbes unter erleichterten Voraussetzungen vorübergehend auf Widerruf gestattet werden.

(2) (weggefallen)

(3) Dem Gewerbetreibenden können jederzeit Auflagen erteilt werden.

## § 13 (weggefallen)

## § 14 Straußwirtschaften

Die Landesregierungen können durch Rechtsverordnungen zur Erleichterung des Absatzes selbsterzeugten Weines oder Apfelweines bestimmen, dass der Ausschank dieser Getränke und im Zusammenhang hiermit das Verabreichen von zubereiteten Speisen zum Verzehr an Ort und Stelle für die Dauer von höchstens vier Monaten oder, soweit dies bisher nach Landesrecht zulässig war, von höchstens sechs Monaten, und zwar zusammenhängend oder in zwei Zeitabschnitten im Jahre, keiner Erlaubnis bedarf. Sie können hierbei Vorschriften über

1. die persönlichen und räumlichen Voraussetzungen für den Ausschank sowie über Menge und Jahrgang des zum Ausschank bestimmten Weines oder Apfelweines,

2. das Verabreichen von Speisen zum Verzehr an Ort und Stelle,

3. die Art der Betriebsführung

erlassen. Die Landesregierungen können durch Rechtsverordnung die Ermächtigung auf oberste Landesbehörden oder andere Behörden übertragen.

## § 15 Rücknahme und Widerruf der Erlaubnis

(1) Die Erlaubnis zum Betrieb eines Gaststättengewerbes ist zurückzunehmen, wenn bekannt wird, dass bei ihrer Erteilung Versagungsgründe nach § 4 Abs. 1 Nr. 1 vorlagen.

(2) Die Erlaubnis ist zu widerrufen, wenn nachträglich Tatsachen eintreten, die die Versagung der Erlaubnis nach § 4 Abs. 1 Nr. 1 rechtfertigen würden.

(3) Sie kann widerrufen werden, wenn

1. der Gewerbetreibende oder sein Stellvertreter die Betriebsart, für welche die Erlaubnis erteilt worden ist, unbefugt ändert, andere als die zugelassenen Räume zum Betrieb verwendet oder nicht zugelassene Getränke oder Speisen verabreicht oder sonstige inhaltliche Beschränkungen der Erlaubnis nicht beachtet,

2. der Gewerbetreibende oder sein Stellvertreter Auflagen nach § 5 Abs. 1 nicht innerhalb einer gesetzten Frist erfüllt,

3. der Gewerbetreibende seinen Betrieb ohne Erlaubnis durch einen Stellvertreter betreiben lässt,

4. der Gewerbetreibende oder sein Stellvertreter Personen entgegen einem nach § 21 ergangenen Verbot beschäftigt,

5. der Gewerbetreibende im Fall des § 4 Abs. 2 nicht innerhalb von sechs Monaten nach der Berufung den Nachweis nach § 4 Abs. 1 Nr. 4 erbringt,

6. der Gewerbetreibende im Fall des § 9 Satz 3 nicht innerhalb von sechs Monaten nach dem Ausscheiden des Stellvertreters den Nachweis nach § 4 Abs. 1 Nr. 4 erbringt,

7. die in § 10 Satz 1 und 2 bezeichneten Personen nicht innerhalb von sechs Monaten nach der Weiterführung den Nachweis nach § 4 Abs. 1 Nr. 4 erbringen.

(4) Die Absätze 1, 2 und 3 Nr. 1, 2 und 4 gel-

ten entsprechend für die Rücknahme und den Widerruf der Stellvertretungserlaubnis.

## §§ 16 und 17 (weggefallen)

## § 18 Sperrzeit

Für Schank- und Speisewirtschaften sowie für öffentliche Vergnügungsstätten kann durch Rechtsverordnung der Landesregierungen eine Sperrzeit allgemein festgesetzt werden. In der Rechtsverordnung ist zu bestimmen, dass die Sperrzeit bei Vorliegen eines öffentlichen Bedürfnisses oder besonderer örtlicher Verhältnisse allgemein oder für einzelne Betriebe verlängert, verkürzt oder aufgehoben werden kann. Die Landesregierungen können durch Rechtsverordnung die Ermächtigung auf oberste Landesbehörden oder andere Behörden übertragen.

(2) (weggefallen)

## § 19 Verbot des Ausschanks alkoholischer Getränke

Aus besonderem Anlass kann der gewerbsmäßige Ausschank alkoholischer Getränke vorübergehend für bestimmte Zeit und für einen bestimmten örtlichen Bereich ganz oder teilweise verboten werden, wenn dies zur Aufrechterhaltung der öffentlichen Sicherheit oder Ordnung erforderlich ist.

## § 20 Allgemeine Verbote

Verboten ist,

1. Branntwein oder überwiegend branntweinhaltige Lebensmittel durch Automaten feilzuhalten,

2. in Ausübung eines Gewerbes alkoholische Getränke an erkennbar Betrunkene zu verabreichen,

3. im Gaststättengewerbe das Verabreichen von Speisen von der Bestellung von Getränken abhängig zu machen oder bei der Nichtbestellung von Getränken die Preise zu erhöhen,

4. im Gaststättengewerbe das Verabreichen alkoholfreier Getränke von der Bestellung alkoholischer Getränke abhängig zu machen oder bei der Nichtbestellung alkoholischer Getränke die Preise zu erhöhen.

## § 21 Beschäftigte Personen

(1) Die Beschäftigung einer Person in einem Gaststättenbetrieb kann dem Gewerbetreibenden untersagt werden, wenn Tatsachen die Annahme rechtfertigen, dass die Person die für ihre Tätigkeit erforderliche Zuverlässigkeit nicht besitzt.

(2) Die Landesregierungen können zur Aufrechterhaltung der Sittlichkeit oder zum Schutze der Gäste durch Rechtsverordnung Vorschriften über die Zulassung, das Verhalten und die Art der Tätigkeit sowie, soweit tarifvertragliche Regelungen nicht bestehen, die Art der Entlohnung der in Gaststättenbetrieben Beschäftigten erlassen. Die Landesregierungen können durch Rechtsverordnung die Ermächtigung auf oberste Landesbehörden übertragen.

(3) Die Vorschriften des § 26 des Jugendarbeitsschutzgesetzes bleiben unberührt.

## § 22 Auskunft und Nachschau

(1) Die Inhaber von Gaststättenbetrieben, ihre Stellvertreter und die mit der Leitung des Betriebes beauftragten Personen haben den zuständigen Behörden die für die Durchführung dieses Gesetzes und der auf Grund dieses Gesetzes erlassenen Rechtsverordnungen erforderlichen Auskünfte zu erteilen.

(2) Die von der zuständigen Behörde mit der Überwachung des Betriebes beauftragten Personen sind befugt, Grundstücke und

Geschäftsräume des Auskunftspflichtigen zu betreten, dort Prüfungen und Besichtigungen vorzunehmen und in die geschäftlichen Unterlagen des Auskunftspflichtigen Einsicht zu nehmen. Der Auskunftspflichtige hat die Maßnahmen nach Satz 1 zu dulden. Das Grundrecht der Unverletzlichkeit der Wohnung (Artikel 13 des Grundgesetzes) wird insoweit eingeschränkt.

(3) Der zur Erteilung einer Auskunft Verpflichtete kann die Auskunft auf solche Fragen verweigern, deren Beantwortung ihn selbst oder einen der in § 383 Abs. 1 Nr. 1 bis 3 der Zivilprozessordnung bezeichneten Angehörigen der Gefahr strafgerichtlicher Verfolgung oder eines Verfahrens nach dem Gesetz über Ordnungswidrigkeiten aussetzen würde.

### § 23 Vereine und Gesellschaften

(1) Die Vorschriften dieses Gesetzes über den Ausschank alkoholischer Getränke finden auch auf Vereine und Gesellschaften Anwendung, die kein Gewerbe betreiben; dies gilt nicht für den Ausschank an Arbeitnehmer dieser Vereine oder Gesellschaften.

(2) Werden in den Fällen des Absatzes 1 alkoholische Getränke in Räumen ausgeschenkt, die im Eigentum dieser Vereine oder Gesellschaften stehen oder ihnen mietweise, leihweise oder aus einem anderen Grunde überlassen und nicht Teil eines Gaststättenbetriebes sind, so finden die Vorschriften dieses Gesetzes mit Ausnahme der §§ 5, 6, 18, 22 sowie des § 28 Abs. 1 Nr. 2, 6, 11 und 12 und Absatz 2 Nr. 1 keine Anwendung. Das Bundesministerium für Wirtschaft und Technologie kann mit Zustimmung des Bundesrates durch Rechtsverordnung bestimmen, dass auch andere Vorschriften dieses Gesetzes Anwendung finden, wenn durch den Ausschank alkoholischer Getränke Gefahren für die Sittlichkeit oder für Leben oder Gesundheit der Gäste oder der Beschäftigten entstehen.

### § 24 Realgewerbeberechtigung

(1) Die Vorschriften dieses Gesetzes finden auch auf Realgewerbeberechtigungen Anwendung mit Ausnahme der Vorschriften über die Lage der Räume (§ 4 Abs. 1 Nr. 2) und über das öffentliche Interesse hinsichtlich der Verwendung der Räume (§ 4 Abs. 1 Nr. 3). Realgewerbeberechtigungen, die drei Jahre lang nicht ausgeübt worden sind, erlöschen. Die Frist kann von der Erlaubnisbehörde verlängert werden, wenn ein wichtiger Grund vorliegt.

(2) Die Länder können bestimmen, dass auch die in Absatz 1 ausgenommenen Vorschriften Anwendung finden, wenn um die Erlaubnis auf Grund einer Realgewerbeberechtigung für ein Grundstück nachgesucht wird, auf welchem die Erlaubnis auf Grund dieser Realgewerbeberechtigung bisher nicht ausgeübt wurde.

### § 25 Anwendungsbereich

(1) Auf Kantinen für Betriebsangehörige sowie auf Betreuungseinrichtungen der im Inland stationierten ausländischen Streitkräfte, der Bundeswehr, der Bundespolizei oder der in Gemeinschaftsunterkünften untergebrachten Polizei finden die Vorschriften dieses Gesetzes keine Anwendung. Gleiches gilt für Luftfahrzeuge, Personenwagen von Eisenbahnunternehmen und anderen Schienenbahnen, Schiffe und Reisebusse, in denen anlässlich der Beförderung von Personen gastgewerbliche Leistungen erbracht werden.

(2) Auf Gewerbetreibende, die am 1. Oktober 1998 eine Bahnhofsgaststätte befugt betrieben haben, findet § 34 Abs. 2 Satz 1 entsprechende Anwendung; die in § 4 Abs. 1 Nr. 2 genannten Anforderungen an die Lage, Beschaffenheit, Ausstattung oder Einteilung der zum Betrieb des Gewerbes oder zum Aufenthalt der Beschäftigten bestimmten Räume gelten als erfüllt. § 34 Abs. 3 findet mit der Maßgabe Anwendung, dass die Anzeige nach Satz 4 innerhalb von zwölf Monaten zu erstatten ist.

## § 26 Sonderregelung

(1) Soweit in Bayern und Rheinland-Pfalz der Ausschank selbsterzeugter Getränke ohne Erlaubnis gestattet ist, bedarf es hierfür auch künftig keiner Erlaubnis. Die Landesregierungen können zur Aufrechterhaltung der öffentlichen Sicherheit oder Ordnung durch Rechtsverordnung allgemeine Voraussetzungen für den Ausschank aufstellen, insbesondere die Dauer des Ausschanks innerhalb des Jahres bestimmen und die Art der Betriebsführung regeln. Die Landesregierungen können durch Rechtsverordnung die Ermächtigung auf oberste Landesbehörden übertragen.

(2) Die in Bayern bestehenden Kommunbrauberechtigungen sowie die in Rheinland-Pfalz bestehende Berechtigung zum Ausschank selbsterzeugten Branntweins erlöschen, wenn sie seit zehn Jahren nicht mehr ausgeübt worden sind.

## § 27 (weggefallen)

## § 28 Ordnungswidrigkeiten

(1) Ordnungswidrig handelt, wer vorsätzlich oder fahrlässig

1. ohne die nach § 2 Abs. 1 erforderliche Erlaubnis ein Gaststättengewerbe betreibt,

2. einer Auflage oder Anordnung nach § 5 oder einer Auflage nach § 12 Abs. 3 nicht, nicht vollständig oder nicht rechtzeitig nachkommt,

3. über den in § 7 erlaubten Umfang hinaus Waren abgibt oder Leistungen erbringt,

4. ohne die nach § 9 erforderliche Erlaubnis ein Gaststättengewerbe durch einen Stellvertreter betreibt oder in einem Gaststättengewerbe als Stellvertreter tätig ist,

5. die nach § 4 Abs. 2, § 9 Satz 3 oder § 10 Satz 3 erforderliche Anzeige nicht oder nicht unverzüglich erstattet,

5a. (weggefallen)

6. als Inhaber einer Schankwirtschaft, Speisewirtschaft oder öffentlichen Vergnügungsstätte duldet, dass ein Gast nach Beginn der Sperrzeit in den Betriebsräumen verweilt,

7. entgegen einem Verbot nach § 19 alkoholische Getränke verabreicht,

8. einem Verbot des § 20 Nr. 1 über das Feilhalten von Branntwein oder überwiegend branntweinhaltigen Lebensmitteln zuwiderhandelt oder entgegen dem Verbot des §20 Nr. 3 das Verabreichen von Speisen von der Bestellung von Getränken abhängig macht oder entgegen dem Verbot des § 20 Nr. 4 das Verabreichen alkoholfreier Getränke von der Bestellung alkoholischer Getränke abhängig macht,

9. entgegen dem Verbot des § 20 Nr. 2 in Ausübung eines Gewerbes alkoholische Getränke verabreicht oder in den Fällen des § 20 Nr. 4 bei Nichtbestellung alkoholischer Getränke die Preise erhöht,

10. Personen beschäftigt, deren Beschäftigung ihm nach § 21 Abs. 1 untersagt worden ist,

11. entgegen § 22 eine Auskunft nicht, nicht richtig, nicht vollständig oder nicht rechtzeitig erteilt, den Zutritt zu den für den Betrieb benutzten Grundstücken und Räumen nicht gestattet oder die Einsicht in geschäftliche Unterlagen nicht gewährt,

12. den Vorschriften einer auf Grund der §§ 14, 18 Abs. 1, des § 21 Abs. 2 oder des § 26 Abs. 1 Satz 2 erlassenen Rechtsverordnung zuwiderhandelt, soweit die Rechtsverordnung für einen bestimmten Tatbestand auf diese Bußgeldvorschrift verweist.

(2) Ordnungswidrig handelt auch, wer

1. entgegen § 6 Satz 1 keine alkoholfreien Getränke verabreicht oder entgegen § 6 Satz 2 nicht mindestens ein alkoholfreies Getränk nicht teurer als das billigste alkoholische Getränk verabreicht,

2. (weggefallen)

3. (weggefallen)

4. als Gast in den Räumen einer Schankwirtschaft, einer Speisewirtschaft oder einer öffentlichen Vergnügungsstätte über den Beginn der Sperrzeit hinaus verweilt, obwohl der Gewerbetreibende, ein in seinem Betrieb Beschäftigter oder ein Beauftragter der zuständigen Behörde ihn ausdrücklich aufgefordert hat, sich zu entfernen.

(3) Die Ordnungswidrigkeit kann mit einer Geldbuße bis zu fünftausend Euro geahndet werden.

## § 29 (weggefallen)

## § 30 Zuständigkeit und Verfahren

Die Landesregierungen oder die von ihnen bestimmten Stellen können die für die Ausführung dieses Gesetzes und der nach diesem Gesetz ergangenen Rechtsverordnungen zuständigen Behörden bestimmen; die Landesregierungen oder die von ihnen durch Rechtsverordnung bestimmten obersten Landesbehörden können ferner durch Rechtsverordnung das Verfahren, insbesondere bei Erteilung sowie bei Rücknahme und Widerruf von Erlaubnissen und bei Untersagungen, regeln.

## § 31 Anwendbarkeit der Gewerbeordnung

Auf die den Vorschriften dieses Gesetzes unterliegenden Gewerbebetriebe finden die Vorschriften der Gewerbeordnung soweit Anwendung, als nicht in diesem Gesetz besondere Bestimmungen getroffen worden sind; die Vorschriften über den Arbeitsschutz werden durch dieses Gesetz nicht berührt.

## § 32 (weggefallen)

## § 32 Erprobungsklausel

Die Landesregierungen werden ermächtigt, durch Rechtsverordnung zur Erprobung vereinfachender Maßnahmen, insbesondere zur Erleichterung von Existenzgründungen und Betriebsübernahmen, für einen Zeitraum von bis zu fünf Jahren Ausnahmen von Berufsausübungsregelungen nach diesem Gesetz und den darauf beruhenden Rechtsverordnungen zuzulassen, soweit diese Berufsausübungsregelungen nicht auf bindenden Vorgaben des Europäischen Gemeinschaftsrechts beruhen und sich die Auswirkungen der Ausnahmen auf das Gebiet des jeweiligen Landes beschränken.

## § 33 (Änderung anderer Vorschriften)

## § 34 Übergangsvorschriften

(1) Eine vor Inkrafttreten dieses Gesetzes erteilte Erlaubnis oder Gestattung gilt im bisherigen Umfang als Erlaubnis oder Gestattung im Sinne dieses Gesetzes.

(2) Soweit nach diesem Gesetz eine Erlaubnis erforderlich ist, gilt sie demjenigen als erteilt, der bei Inkrafttreten dieses Gesetzes ohne Erlaubnis oder Gestattung eine nach diesem Gesetz erlaubnisbedürftige Tätigkeit befugt ausübt. In den Fällen des Artikels 2 Abs. 1 des Erstens Teils des Vertrages zur Regelung aus Krieg und Besatzung entstandener Fragen (BGBl. 1955 II S. 405) gilt die Erlaubnis auch demjenigen erteilt, der eine nach diesem Gesetz erlaubnisbedürftige Tätigkeit innerhalb eines Jahres vor Inkrafttreten des Gesetzes befugt ausgeübt hat, ohne dass ihm die Ausübung der Tätigkeit bei Inkrafttreten des Gesetzes untersagt war.

(3) Der in Absatz 2 bezeichnete Erlaubnisinhaber

oder derjenige, der eine vor Inkrafttreten dieses Gesetzes erteilte Erlaubnis nicht nachweisen kann, hat seinen Betrieb der zuständigen Behörde anzuzeigen. Die Erlaubnisbehörde bestätigt dem Gewerbetreibenden kostenfrei und schriftlich, dass er zur Ausübung seines Gewerbes berechtigt ist. Die Bestätigung muss die Betriebsart sowie die Betriebsräume bezeichnen. Wird die Anzeige nicht innerhalb von sechs Monaten nach Inkrafttreten dieses Gesetzes erstattet, so erlischt die Erlaubnis.

§ 35 (weggefallen)

§ 36 (Änderung anderer Vorschriften)

§ 37 (weggefallen)

§ 38 (Inkrafttreten)

# 12. Smiley, Kontrollbarometer, Hygieneampel

Zum Zeitpunkt der Überarbeitung von dieses Buches ist von der Politik noch keine bundesweite Entscheidung getroffen worden. Was aber wohl fest steht ist, dass es politisch gewünscht ist, die hygienischen Verhältnisse in Lebensmittelbetrieben transparenter für die Kunden/Gäste zu machen.

Derzeit sind unterschiedliche Systeme im Gespräch, um dieses Ziel umzusetzen. Kontrollergebnisse aus dem Bezirk Pankow in Berlin wurden zwischenzeitlich im Internet für die Öffentlichkeit zugänglich gemacht. In verschiedenen Gerichtsurteilen wurde dieses Vorgehen aber inzwischen aber untersagt. **www.berlin.de/sen/verbraucherschutz/lebensmittel-ernaehrung/kontrollergebnisse/index.de.html** . Das allgemeine Ziel besteht jedoch weiterhin darin, dass sich der Gast nicht nur im Internet, sondern auch an gut sichtbarer Stelle in Eingangsbereich des Betriebes über dessen hygienischen Zustand informieren kann.

Geprüft werden sollen dabei nach derzeitigem Wissen:
- Einhaltung lebensmittelrechtlicher Bestimmungen
- Rückverfolgbarkeit von Lebensmitteln
- Mitarbeiterschulung
- Eigenkontrollsystem nach HACCP-Grundsätzen oder vollständiges HACCP-Konzept
- Eigene Untersuchung von Produkten durch eigene mikrobiologische Probenuntersuchungen
- Temperatureinhaltung (Kühlung)
- Bauliche Beschaffenheit, Instandhaltung
- Reinigung, Desinfektion
- Personalhygiene
- Produktionshygiene
- Schädlingsbekämpfung

Für einen Gastronomen oder sonstigen Lebensmittelunternehmer kann es aus wirtschaftlicher Sicht hier immer nur ein Ziel geben: das jeweils positivste Ergebnis. Auch deshalb ist die Umsetzung der Mindestanforderungen, der Schulungsverpflichtungen, das Umsetzen der „Guten Hygienepraxis" und das Expertendasein im Betrieb von außerordentlicher Wichtigkeit. Die Gäste/Kunden werden sich von solchen Systemen bestimmt leiten lassen. Egal wie dieses Bewertungssystem die tatsächlichen und dauerhaften Zustände dokumentiert. Aktuell haben Lebensmittelkontrolleure immer nur eine Momentaufnahme eines Betriebes. Kontrollintervalle sind stark von der personellen Ausstattung der Verbraucherschutzämter mit Lebensmittelkontrolleuren abhängig.

So ist zu befürchten, dass Kontrollsymbole wie die sogenannte Hygiene-Ampel (oder beispielsweise die „Hygiene-Sonne" in Niedersachsen) eher ein trügerisches Gefühl von Sicherheit vermitteln. Die Gäste allerdings werden sich davon leiten lassen und zu denen gehen, die nach außen das beste Bild, die besten Bewertungen von sich präsentieren. Wirtschaftlich kann es so für den Lebensmittelunternehmer zu erheblichen Schaden kommen. Um ein schlechtes Kontrollergebnis zu vermeiden, kann dieses Buch helfen, praxisnah die Anforderungen umzusetzen.

# 13. Yelp, Foursquare & Co

Das mobile Internet wird auch für Gastronomen immer wichtiger. Noch nie war es so einfach, persönliche Bindungen herzustellen, „Facebook" und „Twitter" sind dafür hervorragend geeignet. Um sich auf der professionellen Ebene zu vernetzen, bietet sich „Xing" an. Gastronomen sollten bedenken, dass sich ihre Kunden zunehmend online, mobil und rund um die Uhr informieren und austauschen. Eine adäquate Präsenz des Betriebes im Internet kann daher viel ausrichten.

Wenn man selbst nicht in die sozialen Netzwerke eintauchen möchte, sollte man als Gastronom aber zumindest Bescheid wissen, was über einen in einem Empfehlungsportal wie „Yelp" oder „Foursquare" geschrieben wird, um angemessen darauf reagieren zu können. Es ist sehr einfach, ein paar Tipps, Empfehlungen oder Kritik als Benutzer solcher Dienste abzugeben. Die eigebauten GPS-Empfänger werden benutzt, um zum Beispiel Gaststätten rund um den aktuellen Standort anzuzeigen. Viele abgegebene Bewertungen leiten den potenziellen Gast. Die Möglichkeiten der Werbung und Kundenbindung sind Chancen für den Gastronomen. Diese Programme animieren User zum möglichst häufigen Check-in, und Lokale beginnen spezielle Preise und Angebote für Stammgäste aus Foursquare & Co. anzubieten. Auf diese Weise ersetzen diese Dienste zum Beispiel schon jetzt oft „Bonuskarten" wie in einem Café. 10 Check-ins bedeuten heute schon oft, dass eine Kaffeespezialität gratis abgegeben wird.
Daneben funktionieren diese Dienste als soziales Netzwerk und fördern den Austausch der Benutzer. Verabreden in Lokalitäten wird so noch einfacher, da sehr schnell und einfach gesehen werden kann, wo Freunde sich befinden und ob es ihnen dort gefällt.

Webadressen hierzu finden Sie in diesem Buch auf der Seite 230 „Internet-Links".

# 14. Internet-Links

1. **Um gaststättenrechtlich auf aktuellem Stand zu bleiben:**
Hier finden Sie die Gaststättenverordnungen und teilweise weitere gesetzliche
Regelungen der einzelnen Bundesländer:
www.dihk.de/themenfelder/recht-und-fairplay/oeffentliches-wirtschaftsrecht/
gewerberecht/service/gaststaettengewerbe/
Deutscher Industrie- und Handelskammertag. Gaststättenverordnungen und weitere
Vorschriften für die Bundesländer.

2. **Um Europäische Lebensmittelrechtsvorschriften zu finden:**
www.eur-lex.europa.eu - Zugang zu europäischen Rechtsvorschriften

3. **Um deutsche lebensmittelrechtliche Vorschriften zu finden:**
www.gesetze-im-internet.de - Bundesministerium der Justiz
www.bmelv.de - Bundesministerium für Ernährung, Landwirtschaft und Verbraucherschutz.
www.juris.de - Juris, das Rechtsportal

4. **Rund um das Jugendschutzgesetz:**
www.bmfsfj.de/BMFSFJ/gesetze,did=5350.html

5. **Reinigung und Desinfektion**
www.biozid.info - Umweltbundesamt, auch Schädlingsbekämpfung
www.wir-gegen-viren.de - Robert Koch Institut
www.pan-germany.org/deu/projekte/biozidrisiken_mindern.html - PAN Germany
zum Thema angemessene Reinigung und Desinfektion
www.pan-germany.org/deu/projekte/biozidrisiken_mindern/hygiene_gewusst_wie.html
- PAN Germany zum Thema angemessene Reinigung und Desinfektion

6. **Interessantes/Wissenswertes rund um Lebensmittel:**
www.aid.de - aid-Infodienst, unterstützendes Material, Hefte und Folien
www.dge.de - Deutsche Gesellschaft für Ernährung
www.bll.de - Bund für Lebensmittelrecht und Lebensmittelkunde
www.lebensmittelklarheit.de - Rund um das Thema Lebensmittelkennzeichnung
www.was-steht-auf-dem-ei.de - Kennzeichnung von Eiern
www.tastethewaste.com - Aktuelles zur Lebensmittelverschwendung
www.essensvernichter.de - Aktuelles zur Lebensmittelverschwendung

www.euleev.de - Unabhängiges Europäisches Institut für Lebensmittel und
Ernährungswissenschaften e. V.
www.dehoga.de - Deutscher Hotel und Gaststättenverband
www.hygiene-netzwerk.de - für Hygieneleitlinien etc.

## 7. Bio/Öko
www.a-verdis.com - Leitfaden - Mit einfachen Schritten zum Bio-Zertifikat
www.oekolandbau.de/service/adressen/oeko-kontrollstellen/
- Zugelassene Öko-Kontrollstellen

## 8. Soziale Netzwerke/Empfehlungsportale
www.qype.de - Qype - Empfehlungsportal, soziales Netzwerk
www.foursquare.com - Foursquare - Empfehlungsportal, soziales Netzwerk
www.facebook.de - soziales Netzwerk
www.twitter.de - soziales Netzwerk

## 9. Podcast/Internetradio
Deutschlandradio Kultur „Mahlzeit" mit Udo Pollmer:
www.dradio.de/dkultur/sendungen/mahlzeit/

## 10. Digitale Dokumentation & Hygienemanagement - vom Bundesverband
der Lebensmittelkontrolleure empfohlen
www.CheckdeCuisine.de

# 15. Arbeitskleidung & BGN

## 1. Arbeitskleidung

Die Arbeitskleidung ist nicht nur ein Aspekt der Lebensmittelkontrolle, sondern auch ein wichtiger Bestandteil der Anforderungen der BGN (Berufsgenossenschaft für Nahrungsmittel und Gastgewerbe). Arbeitskleidung muss waschbar sein, dazu kommen jedoch noch ganz andere Anforderungen. Zunächst einmal ist sie ein optisches Erkennungszeichen, beispielsweise erkennt man Köche an ihren Kochjacken. Arbeitskleidung muss jedoch auch schützen und in bedrohlichen Situationen wie Feuer leicht zu entfernen sein. Auch auf rutschfestes, geschlossenes und chemisch beständiges Schuhwerk ist zu achten. Je nach Gefährdungsbeurteilung müssen Arbeitsschuhe mit Schutzkappen ausgestattet sein. Bitte wenden Sie sich in Bezug auf Ihre Arbeitskleidung an die BGN in Ihren Einzugsgebiet.

## 2. Hautschutzprogramm

Ein Hautschutzprogram bei der Arbeit mit chemischen Reinigungsmitteln ist essentiell. Dies schließt folgende Produkte ein:

- Hautschutz vor der Arbeit
- Handseife
- Händedesinfektion
- Hautpflege nach der Arbeit

Diese Produkte sollten alle vom gleichen Hersteller sein, um chemische Reaktionen unter den Produkten zu vermeiden. Aus hygienischen Gründen müssen alle Produkte aus Wandspendern mit Armdrückerplatte verwendet werden. Zu den Produkten gehört auch ein Hautschutzplan mit Angaben zur Art und Weise der Anwendung.

## Hautschutzplan für die Lebensmittel-Industrie

Beim Umgang mit Lebensmitteln aller Art und bei den anzuwendenden chemischen Reinigungsmitteln auf wasserlöslichen, wassergelösten und wassergemischten Stoffen und Reinigern etc. ist ein geeigneter Hautschutz zu verwenden.

## Anweisung gem. §20 / 14 GefStoffV

| Hautschutz | Hautreinigung | Hautpflege | Desinfektion |
|---|---|---|---|
| Hautschutzmittel vor Arbeitsbeginn und nach jedem Händewaschen auf die saubere Haut und besonders sorgfältig zwischen den Fingern und an den Nagelfalzen auftragen | Milde Seifencreme mit optimaler Wirkstoffkombination. Reinigt porentief, hautverträglich. Klinisch getestet. Angenehmer Geruch, neutral | Nach der Arbeit zur Regenerierung der Haut Pflegeprodukt auftragen | Vor der Arbeit, nach der Arbeit, nach jeder Pause, nach jedem Arbeitsplatzwechsel oder nach der Bearbeitung von kritischen Lebensmitteln |
| Name Produkt | Name Produkt | Name Produkt | Name Produkt |
| Produktbezeichnung und Anwendung beschreiben. Einwirkzeit usw. | Produktbezeichnung und Anwendung beschreiben. Einwirkzeit usw. | Produktbezeichnung und Anwendung beschreiben. Einwirkzeit usw. | Produktbezeichnung und Anwendung beschreiben. Einwirkzeit usw. |

## 3.   Schulungen

Die Arbeitssicherheit in ihrem Betrieb liegt stets in Ihrem Verantwortungsbereich und ist unabhängig von der Größe Ihres Betriebes. Folgende Aufstellung soll Ihnen einen Überblick zu den wichtigsten Themen verschaffen. Sie hat keinen Anspruch auf Vollständigkeit.

- Gefährdungsbeurteilung für den Betrieb
- Belastungen der Atemwege
- Brandschutz
- Erste Hilfe
- Getränkeschankanlagen
- Heben und Tragen
- Hygiene
- Sicherer Umgang mit Leitern
- Drogen
- Messer & Aufschnittmaschine
- Umgang mit Strom

# 16. Kontrollsystem

## Warum eine Hygieneampel?

Die Hygieneampel ist das Kontrollsystem für alle Unternehmen und Betriebe, die Lebensmittel herstellen oder vertreiben. Kontrolliert und bewertet werden unter anderem die Betriebshygiene, der Umgang mit Lebensmitteln sowie deren Qualität und die Eigenkontrolle des Unternehmens.

Ziel ist es, mehr Transparenz für Verbraucher und mehr Hygiene in der professionellen Lebensmittelherstellung, sowie der Lebensmittelverarbeitung zu erreichen. Denn ob die Hygienestandards z.B. speziell in der Küche eines Hotels oder Restaurants erfüllt werden, ist für die Gäste bisher nach außen nicht nachvollziehbar. Im Sinne des Verbraucherschutzes sollen Kunden und Gäste anhand der gut sichtbaren Bewertung besser über die Einhaltung von Hygienestandards – etwa in ihrem Lieblingslokal – informiert werden. Darüber hinaus soll sich durch das Kontroll- und Bewertungssystem die Hygiene in den Betrieben dauerhaft verbessern, was bereits die Erfahrungen aus anderen Ländern wie Dänemark und deren sinkenden Zahlen an Beanstandungen deutlich zeigen.

## Grundlagen der Beurteilung

Die Häufigkeit der Betriebskontrollen durch die amtliche Lebensmittelüberwachung leitet sich aus dem Art. 3 VO 882/2004 Organisation der amtlichen Kontrollen ab, welche besagen:

- Regelmäßig auf Risikobasis
- mit angemessener Häufigkeit

Aus diesem Grund ist es für alle Betriebe äußerst wichtig, bereits jetzt alle entsprechenden Abläufe innerbetrieblich auf die Probe zu stellen und auf die Einhaltung der entsprechenden Hygienerichtlinien zu achten. Werden hierbei Missstände aufgedeckt, so sollten diese schnellstmöglich behoben werden, um eine für den Betrieb günstige Risikobewertung und eine positive Ersteinschätzung zu erhalten.

## Die Einteilung erfolgt in einem Farbsystem:

Grün = Anforderung erfüllt
Gelb = Anforderung teilweise erfüllt
Rot  = Anforderung unzureichend erfüllt

## Was ändert sich?

Zunächst einmal sind die Prüfkriterien als auch die Prüfintervalle gleich. Der Unterschied ist jetzt, dass die Darstellung der Risikobeurteilung eines Betriebes in Form eines Kontrollbarometers dargestellt wird. Das Kontrollbarometer kann bei gut geführten Betrieben auch als Werbung gesehen werden. Bis 2020 ist der Aushang der farblichen Bewertungsskala freiwillig. Ab 2020 ist sie verpflichtend darzustellen. (Stand März 2017)

### 1. Beurteilung der Risikostufen

1. Haltbarkeit (mikrobiologische Gefahr);
   - Stabilisierung durch: Säuerung,
   - Trocknung, Erhitzung; Gehalt an: Zucker, Salz, Alkohol
2. Rückstände und Kontaminierten (chemische Gefahr)
   - im Endprodukt
   - (Einzelfallentscheidung!)
3. physikalische Gefahr im Endprodukt (Einzelfallentscheidung!)
4. empfindliche Verbrauchergruppen

### Risikostufe 1

Haltbarkeit: > 3 Monate; umhüllte / verpackte Lebensmittel nichtkühlbedürftig im Einzel- oder Großhandel (Risikokategorie 6); umhüllte / verpackte Lebensmittel in Kühlhäusern oder Umpackzentren (Risikokategorie 4)
   - Kein Behandeln von unverpackten Lebensmitteln
   - Rückstände und Kontaminierten im Endprodukt: nicht vorhanden oder nicht zu erwarten
   - physikalische Gefahr im Endprodukt: nicht vorhanden oder nicht zu erwarten
   - empfindliche Verbrauchergruppen: kein bestimmungsgemäßer Verzehr

### Risikostufe 2

Haltbarkeit: > 1 Woche < 3 Monate;
Stabilisiert oder unmittelbar nach Herstellung verzehrt
   - Rückstände und Kontaminierten im Endprodukt: ggf. im Einzelfallvorhanden (Untersuchungsergebnis vorhanden)
   - physikalische Gefahr im Endprodukt: ggf. im Einzelfall    aufgetreten
   - empfindliche Verbrauchergruppen: kein bestimmungsgemäßer Verzehr

Risikostufe 3

Haltbarkeit: < 1 Woche und bestimmungsgemäßer Verzehr ohne Wärmebehandlung und zum Rohverzehr geeignet (Verbrauchsdatum; leicht verderblich)
- Rückstände und Kontaminierten im Endprodukt: Grenzwertüberschreitung mehrfach festgestellt
- physikalische Gefahr im Endprodukt: regelmäßig aufgetreten
- empfindliche Verbrauchergruppen: bestimmungsgemäßer Verzehr durch besonders empfindliche Verbrauchergruppen

Risikostufe Zusatz

Empfindliche Verbraucher:
- Schwangere, Kinder < 3 Jahre, - alte Personen, - Immunsuprimierte Personen
Betroffene Betriebsarten:Kinderheim, Kindertagesstätte (mit Kindern < 3 Jahre), Krankenhaus, Hospiz, Alten- oder Pflegeheim

Beurteilungsstufen:

| Beurteilungsstufe | 1 | 2 | 3 | 4 | 5 |
|---|---|---|---|---|---|
| Beurteilung | Sehr gut | Gut | Zufrieden-stellend | Ausreichend | Nicht ausreichend |

Aufgrund der Beurteilungszahlen ergeben sich die folgenden Minuspunkte für einen Betrieb

| | | | | | |
|---|---|---|---|---|---|
| Punkte § 2 Nummer 2 Buchstabe a | 0 | 2 | 4 | 6 | 8 |
| Punkte § 2 Nummer 2 Buchstabe b | 0 | 6 | 12 | 18 | 25 |
| Punkte § 2 Nummer 2 Buchstabe c | 0 | 12 | 20 | 30 | 40 |

## Erklärung zu Buchstabe a,

Zuverlässigkeit des Lebensmittelunternehmers, jeweils bezogen auf die Bereiche der Einhaltung der lebensmittelrechtlichen Bestimmungen und der Rückverfolgbarkeit.

| Punkte § 2 Nummer 2 Buchstabe a | 0 | 2 | 4 | 6 | 8 |
|---|---|---|---|---|---|

## Erklärung zu Buchstabe b,

Verlässlichkeit der Eigenkontrollen, jeweils bezogen auf die Bereiche HACCP-Verfahren, Untersuchungen von Produkten und Temperatureinhaltungen.

| Punkte § 2 Nummer 2 Buchstabe b | 0 | 6 | 12 | 18 | 25 |
|---|---|---|---|---|---|

## Erklärung zu Buchstabe c,

Hygienemanagement, jeweils bezogen auf die Bereiche, bauliche Beschaffenheit, Reinigung und Desinfektion, Personalhygiene, Produktionshygiene und Schädlings- bekämpfung.

| Punkte § 2 Nummer 2 Buchstabe c | 0 | 12 | 20 | 30 | 40 |
|---|---|---|---|---|---|

## Bewertung Minuspunkte:

| 0 Minus Pkt. | bis | 36 Minus Pkt. | Anforderung erfüllt ( Grün) |
|---|---|---|---|
| 36 Minus Pkt. | bis | 54 Minus Pkt. | Anforderung teilweise erfüllt (Gelb) |
| 54 Minus Pkt. | bis | 73 Minus Pkt. | Anforderung unzureichend erfüllt. (Rot) |

Der Lebensmittelunternehmer ist verpflichtet, das Kontrollbarometer nach Maßgabe der Absätze 2 und 3 unverzüglich nach Erhalt für Verbraucherinnen und Verbraucher zugänglich zu machen.
Die zuständige Behörde hat die Kontrollergebnisse unter Nennung des Lebensmittelun- ternehmers und der Betriebsstätte über das Internet oder in sonstiger geeigneter Weise öffentlich zugänglich zu machen.

Bei Betrieben, die unmittelbar an den Endverbraucher abgeben, hat der Lebensmittel-unternehmer das Kontrollbarometer an oder in der Nähe der Eingangstür oder an einer vergleichbaren Stelle anzubringen. Auf Antrag des Lebensmittelunternehmers soll die zuständige Behörde innerhalb von sechs Wochen unangekündigt eine zusätzliche, kos-tenpflichtige amtliche Kontrolle durchführen, wenn das Kontrollergebnis „Anforderung teilweise erfüllt" oder „Anforderung unzureichend erfüllt" zugeordnet wurde.
Diese Möglichkeit besteht aber nur dann, insofern bei den vorgegangen amtlichen Kontrollen ein „Anforderung erfüllt" erreicht wurde.

## A – Zuverlässigkeit des Lebensmittelunternehmers

| Punkte § 2 Nummer 2 Buchstabe a | 0 | 2 | 4 | 6 | 8 |
|---|---|---|---|---|---|

### 1. Einhaltung der lebensmittelrechtlichen Bestimmungen:
1.1 Art und Anzahl der verwaltungsrechtlichen Maßnahmen
1.2 Anzahl der Probenbeanstandungen (Gesundheitsgefahr)
1.3 Anzahl von Probenbeanstandungen (Täuschungsschutz) MHD
1.4 Einhaltung von behördlich gesetzten Fristen & Maßnahmen

### 2. Rückverfolgbarkeit
2.1 Funktionsprüfung der eingericteten Rückverfolgbarkeits- Systeme nach Verordnung EG 178/2002 sowie EG 1830/2003
2.2 Verwendung von Identitätskennzeichen bei Erzeugnissen tierischen Ursprungs
2.3 Dokumentation

## B – Verlässlichkeit der Eigenkontrollen

| Punkte § 2 Nummer 2 Buchstabe b | 0 | 6 | 12 | 18 | 25 |
|---|---|---|---|---|---|

### 1. HACCP Verfahren
1.1 Beurteilung HACCP Konzept – Qualität / Vollständigkeit und Funktionstüchtigkeit ( CP, CCP, Grenzwerte, Verfahren.
1.2 Umfang
1.3 Aktualisierung
1.4 Dokumentation

## 2. Untersuchung von Produkten

1.1 Beurteilung Qualität Wareneingangskontrolle

1.2. Qualität d. Untersuchungen Ausgangsstoffe, Zutaten, Behandlungsstoffe, Zwischenprodukte, Endprodukte. Bedingungen für Lagerung der Lebensmittel

1.3 Qualität d. Untersuchung täuschungsschutzrechtlicher Anforderungen

1.4 Dokumentation

## 3. Temperatureinhaltungen (Kühlung)

3.1 Beurteilung Qualität der Einhaltung d. Kühltemperaturen und der Kühlkette

3.2 Überprüfung der Temperaturen und Messgeräte

3.3 Dokumentation

## C – Hygienemanagement

| Punkte § 2<br>Nummer 2<br>Buchstabe c | 0 | 12 | 20 | 30 | 40 |
|---|---|---|---|---|---|

## 1. Bauliche Beschaffenheit

1.1 Betriebsstruktur, Ausstattung, Wände, Decken, Fußboden, Beleuchtung, Belüftung, Handwaschbecken, Kühlkapazität, Abwasserabfluss, Anlagen

1.2 Qualität der laufenden Instandhaltungsmaßnahmen

## 2. Reinigung und Desinfektion

1.1 Beurteilung Effektivität der Reinigung (Mittel, Intervall, Maßnahmen bei Abweichung, Erfolgskontrolle

1.2 Beurteilung Effektivität der Desinfektion, (Mittel, Intervall, Maßnahmen bei Abweichung, Erfolgskontrolle

1.3 Dokumentation

## 3. Personalhygiene

3.1 Qualität Hygienebewusstsein d. Mitarbeiter

3.2 Schutzkleidung

3.3 Maßnahmen bei Erkrankungen

3.4 Dokumentation

## 4. Produktionshygiene

4.1 Beurteilung Organisation der Produktion

4.2 Schutz vor nachteiliger Beeinflussung

4.3 Abfallbeseitigung

## 5. Schädlingsbekämpfung
5.1 Beurteilung Effektivität der Schädlingsbekämpfungsmaßnahmen Auswahl, Lage, Plan, Köder, Überprüfungsintervall, Maßnahmen

5.2 Dokumentation

### Zusammenfassung:
Wenn Sie nach dem Ihnen vorliegen Buch gehen, und den Betriebscheck (S. 259 ff.) für Ihren Betrieb abgearbeitet haben, sollte eigentlich nichts mehr gegen eine positive Bewertung im Ampelsystem stehen. Hilfestellungen zu dem Ampelsystem erhalten Sie beim DIHK, der IHK und in erster Linie von Ihren Lebensmittelkontrolle. Betriebe die sauber arbeiten und ein gutes Hygienemanagement haben, können der Beurteilung gelassen entgegen sehen.

### Quellenangabe:
Ministerium für Klimaschutz, Umwelt, Landwirtschaft, Natur- und Verbraucherschutz des Landes Nordrhein-Westfalen; 40190 Düsseldorf
Telefon 0211 4566-0; Telefax 0211 4566-388
www.umwelt.nrw.de

Prospekt: Neues Qualitätssiegel für Lebensmittelbetriebe. Das Kontrollbarometer – Information für alle Betriebe in NRW

Gesetz und Verordnungsblatt Land Nordrhein-Westfalen G 3229, Jahrgang 71. Nummer 12 vom 21. März 2017

# 17. Checkliste

Die folgende Checkliste dient zur Orientierung, erhebt aber keinen Anspruch auf Vollständigkeit. Es besteht kein Rechtsanspruch oder Haftung. Der Lebensmittelunternehmer muss selbst entscheiden, welche Prüfpunkte für seinen Betrieb zutreffen. Es kann gut sein, dass viele der unten genannten Punkte für Ihren Betrieb nicht zutreffen.

**Tipp:** Sprechen Sie die Maßnahmen vor der Eröffnung Ihres Betriebes mit der zuständigen Lebensmittelkontrolle ab.

**1.) Werden Wareneingangskontrollen durchgeführt?**
- Dokumentation vorhanden?     ja ☐    nein ☐
- Wird die Temperatur gemessen und dokumentiert?     ja ☐    nein ☐
- Wird die Ware auf Beschädigung geprüft?     ja ☐    nein ☐
- Wird die Ware auf Geruch kontrolliert?     ja ☐    nein ☐
- Ist die Warenlagerung geregelt rein/unrein?     ja ☐    nein ☐

**2.) Werden Temperaturmessungen bei Kühl- und Tiefkühleinrichtungen durchgeführt und dokumentiert?**
- Kühlschrank vorhanden     ja ☐    nein ☐
- Kühluntertische vorhanden     ja ☐    nein ☐
- VK Theke vorhanden     ja ☐    nein ☐
- Kühlhaus vorhanden     ja ☐    nein ☐
- Tiefkühler vorhanden     ja ☐    nein ☐
- Saladette vorhanden     ja ☐    nein ☐
- Sahnebläser vorhanden     ja ☐    nein ☐

**3.) Gibt es für das Behandeln der Lebensmittel Zeit- und Temperaturvorgaben?**
- Arbeitsablauf     ja ☐    nein ☐
- Kerntemperaturen     ja ☐    nein ☐
- Warmhaltetemperaturen     ja ☐    nein ☐

**4.) Gibt es Arbeitsanweisungen für**
- Personalhygiene?     ja ☐    nein ☐
- Betriebshygiene?     ja ☐    nein ☐
- Postenhygiene?     ja ☐    nein ☐
- Interne Arbeitsabläufe?     ja ☐    nein ☐

**5.) Werden Kontrollen der Arbeitsanweisungen durchgeführt?**
- Führen Sie die Kontrollen intern durch?   ja ☐   nein ☐
- Führt eine Fremdfirma die Kontrollen durch?   ja ☐   nein ☐

**6.) Sind Mitarbeiter für bestimmte, festgelegt Bereiche verantwortlich?**
- Posteneinteilung   ja ☐   nein ☐
- Reinigungsaufgaben   ja ☐   nein ☐
- Warenannahme   ja ☐   nein ☐
- Kühltemperaturen messen   ja ☐   nein ☐

**7.) Sind Reinigung und Desinfektion festgelegt?**
- Was gereinigt wird   ja ☐   nein ☐
- Was desinfiziert wird   ja ☐   nein ☐
- Wann gereinigt oder desinfiziert wird   ja ☐   nein ☐
- Mit welchen Produkten und Arbeitsgeräten   ja ☐   nein ☐
- Wie gereinigt oder desinfiziert (Einwirkzeit) wird   ja ☐   nein ☐

**8.) Können Sie die Effektivität der Reinigung und Desinfektion ausreichend kontrollieren?**
- Eigenkontrolle Clean Card   ja ☐   nein ☐
- Fremdfirma Audit   ja ☐   nein ☐
- ATP Messungen   ja ☐   nein ☐
- Laboruntersuchungen   ja ☐   nein ☐

**9.) Haben Sie Notfallpläne, Schwachstellenanalysen oder ein Krisenmanagement?**
- Festlegung „Was ist eine Krise" vorhanden?   ja ☐   nein ☐
- Ablaufplan für „Was müssen Mitarbeiter tun wenn..." vorhanden?   ja ☐   nein ☐
- Ablaufplan für „Was muss ich tun wenn..." vorhanden   ja ☐   nein ☐
- Gibt es einen Alarmplan?   ja ☐   nein ☐

**10.) Können Sie evtl. Schädlinge durch angemessene Maßnahmen schnell feststellen und bekämpfen lassen?**
- Schädlingsmonitoring vorhanden?   ja ☐   nein ☐
- Eigene Sichtkontrollen vorhanden?   ja ☐   nein ☐
- Dokumentation vorhanden?   ja ☐   nein ☐
- Schädlingsbekämpfung vorhanden?   ja ☐   nein ☐

**11.) Haben Sie eine Dokumentation bezüglich Schädlinge?**
- Servicebericht vorhanden? ja ☐ nein ☐
- Lageplan der Fallen vorhanden? ja ☐ nein ☐
- Zu bekämpfender Organismus vorhanden? ja ☐ nein ☐
- Ausgebrachte Menge dokumentiert? ja ☐ nein ☐
- Ausgbringungsmethode dokumentiert? ja ☐ nein ☐
- Menge und/oder Konzentration der Dosierung dokumentiert? ja ☐ nein ☐
- Datum und Uhrzeit der Behandlung dokumentiert? ja ☐ nein ☐
- Unterschrift und Dokumentation Schädlingsbekämpfer vorhanden? ja ☐ nein ☐

**12.) Hatten Sie schon mal hygienische Beanstandungen?**
- Wurde das „Was" und „Warum" analysiert? ja ☐ nein ☐
- Bestehen Vermeidungsmöglichkeiten? ja ☐ nein ☐
- Wurde ein Hygienekonzept erstellt bzw. überarbeitet? ja ☐ nein ☐
- Wurde eine Schwachstellenanalyse durchgeführt? ja ☐ nein ☐

**13.) Haben Sie wirksame Trennungen der unreinen und reinen Bereiche in allen Teilen Ihres Unternehmens?**
- Spülküche ja ☐ nein ☐
- Produktion ja ☐ nein ☐
- Lagerung der Lebensmittel ja ☐ nein ☐
- Warenanlieferung ja ☐ nein ☐
- Produktion / Verarbeitung d. Lebensmittel ja ☐ nein ☐

**14.) Werden alle Informationen ausreichend dokumentiert?**
- Personalschulungen ja ☐ nein ☐
- Warenanlieferung Kontrolle ja ☐ nein ☐
- Temperaturen ja ☐ nein ☐
- Desinfektion& Reinigung ja ☐ nein ☐

**15.) Sind Sie über die Umsetzung/Auslegung der hygienischen Vorschriften ausreichend informiert?**
- Informationen der Lebensmittelkontrolle ja ☐ nein ☐
- Dehoga ja ☐ nein ☐
- Handwerkskammer ja ☐ nein ☐
- IHK/DIHK ja ☐ nein ☐

**16.) Welche Informationen werden im Unternehmen dokumentiert?**
- Gesetzliche Anforderungen        ja ☐     nein ☐
- Beschwerde-Management        ja ☐     nein ☐
- Verbesserungen        ja ☐     nein ☐
- Neue Ideen, z. B. von Mitarbeitern        ja ☐     nein ☐

**17.) Wenn Sie Lebensmittel transportieren, halten Sie die Temperaturvorgaben ein?**
- Kühlung gewährleistet        ja ☐     nein ☐
- Hygienisch transportiert        ja ☐     nein ☐
- Dokumentiert        ja ☐     nein ☐
- Warm-halten gewährleistet        ja ☐     nein ☐

**18.) Haben Sie eine vollständige Rückverfolgbarkeit der Lebensmittel und Verpackungsmaterialien gewährleistet?**
- geliefert am        ja ☐     nein ☐
- geliefert von Firma        ja ☐     nein ☐
- Ware angenommen von        ja ☐     nein ☐
- Messdaten Warenannahme        ja ☐     nein ☐
- Messdaten Lagerung        ja ☐     nein ☐
- Bearbeitet von und am        ja ☐     nein ☐
- Ausgabe/ Verkauf        ja ☐     nein ☐

**19.) Wie bekommen Sie Informationen zu neuen Rechtsgrundlagen?**
- Seminare        ja ☐     nein ☐
- Verbände        ja ☐     nein ☐
- Fachzeitschriften        ja ☐     nein ☐
- Lebensmittelkontrolle        ja ☐     nein ☐

**20.) Haben Sie eine Dokumentation für die Trinkwasserverordnung**
- Warmwasser        ja ☐     nein ☐
- Kaltwasser        ja ☐     nein ☐
- Laboruntersuchungen        ja ☐     nein ☐
- Bericht Stadtwerke        ja ☐     nein ☐

**21.) Führen Sie interne oder externe Audits durch?**
- Festgelegt Prüfkriterien        ja ☐     nein ☐
- Auswertungen der Prüfungen        ja ☐     nein ☐

**22.) Wenn Sie Lebensmittel ausgeben oder abpacken, kennen Sie die Vorgaben der Kennzeichnung?**

- Temperatur      ja ☐    nein ☐
- Allergene      ja ☐    nein ☐
- Zusatzstoffe      ja ☐    nein ☐
- Nährwertkennzeichnung      ja ☐    nein ☐

**23.) Kennen Sie die Vorschriften für den Arbeitsschutz**

- von Schuhen?      ja ☐    nein ☐
- von Kochjacken?      ja ☐    nein ☐
- von Kopfbedeckungen?      ja ☐    nein ☐
- von Schmuck u. ä.?      ja ☐    nein ☐

**24.) Führen Sie mind. einmal pro Jahr Mitarbeiterschulungen durch?**

- IFSG Folgeschulung      ja ☐    nein ☐
- EG Verordnungen ( EG852)      ja ☐    nein ☐
- LMHV      ja ☐    nein ☐
- LMIV (Allergene/ Zusatzstoffe)      ja ☐    nein ☐

**25.) Haben Sie für jeden Mitarbeiter die Dokumentation der Schulungen vorliegen?**

- Erstbelehrung IFSG Gesundheitsamt      ja ☐    nein ☐
- Folgebelehrungen mit Themen      ja ☐    nein ☐
- Aushilfskräfte      ja ☐    nein ☐
- Praktikanten      ja ☐    nein ☐
- § 4 Schulung für ungelernte Mitarbeiter bei Lebensmittel    ja ☐    nein ☐

**26.) Haben Sie ein Gefahrenstoffkataster für alle eingesetzten Reingungs-, Desinfektions- und Pflegemittel in Ihrem Betrieb?**

- Reinigungsprodukte      ja ☐    nein ☐
- Desinfektionsmittel      ja ☐    nein ☐
- Spülmittel Hand und Maschinen      ja ☐    nein ☐
- Hautschutzprodukte      ja ☐    nein ☐

**27.)** Haben Sie die Dokumentation für die Allergenen Verordnung (LMIV-1169)?
- Kladde / Ordner                                ja ☐       nein ☐
- Speisekarte / Getränkekarte                    ja ☐       nein ☐
- Aushang                                        ja ☐       nein ☐
- Catering Produkte                              ja ☐       nein ☐
- Buffet                                         ja ☐       nein ☐

**28.)** Haben Sie für alle Bereiche im Betrieb ein festgelegtes Lappensystem
(Farbige Einteilung)?
- Reinigung                                      ja ☐       nein ☐
- verschiedene Arbeitsbereiche                   ja ☐       nein ☐
- Schneidebretter                                ja ☐       nein ☐

**29.)** Haben Sie für jedes eingesetzte Reinigungsprodukt die erforderlichen Unterlagen?
- Technische Information                         ja ☐       nein ☐
- EG Sicherheitsdatenblatt                       ja ☐       nein ☐
- Betriebsanweisungen                            ja ☐       nein ☐
- Unbedenklichkeitsbescheinigung                 ja ☐       nein ☐

**30.)** Haben Sie eine farbige Einteilung der Schneidebretter in Ihrem Betrieb?
- Festgelegt für Produkte                        ja ☐       nein ☐
- Festgelegt für Posten                          ja ☐       nein ☐
- Festgelegt für Verkaufstheke                   ja ☐       nein ☐

**31.)** Haben Sie ein von der BG gefordertes Hautschutzprogramm in Ihrem Betrieb?
- Hautreinigung                                  ja ☐       nein ☐
- Hautpflege                                     ja ☐       nein ☐
- Händedesinfektion                              ja ☐       nein ☐
- Handseife                                      ja ☐       nein ☐

**32.)** Haben Sie für alle Produkte die Zusatzstoffkennzeichnung?
- Speisekarte                                    ja ☐       nein ☐
- Aushang                                        ja ☐       nein ☐

**33.) Sind alle Fußböden, Wände, Decken gemäß den gesetzlichen Anforderungen**
- leicht zu reinigen?      ja ☐    nein ☐
- hell?      ja ☐    nein ☐
- Fugen leicht zu reinigen?      ja ☐    nein ☐
- Fenster leicht zu reinigen?      ja ☐    nein ☐
- Fliegengitter vorhanden?      ja ☐    nein ☐

**34.) Haben Sie ein Müllsystem?**
- Kühlung von Lebensmittelresten      ja ☐    nein ☐
- Trennung rein / unrein      ja ☐    nein ☐
- Mülleimer mit Deckel, Fußbetätigung      ja ☐    nein ☐
- Einteilung Produktionsphasen zum leeren      ja ☐    nein ☐
- Reinigungsplan / Desinfektion der Mülleimer      ja ☐    nein ☐
- Dokumentation      ja ☐    nein ☐
- Tierkörper / Lebensmittelabfälle      ja ☐    nein ☐

**35.) Haben Sie Vorgaben für das Personal bezüglich der Hygiene**
- Uhren und Ringe      ja ☐    nein ☐
- Künstliche Fingernägel      ja ☐    nein ☐
- Nagellack      ja ☐    nein ☐
- Ketten      ja ☐    nein ☐
- Piercing      ja ☐    nein ☐
- Arbeitskleidung Hygiene und BG      ja ☐    nein ☐

**36.) Haben Sie für Ihre Reinigungs.- Desinfektionsmittel Dosieranlagen**
- Feste Anlage      ja ☐    nein ☐
- Einweisung erhalten      ja ☐    nein ☐
- Handschuhe, Schutzbrille vorhanden      ja ☐    nein ☐
- Betriebsanweisungen hängen aus (Sichtbar)      ja ☐    nein ☐
- Augenspülflasche      ja ☐    nein ☐

**37.) Benutzen Sie zugelassene Desinfektionsmittel?**
- DGHM      ja ☐    nein ☐
- RKI Listung      ja ☐    nein ☐
- VAH      ja ☐    nein ☐

**38.) Haben Sie für alle Bereiche die notwendige Dokumentation?**

- Personalhygiene     ja ☐     nein ☐
- Warenannahme     ja ☐     nein ☐
- Trockenlager     ja ☐     nein ☐
- Kühlschrank     ja ☐     nein ☐
- Kühlhaus     ja ☐     nein ☐
- TH Schrank oder Truhe     ja ☐     nein ☐
- Produktionsabläufe Zubereitung     ja ☐     nein ☐
- Kerntemperaturen     ja ☐     nein ☐
- Ausgabe Temperaturen     ja ☐     nein ☐
- Rückstellproben     ja ☐     nein ☐
- Hygiene Personaltoiletten     ja ☐     nein ☐
- Hygiene Personalschulungen     ja ☐     nein ☐
- Reinigung im Betrieb (Tag-Woche-Monat)     ja ☐     nein ☐
- Desinfektion im Betrieb     ja ☐     nein ☐
- Abfallentsorgung     ja ☐     nein ☐
- Lieferantenbewertung     ja ☐     nein ☐
- Schädlingsmonitoring     ja ☐     nein ☐
- Allergene Dokumentation     ja ☐     nein ☐
- Zusatzstoffe Deklaration     ja ☐     nein ☐
- Festgelegt CCP Punkte im Betrieb     ja ☐     nein ☐

**39.) Haben Sie ein Beschwerdemanagement?**

- Dokumentation bei Beschwerden     ja ☐     nein ☐

**40.) Dokumentation des Beschwerdemanagements**
- Datum und Uhrzeit notiert     ja ☐    nein ☐
- Name und Adresse der Person     ja ☐    nein ☐
- Telefonnummer der Person     ja ☐    nein ☐
- Beschwerdegrund der Person     ja ☐    nein ☐
- Symptome der Person (so genau wie möglich)     ja ☐    nein ☐
- Gibt es andere betroffene Personen     ja ☐    nein ☐
- was wurde verzehrt     ja ☐    nein ☐
- Charge / Losnummer, MHD Kennzeichnung vorhanden     ja ☐    nein ☐
- Datum der Ausgabe oder des Kaufes     ja ☐    nein ☐
- Wie wurde es vom Kunden transportiert     ja ☐    nein ☐
- Wie wurde es vom Kunden gelagert     ja ☐    nein ☐
- Wurde ein Arzt konsultiert     ja ☐    nein ☐
- Anschrift des Arztes     ja ☐    nein ☐

**41.) Haben Sie eine Dokumentation der Spülmaschinen?**
- ATP oder Keimzahlmessung     ja ☐    nein ☐
- Wasserhärte der Maschine     ja ☐    nein ☐
- Dosierung von Reiniger & Klarspüler vorhanden     ja ☐    nein ☐
- Eiweiß und Stärketest vorhanden     ja ☐    nein ☐
- Reinigungsplan für Spülmaschinen vorhanden     ja ☐    nein ☐
- Clean Card zu Messung bei Reiniger Rückständen Spülgut ja ☐    nein ☐

**42.) Haben Sie für Service oder VK Theke einen Reinigungsplan?**
- Reinigungsplan und Dokumentation vorhanden     ja ☐    nein ☐

**43.) Ist Ihre Speisekarte/Aushang richtig ausgezeichnet?**
- Richtige Lebensmittelbezeichnungen     ja ☐    nein ☐
- Richtige Größe und Mengenangaben     ja ☐    nein ☐
- Allergene gekennzeichnet     ja ☐    nein ☐
- Zusatzstoffe gekennzeichnet     ja ☐    nein ☐

**44.) Kontrollieren Sie MHD, Verbrauchsdatum der Lebensmittel?**
- Trockenlager     ja ☐    nein ☐
- Kühlschrank     ja ☐    nein ☐
- Kühlhaus     ja ☐    nein ☐
- TK     ja ☐    nein ☐

## 45.) Haben Sie Rückstellproben?

- Wann werden diese gezogen (Festgelegt- Anweisung )  ja ☐  nein ☐
- Werden diese richtig gezogen  ja ☐  nein ☐
- Sind diese richtig beschriftet  ja ☐  nein ☐
- Haben Sie die richtigen Behälter  ja ☐  nein ☐
- Werden Sie richtig gelagert  ja ☐  nein ☐
- Werden die Behälter richtig gereinigt  ja ☐  nein ☐

## 46.) Haben Sie für Allergiker eine Dokumentation (Absicherung)?

- Kladde vorhanden  ja ☐  nein ☐
- Vordruck zum Ausfüllen für Allergiker  ja ☐  nein ☐

### Vordruck Gast / Allergiker

Sehr geehrter Gast, wir sind bemüht Ihnen als Allergiker so gut wie möglich eine Sicherheit beim Verzehr unserer Speisen zu gewährleisten. Bitte füllen Sie auch zu Ihrer Sicherheit die Allergene aus, von denen Sie betroffen sind.

Eine Bitte an den Koch / Köchin

Name Gast:

**Meine Auswahl**

Vorspeise:

Suppe:

Salat Dressing:

Hauptspeise:

Nachspeise:

**Ich habe eine Allergie gegen:**

| | |
|---|---|
| ☐ Getreideprodukte gluthenhaltig  Dinkel | ☐ Getreideprodukte gluthenhaltig  Gerste |
| ☐ Getreideprodukte gluthenhaltig  Roggen | ☐ Getreideprodukte gluthenhaltig  Hafer |
| ☐ Getreideprodukte gluthenhaltig  Dinkel | ☐ Getreideprodukte gluthenhaltig  Kamut |
| ☐ Getreideprodukte gluthenhaltig  Grünkern | ☐ Sesamsamen |
| ☐ Fisch | ☐ Krebstiere |
| ☐ Schwefeldioxide und Sulfite | ☐ Sellerie |
| ☐ Milch & Laktose | ☐ Eier |
| ☐ Lupinen | ☐ Senf |
| ☐ Soja | ☐ Weichtiere |

Bitte berücksichtigen Sie bei der Zubereitung meiner bestellten Speisen, dass ich in meinen Speisen auf keinen Fall die von mir oben vermerkten Allergene zu mir nehmen darf.

**Information Hochzeitstorte vom Hersteller an den Kunden.**

| Auftraggeber: | Datum: |
|---|---|

Die Hochzeitstorte enthält folgende Allergene. Der Auftraggeber wurde hinreichend über die beinhaltenden Allergene Informiert. Die Kennzeichnung wurde dem Auftraggeber ausgehändigt, was mit der Übernahme der Ware durch den Auftraggeber bestätigt wird.

**Information Catering vom Hersteller an den Kunden.**

| Auftraggeber: | Datum: |
|---|---|

Das einzelne Menü/Buffet enthält folgende Allergene. Der Auftraggeber wurde hinreichend über die beinhaltenden Allergene Informiert. Die Kennzeichnung wurde dem Auftraggeber ausgehändigt, was mit der Übernahme der Ware durch den Auftraggeber bestätigt wird.

## 47.) Fettkontrolle/Fritteuse
- Halten Sie die maximal Temperatur ein    ja ☐    nein ☐
- Messen Sie in der Fritteuse die polaren Anteile    ja ☐    nein ☐

## 48.) Klima/Lüftung
- Kenne Sie die Anforderungen bei Dunstabzugshauben    ja ☐    nein ☐
  (Brandschutz)
- Reinigungsnachweis für Lüftung und Dunstabzugshaube    ja ☐    nein ☐

## 49.) BG Schulungen
- Kenne Sie die BG Anforderungen für Ihren Betrieb    ja ☐    nein ☐
- Haben Sie eine Risiko Analyse    ja ☐    nein ☐

## 50.) Schankanlagen
- Haben Sie die Dokumentation der Schankanlagen Reinigung    ja ☐    nein ☐
- Dokumentation der Zapfhähne Reinigung & Desinfektion    ja ☐    nein ☐

Irrtum und Druckfehler sind bei der Zusammenstellung nicht ausgeschlossen. Produktnennungen dienen lediglich der sachlichen Beschreibung und sollen in keiner Weise als Empfehlung oder Diskriminierung verstanden werden. Es besteht kein Haftungsanspruch.

# 18. Stichwortverzeichnis

Überarbeitet von Frank Döblitz
Lebensmittelkontrolleur im Verbraucherschutzamt Hamburg–Nord. Ausbilder für Lebensmittelkontrolleure, Dozent für Gaststättenunterrichtungen und Hygieneschulungen bei der Handelskammer Hamburg. Trainer für Lebensmittelkontrolleure an der Akademie für öffentliches Gesundheitswesen in Düsseldorf.

Überarbeitet Februar 2017 von Thomas Zydeck
Sachverständiger für Betriebs.- und Anlagenhygiene, Dozent bei der Handwerkskammer Koblenz Meisterkurse Bäcker / Konditoren für Hygiene, Dozent bei der IHK Koblenz für Hygieneschulungen und § 4 Schulungen, Dozent bei der Dehoga Rheinland Pfalz. Autor LMIV 1169/ Infoblatt Allergenkennzeichnung in Kooperation mit der DIHK.